高职高专经管专业十二五规划教材

国际物流单证操作实务

● 主编 凌海生

WUHAN UNIVERSITY PRESS
武汉大学出版社

图书在版编目(CIP)数据

国际物流单证操作实务/凌海生主编.—武汉：武汉大学出版社，2014.7(2025.2 重印)
高职高专经管专业十二五规划教材
ISBN 978-7-307-13492-8

Ⅰ.国…　Ⅱ.凌…　Ⅲ.国际贸易—物流—原始凭证—高等职业教育—教材　Ⅳ.F252

中国版本图书馆 CIP 数据核字(2014)第 120647 号

责任编辑:赵恕容　　　责任校对:鄢春梅　　　版式设计:马　佳

出版发行：**武汉大学出版社**　　(430072　武昌　珞珈山)
(电子邮箱：cbs22@ whu.edu.cn　网址：www.wdp.com.cn)
印刷:湖北云景数字印刷有限公司
开本:720×1000　1/16　印张:16.75　字数:334 千字　插页:1
版次:2014 年 7 月第 1 版　　2025 年 2 月第 6 次印刷
ISBN 978-7-307-13492-8　　定价:49.00 元

前　言

国际物流是国际贸易的必要条件。随着我国对外贸易的快速发展,贸易双方对国际物流服务的专业化、一体化、国际化要求进一步提高,对国际物流从业人员素质的要求也越来越高,急需大量技能型、操作型、实用型的专业人才。国际物流单证业务是开展国际物流的基础性工作,提高国际物流单证操作人员的业务技能水平对我国国际物流的运作和管理具有重要的意义。

根据教育部提出的高等职业教育要大力推行"工学结合"的人才培养模式,构建以职业岗位能力为核心、以工作任务为主线、以专业能力为基础的高职课程体系,本书在编写过程中,遵循国际物流单证工作过程项目化教学改革的思路,以"任务引领、实践导向"进行课程设计。

本书以一国际贸易公司由出口业务延伸出来的一笔国际物流工作过程中不同阶段所涉及的单证为主线,以海洋运输、CIF价格术语、信用证结算方式下特定的一笔出口交易为例,设计了贸易磋商与合同签订、处理信用证、工厂下单、托运订舱、申领出口货物许可文件、办理报检、拖柜装箱、办理报关、办理出口货物保险、集港装船、交单结汇等11个项目,每个项目下根据需要设定了若干任务,全书共设27个任务,把国际物流单证制作的目标、能力要求与技巧融入了每个任务中,每个任务又设计了任务情境、知识支持、任务实施三个部分,让学生在项目工作任务的过程中引出相关的知识,在完成项目任务的过程中进行学生实际操作能力和应用能力的培养。

本书可读性和操作性强,可作为高职高专物流管理、国际贸易、国际航运业务管理、货代与报关等专业的教材,也可作为社会相关行业从业人员的业务参考资料。

本书内容实用、案例丰富,并增加了知识链接、项目技能训练等模块。全书由浙江交通职业技术学院凌海生担任主编,负责提纲拟定、修改、编写、定稿。浙江交通职业技术学院徐秦教授担任主审。在本书的编写过程中，宁波雄信塑机有限公司张吉科，旗锋货运宁波有限公司傅利生为本教材提供了案例资料，也对教材的编写提出了宝贵的意见，在此向他们表示衷心的感谢。

为了丰富本书的内容，编者还借鉴和引用了大量同行和专家的相关书籍、案例，在此也对编写这些书籍与案例的作者表示感谢。

由于编者水平有限，书中难免存在不足和疏漏之处，敬请专家和读者批评指正。

编　者

2014 年 2 月

目　录

绪　论

一、国际物流的概念

国际物流是组织原材料、在制品、半成品和制成品在国与国之间进行流动和转移的活动，是国内物流的延伸和进一步发展，它是跨国界的、流通范围扩大了的物的流通。

国际物流有广义与狭义之分。广义的国际物流指各种形式的物资在国与国之间的流入和流出，包括进出口商品、过境物资、转运物资、捐赠物资、加工装配所需物料、援助物资、军用物资、部件及退货等。狭义的国际物流指与另一国进出口贸易相关的物流活动，包括货物集运、仓储、装卸、流通加工、货物包装、分拨配送、货物运输、申领许可文件、保险、报关、单据交换等。

国际物流指随着国际贸易的发展而产生并发展起来的，是国际贸易的一个必然组成部分，各国之间的相互贸易最终都将通过国际物流来实现。

二、国际物流与国际贸易的关系

1. 国际物流是国际贸易得以实现的必要条件

国际贸易是国际物流产生的前提，如果没有国际物流的支持，商品无法在国家间进行移动，国际贸易也就无法完成。因此，国际贸易必然会推动国际物流的产生。随着国际贸易的发展，贸易双方对国际物流服务的专业化、一体化要求加强，使得国际物流由早期的仅指将货物由一国供应者向另一国需求者的物理性移动，发展成为今天的集采购、包装、运输、储存、搬运、流通加工、配送和信息处理等基本功能于一身的综合性系统。可以说，国际贸易产生了国际物流，并且促进了其向现代化国际物流的发展。

2. 国际贸易的发展促进了国际物流技术的进步

国际贸易的发展给企业及社会的物流预测管理等技术方面提出了更高的要求，也是促使物流技术发展的主要动因之一。随着国际贸易的发展，世界各国，各大企业在世界市场上展开了激烈的竞争。虽然质量在消费者眼中越来越重要，消费者关注的不仅仅是价格，但价格仍然是取胜的一个重要因素。国际贸易的发展要求从各个方面降低成本：原材料价格、订单成本、运输价格、库存成本等。这就对国际物流的各个环节提出了新的挑战和要求。在国际贸易的这种推动下，国际物流从理论上到技术上都有了重大的创新和发展。

3. 国际贸易的发展不断对国际物流提出新的要求

全球经济的发展，人类需求层次的提高，一方面，使得国际贸易取得了长足的发展，一是贸易量快速增长，二是可贸易商品种类极大丰富；另一方面，也使国际贸易的结构产生了巨大的变化，传统的初级产品、原料等贸易品种正逐步让位于高附加值、精密加工的产品。国际贸易的变化发展对国际物流的质量、效率、安全等提出了新的要求。

三、国际物流单证的含义

物流单证是指在国际货物运输、保险、通关等业务中应用的单证、文件与证书，通过物流单证处理国际货物的托运、订舱、交货、保险以及通关等程序，确保国际货物运输有条不紊地进行。

四、国际物流单证的作用

1. 单证是国际结算的基本工具

国际贸易是处于两个不同国家的买方与卖方进行的商品买卖，不像国内贸易一样能够直接进行商品与货币的交换，而必须以单证作为交换的凭证。因此，绝大多数情况下，国际货物买卖又称为单据买卖。特别在信用证结算方式下更是如此，按照国际商会《跟单信用证统一惯例》规定，"在信用证业务中，各有关当事人所处理的只是单据，而不是单据所涉及的货物、服务或其他行为"，所以，卖方必须凭与信用证要求完全一致的全套单据来收取货款。

2. 单证是履行合同的必要手段

在国际贸易中，进出口双方必须以单证作为交换的媒介手段，单证的签发、组合、流转、交换和应用具有证实其签发人业已履行合约或满足信用证某项要求的作用，反映了合同履行的进程，也反映了进出口双方权责的产生、转移和终止，是双方履行合同的证明。

3. 单证工作是企业经营管理的重要环节

单证工作贯穿于合同履行的全过程。从出口企业的角度来说，从最初的合同签订至最终的交单结汇，每一个阶段都会有相应的单证签发、流通等。因此，企业经营管理上存在的问题也会在单证工作中体现出来，即使企业在洽谈、订合同、备货、报检、报关、保险、装运等环节没有任何问题，在制作、提交单证方面出了问题，也会致使业务前功尽弃。所以出口企业必须认真、及时处理单据流通过程中出现的各种问题，以保证顺利收汇。

4. 单证工作是一项政策性很强的涉外工作

单证工作是一项政策性很强的涉外工作，体现着平等互利和按国际惯例为事的政策精神。出口单证为涉外商务文件，必然体现国家的对外政策，因此必须严格按照国家有关外贸的法规和制度办理。例如，进出口许可证关系到国家对某些出口商品的计划管理，甚至还会涉及两国之间的贸易协定。出口单证也是收汇的依据，当发生贸易纠纷时，又常常是处理争议、解决索赔的依据和法律文件。例如，货物在运输途中受损，货方向保险公司提出索赔，保险单就是索赔的凭证；在计算赔偿额时，发票是赔偿的依据。

五、国际物流单证缮制的基本要求

1. 正确

正确是所有单证工作的前提，要做到四个一致：

（1）证、同一致。在以信用证为付款方式的交易中，买方开给卖方的信用证，其基本条款应该与合同内容保持一致，否则卖方应要求买方修改信用证，以维护合同的严肃性。

（2）单、证一致。银行在处理信用证业务时应坚持严格相符的原则，卖方提供的单据，即使一字之讹，也可成为银行及其委托人拒绝付款的理由。

（3）单、单一致。国际商会《跟单信用证统一惯例》规定："单据之间表面上互不一致者，将被认为表面上不符信用证条款。"例如，货运单据上的运输标志（Shipping Mark）如与装箱单上的运输标志存在差异，银行就可拒绝付款，尽管信用证上并没有规定具体的运输标志。

（4）单、货一致。单据必须真实地反映货物，如果单据上的品质、规格、数量与合同、信用证完全相符，而实际发运的货物以次充好或以假乱真，这就有悖于"重合同、守信用"的基本商业准则。尽管在信用证业务中，银行所处理的是单据而不是与单据有关的货物，只要单、证相符，单、单相符，银行就应付款。但如果所装货物不符合同条款要求，买方在收货检验后仍然有权根据合同向卖方索赔和追偿损失。

2. 完整

完整主要是指一笔业务所涉及全部单据的完整性，凭单据买卖的合同/信用证都会明确要求出口方需提交哪些单据、提交几份、有无正副本要求、是否需要背书及应在单据上标明的内容，所有这些都必须得到满足。它包含三方面的内容：

（1）单据内容完整

即每一种单据本身的内容（包括单据本身的格式、项目、文字和签章、背书等）必须完备齐全，否则就不以构成有效文件，也就不能为银行所接受。

（2）单据种类完整

即单据必须是成套齐全而不是单一的，遗漏一种单据，就是单据不完整。单据应严格按照信用证规定一一照办，除主要单据外，一些附属证明、收据一定要及时催办，不得遗漏。

（3）单据份数完整

即要求在信用证项下的交易中，进出口商需要哪些单据，一式几份都写明，尤其是提单的份数，更应注意按要求出齐，避免多出或少出。

3. 及时

及时是指进出口单证工作的时间性很强，具体可以这样理解：及时制单、及时审单、及时交单、及时收汇，具体表现如下：

（1）单证之间的时间差必须符合进出口的程序。例如，运输单据的签发日期不能早于装箱单、检验证书和保险单的签发日期，否则就不符合逻辑，将被银行拒绝接受。

（2）单证本身的时限不可逾越。信用证一般都有装运期和有效期的规定，前者是对运输单据装运日期的限制，后者是对卖方向银行交单时期的限制。一经逾越，就失去信用证保证履行付款责任的条件，银行可以拒绝接受。

（3）单证的处理，除合同、信用证有特殊规定外，原则上应力求赶先不拖后，须知早出运、早交货、早结算可以加速货物和资金的流通，这是符合买卖双方共同利益的。

4. 简明

简明是指所制作的单据简单、明了，单据的内容应按合同或信用证要求和国际惯例填写，力求简明，切勿加列不必要的内容，以免弄巧成拙。《跟单信用证统一惯例》规定，"为了防止混淆和误解，银行应劝阻在信用证或其任何修改书中加注过多的细节内容"。简化单证工作，不仅可以减少工作量和提高工作效率，而且有利于提高单证的质量和减少单证的差错率。

5. 整洁

整洁是指单证表面的整洁、美观、大方，单据的格式设计合理，内容简洁明了，不应出现涂抹现象，应尽量避免或减少加签修改。单证是否整洁，不但反映出制单人的业务熟练程度和工作态度，而且还会直接影响出单的效果。

六、国际物流业务主要流程及涉及的单证（以海运+CIF 价格术语+信用证结算为例）

1. 国际物流业务主要流程图

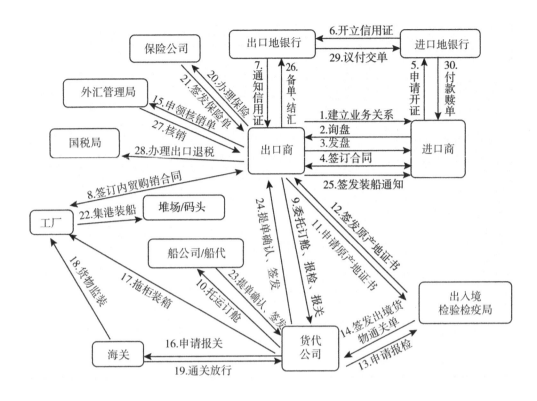

2. 国际物流业务主要流程涉及的单证

国际物流业务流程	涉及的主要单证
1. 建立业务关系 2. 询盘 3. 发盘 4. 签订合同	外贸销售合同
5. 申请开证 6. 开立信用证 7. 通知信用证	信用证开证申请书 信用证 信用证通知书 信用证分析单 信用证修改通知书
8. 签订内贸购销合同	内贸销售合同
9. 委托订舱、报检、报关	订舱委托书 代理报检委托书 代理报关委托书

续表

国际物流业务流程	涉及的主要单证
10. 托运订舱	商业发票 装箱单 配舱回单 出口货物托运单
11. 申请原产地证书 12. 签发原产地证书	一般原产地证明书申请书 一般原产地证明书
13. 申请报检 14. 出境货物通关单	出境货物报检单 商检换证凭单 出境货物通关单
15. 申领核销单	出口货物明细单 出口收汇核销单
16. 申请报关	出境货物报关单
17. 拖柜装箱	集装箱设备交接单 集装箱装箱单
18. 货物监装 19. 通关放行	出境货物报关单
20. 办理保险 21. 签发保险单	出口货物投保单 出口货物保险单
22. 集港装船 23、24. 提单确认、签发 25. 签发装船通知	海运提单 装船通知
26. 备单、结汇	汇票 商业发票、装箱单、海运提单、受益人证明书等全套出口单据
27. 核销 28. 办理出口退税	出口收汇核销单 结汇水单
29. 议付交单 30. 付款赎单	商业发票、装箱单、海运提单、受益人证明书等全套出口单据

七、应用案例基本资料

出口商 Information about exporter	杭州先锋国际贸易有限公司 Hangzhou Xianfeng International Trade Co., Ltd. 21 Floor, Times Tower, 121 Fengqi Road, Hangzhou, China TEL：86-571-81101590 FAX：86-571-81101678 E-mail：sales@ xianfeng. com. cn
进口商 Information about importer	SITCM IMPORTING CO 2550 Bates Rd. Suite 301 Montreal（Quebec）H3S 1A7 Canada Tel：001-514-398-6655 Fax：001-514-398-6572 E-mail：raphael@ embix. com
合同签订时间 Date of contract	Feb. 12, 2013
合同编号 Contract No.	XFT209
商品名称 Description of goods	Boys Jacket Shell：Woven 100% cotton Lining：Woven 100% polyester
数量 Quantity	6000 PCS
包装 Packing	120 CTNS（50 PCS/CTN）
毛重 Gross weight	9. 6KGS/CTN　　Total：1152. 00KGS
净重 Net weight	8. 2KGS/CTN　　Total：984. 00KGS
尺码 Measurement	100 * 90 * 50CM = 0. . 45CBMS/CTN　Total：54. 00CBMS
成交方式 Trade term	CIF

单价 Unit price	USD 9. 80/PC
总金额 Total amount	USD 58800. 00
出口口岸 Port of shipment	NINGBO
目的港 Port of destination	VANCOUVER
唛头 Shipping marks	SITCM XFT209 Vancouver Nos. 1-120
H. S. 编码 H. S. code	6203320090
最迟装运日 Latest date of shipment	NOT LATER THAN APR. 15, 2013
分批装运 Partial shipments	NOT ALLOWED
转运 Transshipment	ALLOWED
最迟装运日 Latest date of shipment	Apr. 15, 2013
付款方式 Term of payment	即期信用证(L/C AT SIGHT) By irrevocable Letter of Credit at sight, reaching the seller not later than Mar. 3, 2013.
开证行/付款行 Issuing bank	ROYAL BANK OF CANADA VANCOUVER BRANCH
通知行/议付行 Bank of advising	BANK OF CHINA, ZHEJIANG BRANCH 中国银行浙江省分行
信用证号 No. of letter of credit	RBCV 18898
信用证有效期 Expiry date	Apr. 30, 2013
填写开证申请书日期 Date of applying for opening letter of credit	Feb. 26, 2013

信用证开立日期　　　Mar. 1, 2013
Date of issue

服装加工厂　　　　　嘉兴卫星制衣有限公司
Manufacturer of commodity　嘉兴市勤俭路 82 号 王晓燕 0573-22892046

货运代理公司　　　　杭州东方国际货运代理有限公司
Freight forwarder　　杭州市秋涛路
　　　　　　　　　　李昀 0571-83982021

订舱委托　　　　　　Mar. 16, 2013
Booking space

发票号　　　　　　　SDIEK691
Invoice No.

发票日期　　　　　　Mar. 10, 2013
Invoice date

委托报检　　　　　　Mar. 19, 2013
Apply for inspection

报检　　　　　　　　Mar. 20, 2013
Inspection

委托报关　　　　　　Mar. 24, 2013
Apply for customs
clearance

报关　　　　　　　　Mar. 25, 2013
Go through customs clearance

保险公司　　　　　　中国人保财险股份有限公司
Insurance company

投保时间　　　　　　Mar. 25, 2013
Date of insurance

保险险别　　　　　　COVERING MARINE RISKS AS PER INSTITUTE CARGO
Insurance coverage　CLAUSES (A)
　　　　　　　　　　AND WAR RISKS AS PER INSTITUTE WAR CLAUSES
　　　　　　　　　　DATED 1/1/82.
　　　　　　　　　　(WAREHOUSE TO WAREHOUSE CLAUSE IS INCLUDED)

投保加成　　　　　　10%
保单号码　　　　　　PICCHZ8937
No. of insurance policy

保险费率　　　　　　0.85%
Rate of insurance

保险费　　　　　　　499.8 美元
Insurance premium

承运船公司　　　　　中国远洋集装箱运输有限公司
Shipping company

船名、航次　　　　　SHUNDA　V. 392
Name of vessel

Voyage no.

集装箱规格、数量及号码　COSU4506751　40' X1
Specification, quantity and
No. of container

铅封号　　　　　　　849302
Seal No.

运费　　　　　　　　3600 美元
Freight

提单号　　　　　　　COS890325
B/L No.

装船时间　　　　　　Apr. 1, 2013
Time of shipment

项目一 | **贸易磋商与合同签订**

 项目学习目标

◎ **认知目标**

　　了解合同磋商的形式；

　　掌握交易磋商的主要环节及其内容；

　　掌握国际贸易合同的主要形式及其内容；

　　熟悉构成有效发盘的接受的条件。

◎ **能力目标**

　　具有拟订交易磋商信函的能力；

　　能签订一份外销合同。

 项目导入

　　贸易磋商是进出口双方为买卖商品，对各项交易条件进行协商以达成交易的过程。在国际贸易中，这是一个十分重要的环节。因为贸易磋商是签订合同的基础，没有贸易磋商就没有买卖合同，贸易磋商工作的好坏，直接影响到合同的签订及以后的履行，关系到双方的经济利益。买卖双方经过交易磋商、达成协议后要签订书面合同，作为约束双方权利和义务的依据。在国际贸易中，买卖合同即国际货物销售合同一经依法有效成立，有关当事人必须履行合同规定的义务，所以履行合同是当事人双方共同的责任。

任务一 书写外贸磋商函电

 任务情境

杭州先锋国际贸易有限公司成立于 1994 年，是一家专业从事针织、梭织服装出口的企业。公司主要产品有毛衣、背心、T 恤衫、外套、裤子、裙子、夹克等，公司拥有约 20 年专业的出口经验，业务已经覆盖全球 37 个国家，包括美国、西班牙、比利时、法国、加拿大、澳大利亚、新西兰、南非等。

公司外贸业务员张峰在 2012 年秋季广州中国进出口商品交易会上认识了加拿大客商 SITCM IMPORTING CO. 的 Villard Henry，相互对各自公司进行了了解。SITCM IMPORTING CO. 是一家加拿大温哥华的进口贸易公司，常年从中国、印度等国家进口纺织服装产品。

为了拓展公司出口业务，2013 年 1 月 2 日，杭州先锋国际贸易有限公司业务员张峰向加拿大客商发出了建立业务关系函。1 月 3 日，SITCM IMPORTING CO. 的 Villard Henry 对来函作了回复，经过多次函电来往，两公司最终对一笔交易的所有条款达成了一致，签订了外贸销售合同。

 知识支持

一、合同磋商的形式

合同磋商(Contract Negotiation)是买卖双方就买卖某种货物的各项交易条件进行洽商，以求最后达成协议，签订合同的过程。磋商内容既包括货物的品名、品质、数量、包装、价格、装运、保险、支付等合同的主要交易条件，又包括商品检验、争议、违约责任、不可抗力、索赔、仲裁等合同的一般交易条件。

合同磋商的形式大体可以分为 3 种：

一是书面洽商形式，如往来函电、电报、电传、传真等；

二是口头洽商形式，如参加各种博览会、交易会、洽谈会，以及出访或来访的商人之间的面对面洽谈业务；

三是行为表示形式，如在拍卖行、交易所等场合所进行的货物买卖形式等。

二、合同磋商的环节

不论商务谈判的内容、形式如何，从其程序来看，一般要依次经过 4 个环节：询盘—发盘—还盘—接受。其中，就合同的有效成立而言，发盘和接受是各国法律所普遍承认的，是两个必不可少的关键环节。

（一）询盘（Inquiry）

询盘，也称询价，是指交易的一方为出售或购买某种商品，以书面或口头形式，向对方询问买卖该项商品的各种交易条件的表示。询盘的内容可繁可简，既可以涉及产品的价格、规格、品质、数量、包装、装运及索取样品等，也可以只询问价格。

询盘通常是交易的起点，在法律上并不构成对询盘人和接受询盘人的约束力。询盘在国际贸易中的作用主要表现在两个方面：一是表达与对方进行交易的愿望，希望对方接到询盘后及时发出有效的发盘，以便考虑接受与否；二是探询市价。

买方询盘，也称"邀请发盘（Invatation to Make an Offer）"。例如，"我方拟购甲、乙级瓜子，请予报盘，并请航邮有代表性的样品为感。报价时，请说明最早装运期及可供量"。

卖方询盘，也称"邀请递盘（Invatation to Make a Bid）"。例如，"可供99%铝锭，7月装运，如有兴趣请电告"。

（二）发盘（Offer）

1. 发盘的含义

发盘，也称报盘、报价。法律上称为"要约"，是买卖双方中的一方即发盘人向对方即受盘人提出各项交易条件，并且愿意按照这些条件与受盘人达成交易，成立合同的一种肯定的表示。发盘可以由卖方提出，也可以由买方提出。在实际业务中，通常发盘是一方在收到对方的询盘之后提出的，但也可不经对方询盘而直接向对方发盘。

发盘经受盘人有效接受，合同即宣告成立，当事人之间就产生了具有法律约束力的合同。因此，发盘既是商业行为又是法律行为。发盘在其有效期内，发盘人不得任意撤销或修改其内容，不论是卖方还是买方，在其发盘被对方有效接受后，如发现所报价格对他不利或者其他交易条件难以实现等情况，都不得拒绝按对方所接受的发盘条件履行其责任的义务，否则就构成违约。

2. 发盘的要件

构成一项法律上的有效发盘必须具备以下4个要件：

（1）发盘要有特定的受盘人，发盘必须指定可以表示接受的受盘人。

不指定受盘人的发盘，仅应视为邀请发盘。例如，出口商在报纸或杂志刊物上刊登的广告、宣传单。但是若在报纸上刊登广告时，说明"在某年某月某日前按所列价格汇到价款，保证供货"，该广告的刊登者就必须对任何按期汇到价款的人履行供货的义务，这时视为"发盘"。

（2）发盘必须表明要订立合同的意思表示。

发盘必须明确表示或默示表明有订约的意旨，即发盘应该表明发盘人在得到接受时，将按照发盘条件承担与受盘人订立合同的法律责任。例如，在订约建议中加注"仅供参考"、"以……确认为准"等保留条件，都不是一项发盘，只是邀请对方发盘。

（3）发盘内容必须十分确定。

发盘的内容必须是完整的、明确的和终局的，这也就意味着发盘当中提出的交易条件应是明确的，即不能有含糊、模棱两可的词句，如"参考价"、指示性价格或对交货期规定为"大约2月份"等。

（4）发盘必须送达受盘人。

发盘到达受盘人时生效。指发盘的内容完全通知到受盘人本人，或其营业地或其通讯地址，或者居住地。

3. 发盘的有效期

发盘的有效期（Time of Validity）是指发盘供受盘人接受的期限。有两层意思：一是发盘人在发盘有效期内受约束，如果受盘人在有效期内将接受通知送达发盘人，发盘人承担按发盘条件与之订立合同的责任；二是指超过有效期，发盘人将不再受约束。因此，发盘的有效期，既是对发盘人的一种限制又是对发盘人的一种保障。发盘人可以在发盘中明确规定有效期，也可以不做明确规定。如果没有明确规定，按照国际惯例应理解为合理时间内有效，但这个"合理时间"究竟有多长及如何才算立即答复，各国并没有明确规定或解释。所以，为避免纠纷，最好明确规定发盘的有效期。

4. 发盘的生效、撤回、撤销和终止

（1）发盘的生效。按照《联合国国际货物销售合同公约》（以下简称《公约》）第15条规定，"发盘在送达受盘人时生效"。

（2）发盘的撤回，是指发盘人在发盘未送达受盘人之前，将发盘收回，使其不产生法律效力的行为。

（3）发盘的撤销，是指发盘人在发盘送达受盘人之后，将该项发盘取消，使其失去法律效力的行为。根据《公约》和我国《合同法》的有关规定，在发盘已经生效，但受盘人尚未表示接受之前，只要发盘人能及时将撤销通知在被发盘人发出接受通知之前送达被发盘人，就可将其发盘撤销，除非出现所规定的不得撤销发盘的状况。

（4）发盘的终止，是指发盘人不再受发盘的约束，而使受盘人失去接受该发盘的权利。任何一项发盘，其效力均可在一定条件下终止。

【知识链接】

发盘终止的原因

（1）在有效期内未被接受而过时。明确规定有效期的发盘，在有效期限内未被受盘人接受，该发盘就终止。未明确规定有效期的发盘，在合理时间内，未被受盘人接受，该发盘也就失效。

（2）被受盘人拒绝。一项发盘，一经受盘人拒绝就失效。

（3）经受盘人还盘。发盘一经还盘，发盘的效力即告终止。

（4）在被接受前发盘人对发盘进行有效的撤销。

（5）法律的适用。发盘还可以因出现了某些特定情况，按有关法律的适用而终止。

（三）还盘（Counter Offer）

还盘也称还价，是受盘人对发盘内容不完全同意而提出修改或变更的意思表示。还盘实质上是受盘人对发盘拒绝后又做出的一个新的发盘，经还盘原发盘即失去效力，发盘人不再受其约束，还盘人即为新发盘的发盘人，原发盘人成为新发盘的受盘人。一笔进出口贸易有时不经过还盘，经一方发盘另一方接受即可达成。大多数交易在发盘后，要经过还盘、再还盘，有时甚至经过几十次往返，才能做成一笔进出口贸易。

（四）接受（Acceptance）

1. 接受的含义

接受是指受盘人接到对方的发盘或还盘后，同意对方提出的各项交易条件，并愿意按照这些条件与对方达成交易、订立合同的一种肯定的意思表示。接受与发盘一样，既属于商业行为，也属于法律行为。接受在法律上称为"承诺"。在国际货物贸易的谈判过程中，发盘与接受是两个必不可少的环节。

2. 接受的要件

（1）接受必须由受盘人作出。

（2）接受必须明确表示出来。接受必须用声明或行为表示出来。如果受盘人在思想上愿意接受对方的发盘，但没有采取任何举措，则不能构成接受。接受的表达方式一定要符合发盘的要求，特别是发盘人在发盘时对接受的方式作出具体规定的，如果发盘没有规定接受表示的具体方式，则受盘人可以按发盘所采用的方式，或采用比其更快的方式将接受通知送达发盘人。

（3）接受必须符合发盘内容。若要达成交易，使合同成立，受盘人必须无条件地、全部同意发盘的条件，即接受必须是绝对的、无保留的，必须是与发盘人所发实盘的条件相符，否则就不构成接受。

（4）接受必须在有效期内送达发盘人。

3. 逾期接受

逾期接受是指受盘人发出的接受通知超过发盘人规定的有效期，或发盘中未明确规定的有效期而超过合理时间才送达发盘人。逾期接受在一般情况下无效。但《公约》对这一问题做了灵活处理。

4. 接受的撤回

在业务中，由于事先考虑不周，对市场行情的迅速变化未能及时掌握，接受需要撤回。此时，根据《公约》的规定，由于接受采用的是到达生效原则，所以接受发出后在一定条件下可以撤回，但条件是撤回通知必须于接收通知到达发盘人之前或同时被送达发盘人。

接受不得撤销的情况，即接受的通知一经到达发盘人即不能撤销，因为接受已经生效合同即告成立。如果撤销接受，在实质上，已属于毁约行为了。

 任务实施

一、杭州先锋国际贸易有限公司建立业务关系函电

杭州先锋国际贸易有限公司张峰与加拿大客商 SITCM IMPORTING CO. 的 Villard Henry 在广交会上相互认识之后，他向 Villard Henry 发出了信函，表示愿意与该公司建立长期的业务关系。

HANGZHOU XIANFENG INTERNATIONAL TRADE CO., LTD.

21 Floor, Times Tower, 121 Fengqi Road, Hangzhou, China
TEL：86-571-81101590   FAX：86-571-81101678 E-mail：sales@ xianfeng. com. cn

TO：SITCM IMPORTING CO.
FROM：HANGZHOU XIANFENG INTERNATIONAL TRADE CO., LTD.
DATE：Jan. 2, 2013
Dear Sirs,
We have obtained your name and address from the 112th China Export and Import Fair at Guangzhou, and we are writing to enquire whether you would be willing to establish business relations with us. We have been exporter of garments for many years. At present, we are interested in extending our range and would appreciate your demands.
To give you a general idea of the various kinds of our products now available for export, we are enclosing our latest brochure and a price list for your reference. And for our financial

standing, you can get reliable information from Bank of China, Zhejiang Branch.

We are looking forward to receiving from you soon.

Yours faithfully,

Zhang Feng

二、加拿大 SITCM IMPORTING CO. 询盘

加拿大 SITCM IMPORTING CO. 的 Villard Henry 收到杭州先锋国际贸易有限公司的建立业务关系的信函后，提出了他感兴趣的商品，并进行了询盘。

SITCM IMPORTING CO

2550 Bates Rd. Suite 301 Montreal (Quebec) H3S 1A7 Canada

Tel：001-514-398-6655   Fax：001-514-398-6572   E-mail：raphael@ embix. com

Zhang Feng

HANGZHOU XIANFENG INTERNATIONAL TRADE CO., LTD.

DATE：Jan. 3, 2013

Dear Mr. Zhang,

Thank you for your letter of Jan. 2, 2013, from which we note that you are desirous of establishing business relations with us. As we are always willing to do business on the basis of equality and mutual benefit with those who desire to trade with us.

At present, we are in the market for Boys Jacket with the quantity of 6000 pcs, and shall be glad to receive your best quotation for this item, with indications of secificaton, package, and terms of payment. Please offer CIF Vancouver.

We await your early replay.

Yours sincerely,

Villard Henry

三、杭州先锋国际贸易有限公司发盘

杭州先锋国际贸易有限公司收到加拿大 SITCM IMPORTING CO. 的 Villard Henry 的询函后，根据对方要求，拟订了 6000 件男孩夹克的交易条件，并向对方进行发盘。

HANGZHOU XIANFENG INTERNATIONAL TRADE CO., LTD.

21 Floor, Times Tower, 121 Fengqi Road, Hangzhou, China

TEL：86-571-81101590   FAX：86-571-81101678 E-mail：sales@ xianfeng. com. cn

Villard Henry

SITCM IMPORTING CO.

DATE：Jan. 5, 2013

Dear Mr. Henry,

We have received your letter of Jan. 3, asking us to offer the Boys Jacket for shipment to Vancouver and highly appreciate that you are interested in our product.

According to your kind request, we are pleased to offer our best price as follows：

1. Commodity：Boys Jacket

2. Specifications：

Shell：Woven 100% cotton,

Lining：Woven 100% polyester

3. Quantity：6000 pcs

4. Package：exported brown carton, 120 cartons with 50 pcs per carton

5. Price：USD10. 80/CARTON CIF Vancouver on full liner terms

6. Payment：L/C AT SIGHT

7. Shipment：Not later than Apr. 15, 2013

Noted：Our quotation remains effective until Feb. 27, 2013

PLS kindly pay attention to the fact that we have not much ready stock on hand. Therefore, it's very important to reply us before Feb. 27.

Looking forward to hearing from you soonest.

Yours faithfully,

Zhang Feng

四、加拿大 SITCM IMPORTING CO. 回函

加拿大 SITCM IMPORTING CO. 的 Villard Henry 收到发盘后，要求杭州先锋国际贸易有限公司提供样品以便确认产品的质量。

SITCM IMPORTING CO

2550 Bates Rd. Suite 301 Montreal (Quebec) H3S 1A7 Canada

Tel：001-514-398-6655　Fax：001-514-398-6572　E-mail：raphael@embix.com

Zhang Feng

HANGZHOU XIANFENG INTERNATIONAL TRADE CO., LTD.

DATE：Jan. 10, 2013

Dear Mr. Zhang,

We have well received your letter dated Jan. 5, 2013. All the contents were duly noted. Since our company has pay more attentioned about the product quality. We would like to ask your company prepare the samples according to offered goods.

The required samples have to be sent by UPS. As soon as samples are received, we will discuss more details.

Waiting for your prompt action.

Yours sincerely,

Villard Henry

五、杭州先锋国际贸易有限公司回函

杭州先锋国际贸易有限公司张峰收到对方要求提供样品要求后，及时寄出了样品。

HANGZHOU XIANFENG INTERNATIONAL TRADE CO., LTD.

21 Floor, Times Tower, 121 Fengqi Road, Hangzhou, China

TEL：86-571-81101590　FAX：86-571-81101678 E-mail：sales@xianfeng.com.cn

Villard Henry

SITCM IMPORTING CO.

DATE：Jan. 15, 2013

Dear Mr. Henry,

Your prompt reply was well received.

Regarding the samples, we have already prepared three pieces of Jacket with different colors as per your requirements. The samples have been sent by UPS.

Please inform us the comment for the samples upon it has been received in your end.

We are looking forward to receiving from you soon.

Yours faithfully,

Zhang Feng

六、加拿大 SITCM IMPORTING CO. 还盘

加拿大 SITCM IMPORTING CO. 的 Villard Henry 收到样本，并对交易条件进行分析后，认为价格较高，因此向杭州先锋国际贸易有限公司提出了降价的还盘。

SITCM IMPORTING CO

2550 Bates Rd. Suite 301 Montreal（Quebec）H3S 1A7 Canada

Tel：001-514-398-6655　Fax：001-514-398-6572　E-mail：raphael@ embix. com

Zhang Feng

HANGZHOU XIANFENG INTERNATIONAL TRADE CO., LTD.

DATE：Jan. 20, 2013

Dear Mr. Zhang,

We are very grateful of receiving your samples today.

We have studied your samples and offer with our clients and we have to say your price is too high to be acceptable.

We would have a regular order with large quantities with you but such a high price makes it impossible for us to do so, as it would leave us with little profits. In order to conclude the deal we suggest you reduce the price by 15%.

We are obliged for your careful consideration of our suggestions.

Yours sincerely,

Villard Henry

七、杭州先锋国际贸易有限公司还盘

杭州先锋国际贸易有限公司张峰收到对方还盘后，进行了价格核算，认为对方的还价不能完全接受，但可以做一定的价格退让。

HANGZHOU XIANFENG INTERNATIONAL TRADE CO., LTD.

21 Floor, Times Tower, 121 Fengqi Road, Hangzhou, China

TEL：86-571-81101590　FAX：86-571-81101678 E-mail：sales@ xianfeng. com. cn

Villard Henry

SITCM IMPORTING CO.

DATE：Jan. 29, 2013

Dear Mr. Henry,

Thanks you for your letter of Jan. 20, 2013, considering the fact that we are the first time to do business with each other, we would like to offer you a special price, i. e. USD 9. 8/ pc in your request for lower prices.

This price is only valid for the order of this time, since the material price is increasingly rising and our own overheads have been going up, absolutely our price is the lowest one that we can offer.

Your wholehearted cooperation is very much appreciated.

Yours faithfully,

Zhang Feng

八、加拿大 SITCM IMPORTING CO. 接受

加拿大 SITCM IMPORTING CO. 的 Villard Henry 经过与公司商讨，最终同意杭州先锋国际贸易有限公司的报价，并发出了接受函并对重要交易条款作了确认。

SITCM IMPORTING CO

2550 Bates Rd. Suite 301 Montreal (Quebec) H3S 1A7 Canada

Tel: 001-514-398-6655 Fax: 001-514-398-6572 E-mail: raphael@ embix. com

Zhang Feng

HANGZHOU XIANFENG INTERNATIONAL TRADE CO., LTD.

DATE: Feb. 3, 2013

Dear Mr. Zhang,

We have received your letter dated Jan. 29, 2013.

After the consideration, we have pleasure in confirming the following offer and accepting below:

1. Commodity: Boys Jacket

2. Specifications:

Shell: Woven 100% cotton,

Lining: Woven 100% polyester

3. Quantity: 6000 pcs

4. Package: exported brown carton, 120 cartons with 50 pcs per carton

5. Price: USD9. 80/CARTON CIF Vancouver ON FULL LINER TERMS

6. Payment: L/C AT SIGHT

7. Shipment: Not later than Apr. 15, 2013

Please send us your S/C, and we hope both of us may have a wonderful beginning.

Yours sincerely,

Villard Henry

任务二　签订国际货物销售合同

 任务情境

杭州先锋国际贸易有限公司业务员张峰与加拿大客商 SITCM IMPORTING CO. 的 Villard Henry 经过多次函电来往，两公司最终在 2013 年 2 月 12 日对所有交易条款达成了一致，签订了外贸销售合同。

 知识支持

一、国际货物销售合同形式

经过交易磋商，一方的发盘或还盘被对方有效地接受后，就算达成了交易，双方之间就建立了合同关系。《联合国国际货物销售合同公约》以及西方大多数国家的法律对买卖同的形式，虽然原则上不加以限制，但在实际业务中，买卖双方的习惯做法，依然是在达成协议以后，再签订一份书面合同，将各自的权利和义务用书面方式加以明确。

国际货物销售合同的形式有：

(1)书面形式，包括买卖合同、销售确认书(合同的简要形式)。

(2)口头形式，指当事人之间通过当面谈判或电话方式达成协议而订立的合同。

(3)其他形式，除了前两种形式之外，以行为方式表示接受而订立的合同。如根据当事人之间长期交往中形成的习惯做法，或发盘人在发盘中已经表明受盘人无须发出接受通知，可直接以行为作出接受而订立合同。

二、订立国际货物销售合同的意义

(1)书面合同是合同成立的依据；

(2)书面合同是合同生效的条件；

(3)书面合同是合同履行的依据；

(4)书面合同是办理进出口手续的要件；

(5)出口方办理货物检验的依据；

(6)进口方向银行申请开立信用证的依据；

(7)出口商对外支付佣金时向外汇管理部门和银行提供的证据；

(8)双方处理索赔以及诉讼或仲裁的依据。

三、国际货物销售合同生效的条件

发盘经对方有效接受，合同即告成立。但是合同的法律效力还取决于是否具备一定的条件，否则不受法律保护。一份合法有效的合同必须具备以下特征：

（1）当事人必须在自愿和真实的基础上达成协议，采取欺诈、胁迫手段订立的合同无效。

（2）当事人必须具有订立合同的行为能力，未成年人、精神病人等不具备行为能力的人，订立合同无效。

（3）合同的标的和内容必须合法，以非法经营的产品为基础订立的合同不受法律保护。

（4）合同必须有对价和合法的约因，国际货物买卖合同是双务合同，合同必须互为有偿。

（5）合同的形式必须符合法律规定的要求，我国《合同法》规定，当事人订立合同，有书面形式、口头形式和其他形式。

四、国际货物销售合同的基本内容

国际货物销售合同，是地处不同国家的当事人双方买卖一定货物达成的协议，是当事人各自履行约定义务的依据；也是一旦发生违约行为时，进行补救、处理争议的依据。为此，一项有效的国际货物销售合同，必须具备必要的内容，否则就会使当事人在履行义务、进行违约补救或处理争议时产生困难。

国际货物买卖合同种类较多，各类合同内容都不尽相同，它们都有着各自特点，但也都有其共同点，从法理上可把合同的基本内容分为两部分：

1. 效力部分

（1）合同的开头部分。主要包括买卖双方的全称、住址、订约日期、地址以及同意订约的词句，合同的名称、编号等。

（2）合同的结尾部分。包括生效日期，合同使用的文字和文本，正本份数，双方当事人的签字。

开头和结尾部分规定了合同的效力范围和有效条件的主要问题，全称为效力部分。如在合同中开头部分注明的订立合同中的时间和地点，它在法律上就表明：第一，除非法律或合同中对合同生效的时间另有规定，否则应以该日期为合同的生效日期；第二，如果合同中对该合同所应适用的法律没有做出明确的规定，在发生法律冲突时，按国际私法的法律冲突原则，关于该合同的有效性的问题，一般应由合同成立地法律来确定。

2. 权利与义务部分

此部分是合同内容的主要成分，一般来说包括以下 10 个方面的基本内容：

（1）品质条款（Quality Clause）

商品的品质是指商品的内在素质和外观形态的综合。前者包括商品的物理性能、机械性能、化学成分和生物的特性等自然属性；后者包括商品的外形、色泽、款式或透明度等。品质条款的基本内容是所交易商品的品名、等级、标准、规格、商标或牌号等。

【知识链接】

表示品质的方法

1. 以实物表示品质

（1）看现货成交

当买卖双方采用看现货成交时，则买方或其代理人通常在卖方存放货物的场所验看货物，一旦达成交易，卖方就应按对方验看过的商品交货。只要卖方交付的是验看过的货物，买方就不得对品质提出异议。这种做法，多用于寄售、拍卖和展卖业务中。

（2）凭样品成交

样品通常是指从一批商品中抽出来的或由生产、使用部门设计、加工出来的，足以反映和代表整批商品品质的少量实物。

2. 凭说明表示品质

所谓凭说明表示品质，即指用文字、图表、相片等方式来说明成交商品的品质。在这类表示品质方法中，可细分为下列几种：

（1）凭规格买卖（Sale by Specification）

（2）凭等级买卖（Sale by Grade）

（3）凭标准买卖（Sale by Standard）

（4）凭说明书和图样买卖（Sale by Descriptions and Illustrations）

（5）凭商标（Trade Mark）或品牌（Brand Mark）买卖

（6）凭产地名称（Name of Origin）买卖

（2）数量条款（Quantity Clause）

数量条款的基本内容是规定交货的数量和使用的计量单位。如果是按重量计算的货物，还要规定计算重量的方法，如毛重、净重、以毛作净、公量等。国际贸易中的不同商品，需要采用不同的计量单位。通常使用的有下列几种：按重量，例如克、公斤、公吨、长吨、短吨、磅、克拉；按个数，例如件、双、套、打、罗、令、卷；按长度，例如米、英尺、码；按面积，例如平方米、平方英尺、平方码；按体积，例如立方米、立方英尺、立方码；按容积，例如公升、加仑、夸特。

【知识链接】

世界不同度量衡制度

由于世界各国的度量衡制度不同，以致同一计量单位所表示的数量不一。在国际贸易中，通常采用公制（The Metric System）、英制（The Britain System）、美制（The U. S. System）和国际标准计量组织在公制基础上颁布的国际单位制（The International of Unit）。

《中华人民共和国计量法》规定："国家采用国际单位制。国际单位制计量单位和国家选定的其他计量单位，为国家法定计量单位。"目前，除个别特殊领域外，一般不许再使用非法定计量单位。我国出口商品，除照顾对方国家贸易习惯约定采用公制、英制或美制计量单位外，应使用我国法定计量单位。我国进口的机器设备和仪器等应要求使用法定计量单位。否则，一般不许进口。如确有特殊需要，也必须经有关标准计量管理部门批准。

（3）包装条款（Packing Clause）

商品包装是商品生产的继续，凡需要包装的商品，只有通过包装，才算完成生产过程，商品才能进入流通领域和消费领域，才能实现商品的使用价值和价值。这是因为，包装是保护商品在流通过程中质量完好和数量完整的重要措施，有些商品甚至根本离不开包装，它与包装成为不可分割的统一体。经过适当包装的商品，不仅便于运输、装卸、搬运、储存、保管、清点、陈列和携带，而且不易丢失或被盗，为各方面提供了便利。

（4）价格条款（Price Clause）

价格条款是由单价（Unit Price）和总值（Amount）组成。其中单价包括计量单位、单位价格金额、计价货币、价格术语四项内容。

例如：每公吨 100 美元 CIF 纽约

【知识链接】

贸易术语

贸易术语（Trade Terms）也被称为价格术语（Price Terms），是在长期的国际贸易实践中产生的，用来表示成交价格的构成和交货条件，确定买卖双方风险、责任、费用划分等问题的专门用语。它用一个简短的英文词语或缩写的英文字母表示商品的价格构成，买卖双方各自应办理的手续，承担的费用与风险以及货物所有权转移的界限。

组　别	术语名称	交货地点	风险转移	运输	保险	运输方式
E组启动术语	EXW(工厂交货)	卖方工厂	交货时	买方	买方	内陆交货
F组主运费未付术语	FCA(货交承运人)	交承运人	交货时	买方	买方	各种运输
	FAS(船边交货)	装港船边	交货时			海运内河
	FOB(船上交货)	装港船上	装港船舷			海运内河
C组主运费已付术语	CFR(成本加运费)	装港船上	装港船舷	卖方	买方	海运内河
	CIF(成本运费保险费)	装港船上	装港船舷		卖方	海运内河
	CPT(运费付至)	交承运人	交货时		买方	各种运输
	CIP(运费保险费付至)	交承运人	交货时		卖方	各种运输
D组达到术语	DAF(边境交货)	边境指定地点	交货时	卖方	卖方	陆上运输
	DES(目的港船上交货)	目的港船上	交货时			海运内河
	DEQ(目的港码头交货)	目的港码头	交货时			海运内河
	DDU(未完税交货)	指定目的地	交货时			各种运输
	DDP(完税交货)	指定目的地	交货时			各种运输

(5)支付条款(Payment Clause)

支付条款的主要内容包括支付手段、支付方式、支付时间和地点法。

支付手段有货币和汇票,主要是汇票法。

付款方式可以分为两种,一种是不由银行提供信用,但通过银行代为办理,如直接付款和托收;另一种是由银行提供信用,如信用证法。

支付时间通常按交货与付款先后,可分为预付款、即期付款与延期付款法。付款地点即为付款人或其指定银行所在地法。

(6)装运条款(Shipping Clause)

装运条款的主要内容是:装运时间、运输方式、装运地与目的地、装运方式以装运通知法。根据不同的贸易术语,装运的要求是不一样的,所以应该依照贸易术语来确定装运条款法。

(7)保险条款(Insurance Clause)

国际货物买卖中的保险是指进出口商按照一定险别向保险公司投保并交纳保险费,以便货物在运输过程中受到损失时,从保险公司得到经济上的补偿。

保险条款的主要内容包括:确定投保人及支付保险费,投保险别和保险条款法。

在国际货物买卖中,保险责任与费用的分担由当事人选择的贸易术语决定,因此投保何种险别以及双方对于保险有何特殊要求都应在合同中定明法。此外，双方应在合同中定明所采用的保险条款名称，如是采用中国人民保险公司海洋货物保险条款，还是伦敦保险业协会的协会货物险条款以及其制定或修改日期、投保险别、保险费率等法。

（8）检验条款（Inspection Clause）

商品检验指由商品检验机关对进出口商品的品质、数量、重量、包装、标记、产地、残损等进行查验分析与公证鉴定，并出具检验证明法。

检验条例主要内容包括：检验机构、检验权与复验权、检验与复验的时间与地点、检验标准与方法以及检验证书法。

在国际贸易中，检验机构主要有官方检验机构、产品的生产或使用部门设立的检验机构、由私人或同业协会开设的公证、鉴定行法。

检验证书是检验机构出具的证明商品品质数量等是否符合合同要求的书面文件，是买卖双方交接货物，议付货款并据以进行索赔的重要法律文件法。应按照合同的具体约定出具符合合同要求或某些国家特殊法律规定的检验证书法。

（9）违约条款（Breach Clause）

该条款的主要内容为一方违约，对方有权提出索赔。这是索赔的基本前提。此外还包括索赔依据、索赔期限等。索赔依据主要规定索赔必备的证据及出证机构。若提供的证据不充足、不齐全、不清楚，或出证机构未经对方同意，均可能遭到对方拒赔。

（10）不可抗力条款（Force Majeure Clause）

该条款实际上也是一项免责条款。不可抗力，是指在合同签订后，不是由于当事人的过失或疏忽，而是由于发生了当事人所不能预见的、无法避免和无法预防的意外事故，以致不能履行或不能如期履行合同，遭受意外事故的一方可以免除履行合同的责任或可以延期履行合同，另一方无权要求损害赔偿。

【知识链接】

构成不可抗力的条件

1. 它是在订立合同以后，合同履行完毕之前发生的，并且是在订立合同时当事人所不能预见的。

2. 它不是由于任何一方当事人的过失或疏忽行为所造成的，即不是由于当事人的主观原因所造成的。

3. 它是双方当事人所不能控制的，即这种事件的发生是不能预见、无法避免、无法预防的。

任务实施

杭州先锋国际贸易有限公司的张峰与加拿大客商 SITCM 进口公司的 Villard Henry 经过多次函电来往，在对进出口货物合同所有条款达成一致后，双方于 2013 年 2 月 12 日在杭州签订了外贸销售合同。

SALES CONTRACT

NO.：XFT209　　　　　　　　　　　　　　DATE：Feb. 12, 2013

THE SELLER：Hangzhou Xianfeng International Trade Co., Ltd.

　　　　　　21 Floor, Times Tower, 121 Fengqi Road, Hangzhou

THE BUYER：SITCM IMPORTING CO

　　　　　　2550 Bates Rd. Suite 301 Montreal（Quebec）H3S 1A7 Canada

This Contract is made by and between the Buyer and Seller, whereby the Buyer agree to buy and the seller agree to sell the under-mentioned commodity according to the terms and conditions stipulated below：

Commodity & Specification	Quantity	Unit price	Amount
Boys Jacket Shell：Woven 100% cotton Lining：Woven 100% polyester	6000 PCS	CIF VANCOUVER USD9. 80/PC	USD58800. 00
TOTAL	6000 PCS		USD58800. 00

TOTAL CONTRACT VALUE：SAY U. S. DOLLARS FIFTY EIGHTY THOUSAND EIGHT HUNDRED ONLY.

More or less 5% of the quantity and the amount are allowed.

PACKING：50 pieces of Boys Jackets are packed in one export standard carton.

MARKS：

SITCM

XFT209

Vancouver

Nos. 1-120

TIME OF SHIPMENT :
Not later than Apr. 15, 2013.

PORT OF LOADING AND DESTINATION :
From Ningbo, China to Vancouver, Canada
Transshipment is allowed and partial shipment is prohibited.

TERMS OF PAYMENT : By irrevocable Letter of Credit at sight, reaching the seller not later than Mar. 6, 2013. In case of late arrival of the L/C, the seller shall not be liable for any delay in shipment and shall have the right to rescind the contract and /or claim for damages.

DOCUMENTS:
+Original signed invoice in triplicate.
+Full set of original clean on board marine bill of lading made out to order of shipper and blank endorsed, marked freight prepaid and notify applicant.
+Original packing list in triplicate indicating detailed packing of each carton.
+Marine insurance policy for 110pct of invoice value, blank endorsed, covering marine risks as per institute cargo clauses (a) and war risks as per institute war clauses dated 1/1/82. (warehouse to warehouse clause is included).
+Original certificate of origin plus one copy issued by chamber of commerce.
+Shipment advice in triplicate showing the name of the carrying vessel, date of shipment, marks, quantity, net weight and gross weight of the shipment to applicant within 3days after the date of bill of lading.

CLAIMS :
In case discrepancy on the quality or quantity (weight) of the goods is found by the buyer, after arrival of the goods at the port of destination, the buyer may, within 30 days and 15 days respectively after arrival of the goods at the port of destination, lodge with the seller a claim which should be supported by an Inspection Certificate issued by a public surveyor approved by the seller. The seller shall, on the merits of the claim, either make good the loss sustained by the buyer or reject their claim, it being agreed that the seller shall not be held responsible for any loss or losses due to natural cause failing within the responsibility of Ship owners of the Underwriters. The seller shall reply to the buyer within 30 days after receipt of the claim.

LATE DELIVERY AND PENALTY：

In case of late delivery, the Buyer shall have the right to cancel this contract, reject the goods and lodge a claim against the Seller. Except for Force Majeure, if late delivery occurs, the Seller must pay a penalty, and the Buyer shall have the right to lodge a claim against the Seller. The rate of penalty is charged at 0. 5% for every 7 days, odd days less than 7 days should be counted as 7 days. The total penalty amount will not exceed 5% of the shipment value. The penalty shall be deducted by the paying bank or the Buyer from the payment.

FORCE MAJEURE：

The seller shall not held responsible if they, owing to Force Majeure cause or causes, fail to make delivery within the time stipulated in the Contract or cannot deliver the goods. However, in such a case, the seller shall inform the buyer immediately by cable and if it is requested by the buyer, the seller shall also deliver to buyer by registered letter, a certificate attesting the existence of such a cause or causes.

ARBITRATION：

All disputes in connection with this contract or the execution thereof shall be settled amicably by negotiation. In case no settlement can be reached, the case shall then be submitted to the China International Economic Trade Arbitration Commission for settlement by arbitration in accordance with the Commission's arbitration rules. The award rendered by the commission shall be final and binding on both parties. The fees for arbitration shall be borne by the losing party unless otherwise awarded.

This contract is made in four original copies and becomes valid after signature, two copies to be held by each party.

Signed by：

THE SELLER：

Hangzhou Xianfeng International Trade Co., Ltd.

张峰

THE BUYER：

SITCM IMPORTING CO

Villard Henry

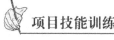 项目技能训练

请分析以下案例：

1. 我国某进出口公司向国外某客商咨询商品，不久我方接到外商发盘，有效

期至 7 月 22 日。我方于 7 月 24 日用电传表示接受对方发盘，对方一直没有音讯。因该商品供求关系发生变化，市价上涨，8 月 26 日对方突然来电要求我方必须在 8 月 28 日前将货发出，否则我方将要承担违约的法律责任。问：我方是否应该发货？为什么？

2. 某进出口公司欲进口包装机一批，对方发盘的内容为："兹可供普通包装 200 台，每台 500 美元 CIF 青岛，6 至 7 月份装运，限本月 21 日复到我方有效。"我方收到对方发盘后，在发盘规定的有效期内复电："你方发盘接受，请内用泡沫，外加木条包装。"问：我方的接受是否可使合同成立？为什么？

3. 阿根廷某公司应中国某公司的请求，报出镁矿石初级产品 200 公吨，每公吨 2150 美元，即期装运的实盘。但中方接到阿方报盘，未作还盘，而是一再请求阿方增加数量，降低价格，并延长有效期，阿方公司将数量增到 350 公吨，每公吨价格为 CIF 上海价 2100 美元，有效期经三次延长，最后延长至 9 月 25 日，中方公司于 9 月 20 日来电表示接受该盘。阿方接到该电报时，得知国际市场镁矿石价格上扬，因此决定拒绝成交，于是向中方发电，称："由于国际市场镁矿石价格发生变化，货物已于接到你方电报时售出。"中方对此拒绝接受，认为中方是在发盘有效期内接受了阿方发盘，坚持要求按发盘的条件执行合同，阿方如不执行合同，则要赔偿中方的损失，即差价 25 万美元。问：中方公司 9 月 20 日来电表示接受的发盘是实盘还是虚盘？此时合同是否成立？

项目二 | # 处 理 信 用 证

 项目学习目标

◎ **认知目标**

掌握信用证业务流程和信用证格式；

了解信用证开证申请书的内容；

掌握审核信用证的主要内容和方法。

◎ **能力目标**

能读懂信用证，正确分析信用证条款；

能根据外贸合同审核信用证的问题条款；

具备信用证项下出口单据的缮制技能和处理能力。

 项目导入

在信用证结算方式下，合同签订之后，进口商的首要责任就是按合同及时开立信用证。对出口商来说，信用证是其收款保证，落实信用证履行是出口合同的重要环节。落实信用证工作主要包括催证、审证和改证。

任务一 办理开证手续与填制开证申请书

 任务情境

与杭州先锋国际贸易有限公司签订外贸合同后，加拿大 SITCM IMPORTING CO. 履行合同义务的第一步即为开立信用证。2013 年 2 月 26 日，SITCM IMPORTING CO. 根据合同规定向其所在地银行 ROYAL BANK

OF CANADA，VANCOUVER BRANCH(加拿大皇家银行温哥华分行)填写开证申请书、交纳押金，申请开立信用证。

 知识支持

一、信用证的含义

《跟单信用证统一惯例》(国际商会第 600 号出版物，Uniform Customs and Practice for Documentary Credits，ICC Publications No. 600，以下简称《UCP600》)第二条对跟单信用证(Letter of Credit，L/C)所下的定义是：信用证是指一项不可撤销的安排，无论其名称或描述如何，该项安排构成开证行对相符交单予以承付的确定承诺。

信用证是开证行根据开证申请人的要求和指示或为其自身业务需要，向受益人开立的在一定条件下保证付款的书面文件，只要受益人履行信用证所规定的条件，即受益人提交符合信用证条款规定的单据，开证行就保证付款。除了开证行自己可以作为付款人以外，付款人还可以是开证行指定的其他银行；收款人既可以是受益人本人，也可以是其指定人，如议付行或其往来银行。

二、申请信用证开立的流程

当进出口双方在贸易合同中确立以信用证为结算方式后，进口商必须在规定的开证时间内向当地的银行申请开立信用证，填写开证申请书。申请开立信用证的手续为：

1. 递交有关合同的副本及附件

进口商向银行申请开证时，需向银行递交进口合同的副本以及所需附件，如进口许可证、进口配额等。

2. 填写开证申请书

进口商根据银行规定的统一开证申请书格式填写。按《UCP600》规定，开证申请书的内容必须完整明确，为了防止混淆和误解，开证申请书中不应罗列过多的细节。在指示开立信用证时，最好不要引用先前开立的信用证。开证申请书中必须明确说明据以付款、承兑或议付的单据的种类、文字内容及出具单据的机构等。

3. 缴纳保证金

按照国际贸易的惯例，进口商向银行申请开立信用证，应向银行缴付一定比例的保证金，其金额一般为信用证金额的百分之几至百分之几十，一般根据进口商的资信情况来定。

三、开证申请书

开证申请书(Application Form)是进口商作为开证申请人委托开证银行开立以

出口商为受益人的信用证的法律文件，开证申请人与开证行之间的关系是以开证申请书的形式建立起来的一种合同关系，双方的权力义务关系是根据该申请书确定的。开证申请书一旦经银行承诺，即成为开证申请人与开证行的契约文件，具有法律效力。

 任务实施

一、开证申请书的内容及缮制要求

1. To

致_____ 行。

填写开证行名称。

2. Date

申请开证日期。如：050428。

3. Issue by airmail

以信开的形式开立信用证。

选择此种方式，开证行以航邮将信用证寄给通知行。

4. With brief advice by teletransmission

以简电开的形式开立信用证。

选择此种方式，开证行将信用证主要内容发电预先通知受益人，银行承担必须使其生效的责任，但简电本身并非信用证的有效文本，不能凭以议付或付款，银行随后寄出的"证实书"才是正式的信用证。

5. Issue by express delivery

以信开的形式开立信用证。

选择此种方式，开证行以快递（如：UPS）将信用证寄给通知行。

6. Issue by teletransmission（which shall be the operative instrument）

以全电开的形式开立信用证。

选择此种方式，开证行将信用证的全部内容加注密押后发出，该电讯文本为有效的信用证正本。如今大多用"全电开证"的方式开立信用证。

7. Credit No.

信用证号码，由银行填写。

8. Date and place of expiry

信用证有效期及地点，地点填受益人所在国家。

如：050815 IN THE BENEFICIARY'S COUNTRY.

9. Applicant

填写开证申请人名称及地址。

开证申请人(Applicant)又称开证人(Opener),系指向银行提出申请开立信用证的人,一般为进口商,就是买卖合同的买方。开证申请人为信用证交易的发起人。

10. Beneficiary (Full name and address)

填写受益人全称和详细地址。

受益人指信用证上所指定的有权使用该信用证的人。一般为出口商,也就是买卖合同的卖方。

11. Advising bank

填写通知行名址。

如果该信用证需要通过收报行以外的另一家银行转递、通知或加具保兑后给受益人,该项目内填写该银行。

12. Amount

填写信用证金额,分别用数字小写和文字大写。以小写输入时须包括币种与金额。

如:USD89600.00

U. S. DOLLARS EIGHTY NINE THOUSAND SIX HUNDRED ONLY.

13. Partial shipments

分批装运条款。填写跟单信用证项下是否允许分批装运。

14. Transshipment

转运条款。填写跟单信用证项下是否允许货物转运。

15. Loading on board/dispatch/taking in charge at/from

填写装运港。

16. Not later than

填写最后装运期。如:050610。

17. For transportation to

填写目的港。

18. 价格条款

根据合同内容选择或填写价格条款。

19. Credit available with

填写此信用证可由_____ 银行即期付款、承兑、议付、延期付款,即押汇银行(出口地银行)名称。

如果信用证为自由议付信用证,银行可用"ANY BANK IN...（地名/国名)"表示。

如果该信用证为自由议付信用证,而且对议付地点也无限制时,可用"ANY BANK"表示。

20. Sight payment

勾选此项，表示开具即期付款信用证。

即期付款信用证是指受益人（出口商）根据开证行的指示开立即期汇票、或无须汇票仅凭运输单据即可向指定银行提示请求付款的信用证。

21. Acceptance

勾选此项，表示开具承兑信用证。

承兑信用证是指信用证规定开证行对于受益人开立以开证行为付款人或以其他银行为付款人的远期汇票，在审单无误后，应承担承兑汇票并于到期日付款的信用证。

22. Negotiation

勾选此项，表示开具议付信用证。

议付信用证是指开证行承诺延伸至第三当事人，即议付行，其拥有议付或购买受益人提交信用证规定的汇票/单据权利行为的信用证。如果信用证不限制某银行议付，可由受益人（出口商）选择任何愿意议付的银行，提交汇票、单据给所选银行请求议付的信用证称为自由议付信用证，反之为限制性议付信用证。

23. Deferred payment at

勾选此项，表示开具延期付款信用证。

如果开具这类信用证，需要写明延期多少天付款，例如：at 50 days from payment confirmation（50 天承兑付款）、at 50 days from B/L date（提单日期后 50 天付款）等等。

延期付款信用证指不需汇票，仅凭受益人交来单据，审核相符，指定银行承担延期付款责任起，延长直至到期日付款。该信用证能够为欧洲地区进口商避免向政府交纳印花税而免开具汇票外，其他都类似于远期信用证。

24. Against the documents detailed herein

□ and beneficiary's draft(s) for_____% of invoice value

at_____sight

drawn on _____

连同下列单据：

受益人按发票金额_____%，付款期限为_____天，付款人为_____的汇票。注意延期付款信用证不需要选择连同此单据。

25. Documents required：(marked with X)

信用证需要提交的单据（用"X"标明）。

根据国际商会《UCP600》（《跟单信用证统一惯例》），信用证业务是纯单据业务，与实际货物无关，所以信用证申请书上应按合同要求明确写出所应出具的单据，包括单据的种类，每种单据所表示的内容，正、副本的份数，出单人等。一般要求提示的单据有提单(或空运单、收货单)、发票、箱单、重量证明、保险单、数量证明、质量证明、产地证、装船通知、商检证明等等以及其他申请人要求的证明等。

26. Other documents, if any

其他单据。

27. Description of goods

货物描述。

28. Additional instructions

附加条款,是对以上各条款未述之情况的补充和说明,且包括对银行的要求等。

二、缮制信用证开证申请书

IRREVOCABLE DOCUMENTARY CREDIT APPLICATION

TO: BANK OF CHINA ZHEJIANG BRANCH	Date: Feb. 26, 2013
□Issue by airmail　　□With brief advice by teletransmission □Issue by express delivery ☒Issue by teletransmission (which shall be the operative instrument)	Credit No. Date and place of expiry Apr. 30, 2013 IN CHINA
Applicant SITCM IMPORTING CO 2550 Bates Rd. Suite 301 Montreal (Quebec) H3S 1A7 Canada	Beneficiary (Full name and address) Hangzhou Xianfeng International Trade Co., Ltd. 21Floor, Times Tower, 121 Fengqi Road, Hangzhou
Advising Bank	Amount USD 570, 000. 00 SAY U. S. DOLLARS FIVE HUNDRED AND SEVENTY THOUSAND ONLY
Partial shipments □allowed　☒not allowed	Transhipment ☒allowed　□not allowed	Credit available with ANY BANK By □sight payment　　□acceptance ☒negotiation □deferred payment at against the documents detailed herein
Loading on board/dispatch/taking in charge at/from Ningbo not later than　　　Apr. 15, 2013 For transportation to:　　Vancouver		☒and beneficiary's draft (s) for ___100___ % of invoice value at ___****___ sight
□FOB　　　□CFR　　　☒CIF □or other terms		drawn on Royal Bank of Canada Vancouver Branch

Documents required: (marked with ✕)

1. (✕) Signed commercial invoice in ___3___ copies indicating L/C No. and Contract No.

2. (✕) Full set of clean on board Bills of Lading made out to order and blank endorsed, marked "freight [ ] to collect / [ ] prepaid [✕] showing freight amount" notifying THE APPLICANT WITH FULL NAME AND ADDRESS. ( ) Airway bills/cargo receipt/copy of railway bills issued by _____ showing "freight [ ] to collect/[ ] prepaid [ ] indicating freight amount" and consigned to _____ _____ .

3. (✕) Insurance Policy/Certificate in ___1___ copies for ___110___ % of the invoice value showing claims payable in Vancouver in currency of the draft, blank endorsed, covering covering marine risks as per institute cargo clauses (a) and war risks as per institute war clauses dated 1/1/82. (warehouse to warehouse clause is included)

4. (✕) Packing List/Weight Memo in ___3___ copies indicating quantity, gross and weights of each package.

5. ( ) Certificate of Quantity/Weight in _____ copies issued by _____ .

6. ( ) Certificate of Quality in _____ copies issued by [ ] manufacturer/[ ] public recognized surveyor _____ .

7. (✕) Certificate of Origin in ___2___ copies.

8. (✕) Beneficiary's certified copy of fax / telex dispatched to the applicant within ___1___ days after shipment advising L/C No., name of vessel, date of shipment, name, quantity, weight and value of goods.

Other documents, if any

Description of goods:

    Boys Jacket

    Shell: woven 100% cotton

    Lining: Woven 100% polyester

    Quantity: 6000 pcs

    Price Term: CIF VANCOUVER

Additional instructions:

1. (✕) All banking charges outside the opening bank are for beneficiary's account.

2. (✕) Documents must be presented within ___15___ days after date of issuance of the transport documents but within the validity of this credit.

3. ( ) Third party as shipper is not acceptable, Short Form/Blank back B/L is not acceptable.

4. ( ) Both quantity and credit amount _____% more or less are allowed.

5. (✕) All documents must be sent to issuing bank by courier/speed post in one lot.

    ( ) Other terms, if any

任务二　信用证的开立

任务情境

ROYAL BANK OF CANADA, VANCOUVER BRANCH(加拿大皇家银行温哥华分行)在收到了 SITCM IMPORTING CO. 交来的开证申请书后作为信用证的开证行开立信用证,并将信用证传递为出口商杭州先锋国际贸易有限公司所在地中国银行浙江分行。

知识支持

一、信用证方式的当事人

在信用证业务中涉及的当事人很多,不同种类的信用证又有不同的当事人。一般来说,信用证涉及的主要当事人有 4 个:开证申请人、开证行、通知行和受益人。

1. 开证申请人

开证申请人是指向银行申请开立信用证的人,通常是进口商,即国际货物买卖合同中的买方。开证申请人需于买卖合同中规定的时间内向银行申请开立信用证,并承担开证行为执行其指示所产生的一切费用,最终审核单据并确认单据合格后履行付款赎单义务。开证申请人为信用证业务的发起人。

2. 开证行

开证行是指接受开证申请人的委托或者代表自己开出信用证的银行,一般是进口商所在地的银行。开证行是信用证业务中最重要的一方,其信誉与业务经验往往是其他当事人考虑是否参与该信用证业务的主要因素。

3. 通知行

通知行是指应开证行的要求通知受益人的银行,一般是开证行在出口人所在地的代理行。通知行应合理审慎地鉴别所通知的信用证及其修改书的表面真实性,并及时、准确地将信用证及其修改书通知受益人,除此之外无须承担其他义务。

4. 受益人

受益人是指接受信用证并享受其利益的一方,通常是出口商,也就是国际货物买卖合同中的卖方。受益人只要履行了按信用证条款制作合格单据的义务,就有向信用证开证行或其指定银行提交单据并收取货款的权利。

除主要当事人以外,信用证通常还需要议付行、付款行、保兑行、偿付行等当事人的配合和协作,才能顺利完成一笔信用证业务。

二、信用证的主要内容

1. 对信用证本身的说明

包括信用证的种类、性质、号码、开证日期、有效期、到期地点、交单期限等。

2. 对汇票的说明

在信用证项下，如使用汇票，要明确汇票的出票人、受票人、受款人、汇票金额、汇票期限、主要条款等。

3. 对装运货物的要求

在信用证中，应列明货物的名称、规格、数量、单价等，且这些内容应与买卖合同规定一致。

4. 对运输事项的要求

在信用证中，应列明装运港（地）、目的港（地）、装运期限及可否分批装运或转运等内容。

5. 对货运单据的要求

在信用证中，应列明所需的各种货运单据，如商业发票、运输单据、保险单及其他单据。

6. 其他事项

开证行对议付行的指示条款。开证行保证付款的责任文句。开证行的名称及地址、其他特殊要求。

三、信用证的种类

1. 按是否附有货运单据划分，信用证可分为跟单信用证和光票信用证

跟单信用证（Documentary Credit）是指开证行凭跟单汇票或仅凭单据付款的信用证。国际贸易中所使用的信用证绝大多数是跟单信用证。

光票信用证（Clean Credit）是指开证行仅凭不附单据的汇票付款的信用证。在采用信用证方式预付货款时，通常采用光票信用证。

2. 按其性质划分，信用证可分为不可撤销信用证和可撤销信用证

不可撤销信用证（Irrevocable Letter of Credit）是指信用证一经开出，在有效期内，未经受益人及有关当事人的同意，开证行不得片面修改和撤销，只要受益人提供的单据符合信用证规定，开证行必须履行付款的义务。凡是不可撤销信用证，在信用证上应注明"不可撤销（Irrevocable）"字样，并载有开证行保证付款的文句。这种信用证对受益人有保障，在国际贸易中使用最为广泛。

可撤销信用证（Revocable Letter of Credit）是指开证行不必征得受益人或有关当事人的同意，有权随时撤销的信用证。凡是可撤销信用证，在信用证上应注明"可

撤销(Revocable)"字样。这种信用证对出口商极为不利,因此,出口商一般不接收这种信用证。

鉴于国际上开立的信用证绝大多数都是不可撤销信用证,因此,《UCP600》规定,如信用证未表明"不可撤销(Irrevocable)"或"可撤销(Revocable)"字样的,应视为不可撤销信用证。

3. 按有无另一银行加以保证兑付划分,信用证可分为保兑信用证和不保兑信用证

保兑信用证(Confirmed Letter of Credit)是指开证行开出的、由另一银行保证对符合信用证条款规定的单据履行付款义务的信用证。对信用证加保兑的银行,称为保兑银行。

不保兑信用证(Unconfirmed Letter of Credit)是指开证行开出的、没有经另一银行保兑的信用证。当开证银行资信好和成交量不大时,一般可使用不保兑信用证。

4. 按付款时间的不同划分,信用证可分为即期信用证和远期信用证

即期信用证(Sight Letter of Credit)是指信用证规定只要受益人提交了符合信用证条款规定的跟单汇票或单据,开证行或付款行就可立即履行付款义务的信用证,即"单到付款"的信用证。由于其收汇迅速、安全的特点,在国际贸易中使用很广泛。

远期信用证(Usance Letter of Credit)是指开证行或付款行保证在收到符合信用证的单据后规定的一定期限内付款的信用证。

信用证的种类还有很多,如可转让信用证(Transferable Credit)与不可转让信用证(Non-transferable Credit)、循环信用证(Revolving Credit)与非循环信用证(Non-revolving Credit)、对开信用证(Reciprocal Credit)、对背信用证(Back to Back Credit)、预支信用证(Anticipatory L/C)和红条款信用证(Red Clause Credit)等。

四、信用证的开立方式

1. 信开本(To Open by Mail)

开证行根据开证申请人的要求,将信用证的全部内容用信函方式开出,邮寄到通知行,再通知受益人。开证行与通知行之间应事先建立代理行关系,互换签字样本和密押,以便通知行可凭签字样本核对信开信用证上开证行的签字。这种开证方式时间长,但费用较低。对于装运日期较长或金额较小的信用证通常以信开方式开出。随着通信的发达,信开信用证现在已经极少见,但不是没有。

2. 电开本(To Open by Telecommunication)

开证银行使用电报(Cable)、电传(Telex)、SWIFT 等各种电讯方法将信用证条款传送给通知行。随着 SWIFT 业务的发展与电讯的发达,电报、电传开证的方式已经退出了历史的舞台,现在的电开信用证多是 SWIFT 电讯传送。

（1）简电本（Brief Cable）

开证银行以电讯方式通知拟开证，将信用证的主要内容预先告知通知行以供受益人备货，详细条款将另邮航寄通知行。简电本在法律上是无效的，不能作为交单议付的依据。

（2）全电本（Full Cable）

开证银行以电讯方式开证，把信用证全部条款传送给通知行。全电本是交单议付的依据。

（3）SWIFT 信用证

SWIFT 信用证是"Society for Worldwide Interbank Financial Telecommunications"（全球银行间金融电讯协会）的简称。该组织于 1973 年在比利时成立，协会已有 209 个国家的 9000 多家银行、证券机构和企业客户参加。SWIFT 实行会员制，我国的大多数专业银行是其成员。SWIFT 信用证的优势首先是其费用相对较低，同样多的内容，SWIFT 的费用只有 Telex（电传）的 18%左右，Cable（电报）的 2.5%左右；其次，SWIFT 的安全性较高，它使用的密押比电传的密押可靠性强、保密性高，且具有较高的自动化水平。另外，SWIFT 的格式具有标准化，对于 SWIFT 电文，SWIFT 组织有着统一的要求和标准格式。

四、信用证流程

① 进口商按合同规定向银行提出开证申请，并缴纳押金或其他担保和手续费；

② 开证行开立信用证并以 SWIFT 或电传方式传递给通知行；

③ 通知行核对印押无误后，将信用证通知受益人（出口商）；

④ 受益人根据合同审证信用证并确认一致后，即按规定条件装运。装运后制作信用证要求的各种单据并开具汇票，并在信用证规定的有效期和交单期内送交议付行议付；

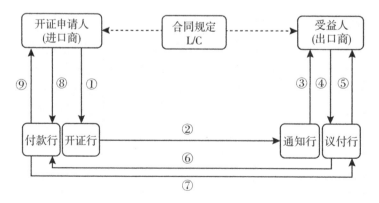

信用证结算流程图

⑤ 议付行按信用证条填沟审核单据无误后，进行议付；

⑥ 议付行将汇票和单据寄交开证行或付款行进行索偿；

⑦ 开证行或付款行审核单据确认无误后，偿付货款给议付行；

⑧ 开证行或付款行通知进口商付款赎单，进口商审核单据确认无误后付款；

⑨ 开证行或付款行将单据交给进口商，进口商凭以提货。

【知识链接】

SWIFT 跟单信用证 MT700 的代码解读

（1）M/O 为 Mandatory 与 Optional 的缩写，前者指必要项目，后者为任意项目。

（2）页次是指本证的发报次数，用分数来表示，分母分子各一位数字，分母表示发报的总次数，分子则表示这是其中的第几次，如"1/2"，其中"2"指本证总共发报 2 次，"1"指本次为第 1 次发报。

M/O	Tag 代码	Field Name	栏位名称
M	27	Sequence of Total	页次
M	40A	Form of Documentary Credit	跟单信用证类别
M	20	Documentary Credit Number	信用证号码
O	23	Reference to Pre-Advice	预通知的编号
O	31C	Date of Issue	开证日期
M	40E	Applicable Rules	适用的规则
M	31D	Date and Place of Expiry	到期日及地点
O	51A	Applicant Bank	申请人的银行
M	50	Applicant	申请人
M	59	Beneficiary	受益人
M	32B	Currency Code, Amount	币别代号、金额
O	39A	Percentage Credit Amount Tolerance	信用证金额加减百分率
O	39B	Maximum Credit Amount	最高信用证金额
O	39C	Additional Amounts Covered	可附加金额
M	41A	Available with … by …	向……银行押汇，押汇方式……
O	42C	Drafts at …	汇票期限
O	42A	Drawee	付款人

续表

M/O	Tag 代码	Field Name	栏位名称
O	42M	Mixed Payment Details	混合付款指示
O	42P	Deferred Payment Details	延迟付款指示
O	43P	Partial Shipments	分批装运
O	43T	Transshipment	转运
O	44A	in Charge/Dispatch from... /Place of Receipt	货物监管地/发货地/收货地点
O	44E	Port of Loading/Airport of Departure	装货港或装货机场
O	44F	Port of Discharge/Airport of Destination	目的港或到达机场
O	44B	Place of Final Destination/ For Transportation to... /Place of Delivery	最后目的地/货物运至地/交货地
O	44C	Latest Date of Shipment	最后装运日
O	44D	Shipment Period	装运期间
O	45A	Description of Goods and /or Services	货物描述及/或交易条件
O	46A	Documents Required	应提交的单据
O	47A	Additional Conditions	附加条件
O	71B	Charges	费用
O	48	Period for Presentation	提示期间
M	49	Confirmation Instructions	保兑指示
O	53A	Reimbursing Bank	清算银行
O	78	Instructions to the Paying/Accepting/Negotiating Bank	对付款/承兑/议付银行之指示
O	57A	"Advise Through" Bank	收讯银行以外的通知银行
O	72	Sender to Receiver Information	银行间的通知

 任务实施

一、MT700 格式跟单信用证的内容及缮制要求

（1）27：Sequence of Total 报文页次

如果该跟单信用证条款能够全部容纳在该 MT700 报文中，那么该项目就填入"1/1"。如果该证由一份 MT700 报文和一份 MT701 报文组成，那么在 MT700 报文

的"27"中填入"1/2"，在 MT701 报文的项目"27"中填入"2/2"，依此类推。

（2）40A：Form of Documentary Credit 跟单信用证形式

《UCP600》规定，所有信用证都是不可撤销的。该项目内容有以下填法：

①IRREVOCABLE：不可撤销的跟单信用证。

②IRREVOCABLE TRANSFERABLE：不可撤销的可转让跟单信用证。

③IRREVOCABLE STANDBY：不可撤销的备用信用证。

详细的转让条款应在项目"47A"中列明。

（3）20：Documentary Credit Number 跟单信用证号码

（4）23：Reference to Pre-Advice 预先通知编号

如果采用此格式开立的信用证已被预先通知，此项目内应填入"PREADV/"，后跟预先通知的编号或日期。

（5）31C：Date of Issue 开证日期

该项目列明开证行开立跟单信用证的日期。如果报文无此项目，那么开证日期就是该报文的发送日期。

（6）31D：Date and Place of Expiry 到期日及到期地点

该项目列明跟单信用证最迟交单日期和交单地点。

（7）51A：Applicant Bank 开证申请人的银行

如果开证行和开证申请人的银行不是同一家银行，该报文使用该项目列明开证申请人的银行。

（8）50：Applicant 开证申请人

（9）59：Beneficiary 受益人

（10）32B：Currency Code，Amount 跟单信用证的货币及金额

（11）39A：Percentage Credit Amount Tolerance 信用证金额浮动允许范围

该项目列明信用证金额上下浮动最大允许范围，用百分比表示。如：10/10，即允许上下浮动各不超过 10%。

（12）39B：Maximum Credit Amount 信用证金额最高限额

该项目用"MAXIMUM"或"NOT EXCEEDING"或"UP TO"（后跟金额）表示跟单信用证金额最高限额。

（13）39C：Additional Amounts Covered 附加金额

该项目列明信用证所涉及的附加金额，诸如保险费、运费、利息等。

（14）41A：Available With … By … 指定的有关银行及信用证兑付方式

该项目列明被授权对该证付款、承兑或议付的银行及该信用证的兑付方式。

①银行表示方法：

当该项目代号为"41A"时，银行用 SWIFT BIC 表示。

当该项目代号为"41D"时，银行用行名地址表示。

如果信用证为自由议付信用证时，该项目代号应为"41D"，银行用"ANY BANK IN ...（地名/国名）"表示。

如果该信用证为自由议付信用证，而且对议付地点也无限制时，该项目代号应为"41D"，银行用"ANY BANK"表示。

②兑付方式表示方法：

分别用下列词句表示：

BY PAYMENT：即期付款

BY DEF PAYMENT：延期付款

BY ACCEPTANCE：远期承兑

BY NEGOTIATION：议付

BY MIXED PAYMENT：混合付款

如果该证系延期付款信用证，有关付款的详细条款将在项目"42P"中列明；如果该证系混合付款信用证，有关付款的详细条款将在项目"42M"中列明。

（15）42C：Draft at ... 汇票付款期限

该项目列明跟单信用证项下汇票付款期限。

（16）42A：Drawee 汇票付款人

该项目列明跟单信用证项下汇票的付款人。该项目内不能出现账号。

（17）42M：Mixed Payment Details 混合付款条款

该项目列明混合付款跟单信用证项下付款日期、金额及其确定的方式。

（18）42P：Deferred Payment Details 延期付款条款

该项目列明只有在延期付款跟单信用证项下的付款日期及其确定的方式。

（19）43P：Partial Shipment 分批装运条款

该项目列明跟单信用证项下分批装运是否允许。

（20）43T：Transshipment 转运条款

该项目列明跟单信用证项下货物转运是否允许。

（21）44A：Place of Taking in Charge/ Dispatch from... /Place of Receipt 接管地/发运地/收货地

44B：Place of Final Destination/For Transportation to... /Place of Delivery 货物发送最终目的地/运输至……/交货地

以上两项描述货中如使用多式联运方式时，货物最初的接管地或收货地以及货物最终的目的地或收货地。

（22）44E：Port of Loading/Airport of Departure 装货港口/起飞航空港

44F：Port of Discharge/Airport of Destination 卸货港口/目的地航空港

以上两项描述货运单据中列明的海运方式下装货港口和卸货港口的名称或者是空运方式下始发航空港和目的地航空港的名称。

（23）44C：Latest Date of Shipment 最迟装运日期

该项目列明最迟装船、发运和接受监管的日期。

（24）44D：Shipment Period 装运期

该项目列明装船、发运和接受监管期。

（25）45A：Description of Goods and/or Services 货物/劳务描述

价格条款，如 FOB、CIF 等，列在该项目中。

（26）46A：Documents Required 单据要求

如果信用证规定运输单据的最迟出单日期，该条款应和有关单据的要求在该项目中列明。

【知识链接】

单据份数的英文表示方法

In Duplicate	或 2-Fold	一式两份
In Triplicate	3-Fold	一式三份
In Quadruplicate	4-Fold	一式四份
In Quintuplicate	5-Fold	一式五份
In Sextuplicate	6-Fold	一式六份
In Septuplicate	7-Fold	一式七份
In Octuplicate	8-Fold	一式八份
In Nonuplicate	9-Fold	一式九份
In Decuplicate	10-Fold	一式十份

（27）47A：Additional Conditions 附加条款

该项目列明信用证的附加条款。注意：当一份信用证由一份 MT700 报文和一至三份 MT701 报文组成时，项目"45A"、"46A"和"47A"的内容只能完整地出现在某一份报文中（即在 MT700 或某一份 MT701 中），不能被分割成几部分分别出现在几个报文中。

在 MT700 报文中，"45A"、"46A"和"47A"三个项目的代号应分别为"45A"、"46A"和"47A"，在报文 MT701 中，这三个项目的代号应分别为"45B"、"46B"和"47B"。

（28）71B：Charges 费用负担

该项目的出现只表示费用由受益人负担。若报文无此项目，则表示除议付费、转让费外，其他费用均由开证申请人负担。

(29)48：Period for Presentation 交单期限

该项目列明在开立运输单据后多少天内交单。若报文未使用该项目，则表示在开立运输单据后 21 天内交单。

【知识链接】

信用证装运期、有效期、交单期、双到期

1. 装运期(Time of Shipment)或最迟装运期(Latest Date for Shipment)：即卖方将全部货物装上运输工具或交付给承运人的期限或最迟日期。提单的出单日期即开船日不得迟于信用证上规定的此日期，若未规定此日期，则装运日期不得迟于信用证的到期日。

2. 有效期(Expiry Date/Validity Date)。受益人即卖方在向银行提交单据时，不得迟于此日期，因此承运人应在此日期之前将运输单据(提单)交到受益人手中，以便其及时向银行交单议付。

3. 交单期(Date for Presentation of Document)：即运输单据出单日期后必须向信用证指定的银行提交单据要求付款、承兑或议付的特定期限。信用证中如有规定，必须在规定的期限内交单；如没有规定，则最迟于运输单据日期 21 天内交单；但两种情况下，单据还不得迟于信用证的到期日提交。

4. "双到期"：信用证规定的最迟装运期(Latost Date for Shipment)和议付有效期(Latest Date for Negotiation)为同一天，或未规定装运期限，实践上称之为"双到期"。原则上信用证的有效期与最迟装运期应有一定的间隔，以便受益人有时间办理制单、交单、议付等工作，但如果出现"双到期"情况，受益人应注意在信用证到期日前提早几天将货物装上运输工具或交给承运人，以便有足够的时间制备各种单据、交单和办理议付等手续。

(30)49：Confirmation Instruction 保兑指示

该项目列明给收报行的保兑指示。该项目内容可能出现下列某一代码：

CONFIRM：要求收报行保兑该信用证。

MAY ADD：收报行可以对该信用证加具保兑。

WITHOUT：不要求收报行保兑该信用证。

(31)53A：Reimbursing Bank 偿付行

该项目列明被开证行授权偿付跟单信用证金额的银行。该偿付行可以是发报行的分行或收报行的分行，也可以是完全不同的另一家银行。

只有下列情况是例外，即当该信用证是议付信用证，发报行与收报行之间开有单向直接账户(该账户币别与信用证金额相同)时，如果报文不使用该项目，则表

示将此账户用来偿付。

（32）78：Instruction to the Paying/Accepting/Negotiation Bank 给付款行、承兑行或议付行的指示

（33）57A：Advise through Bank 通知行

如果该信用证需通过收报行以外的另一家银行转递、通知或加具保兑后给受益人，该项目内填写该银行。

（34）72：Sender to Receiver Information 附言

该项目可能出现的代码：

/PHONBEN/：请用电话通知受益人（后跟电话号码）。

/TELEBEN/：请用快捷有效的电讯通知受益人，包括 SWIFT、传真、电报、电传。

二、开立跟单信用证

MT 700		ISSUE OF A DOCUMENTARY CREDIT
SENDER		ROYAL BANK OF CANADA VANCOUVER BRANCH
RECEIVER		BANK OF CHINA ZHEJIANG BRANCH
SEQUENCE OF TOTAL	27：	1 / 1
FORM OF DOC. CREDIT	40A：	REVOCABLE
DOC. CREDIT NUMBER	20：	RBCV 18898
DATE OF ISSUE	31C：	130301
APPLICABLE RULES	40E：	UCP LATEST VERSION
DATE AND PLACE OF EXPIRY.	31D：	DATE 130430 PLACE IN CANADA
APPLICANT	50：	SITCM IMPORTING CO 2550 BATES RD. SUITE 301 MONTREAL（QUEBEC）H3S 1A7 CANADA
BENEFICIARY	59：	HANGZHOU XIANFENG IMPORT&EXPORT CO., LTD. 21FLOOR, TIMES TOWER, 121 FENGQI ROAD, HANGZHOU
AMOUNT	32B：	CURRENCY USD AMOUNT 570,000.00
AVAILABLE WITH/BY	41D：	ANY BANK IN CHINA, BY NEGOTIATION
DRAFTS AT ...	42C：	AT 60 DAYS SIGHT
DRAWEE	42A：	ROYAL BANK OF CANADA VANCOUVER BRANCH
PARTIAL SHIPMTS	43P：	PROHIBITED

TRANSSHIPMENT   43T： ALLOWED

PORT OF LOADING/   44E： NINGBO
AIRPORT
OF DEPARTURE

PORT OF DISCHARGE   44F： VANCOUVER

LATEST DATE OF   44C： 130401
SHIPMENT

DESCRIPTION OF GOODS 45A： 6000PCS BOYS JACKET, SHELL： WOVEN 100%
AND/OR SERVICES.   COTTON, LINING： WOVEN 100% POLYESTER, AS
                             PER S/C NO. XFT209 AT USD9.80//PC CIF
                             OTTAWA, PACKED IN 120PCS/CTN

DOCUMENTS   46A：
REQUIRED

+ORIGINAL SIGNED INVOICE IN TRIPLICATE.

+ FULL SET OF ORIGINAL CLEAN ON BOARD
MARINE BILL OF LADING MADE OUT TO ORDER
OF SHIPPER AND BLANK ENDORSED, MARKED
FREIGHT PREPAID AND NOTIFY APPLICANT.

+ ORIGINAL PACKING LIST IN TRIPLICATE
INDICATING DETAILED PACKING OF EACH CARTON.

+ MARINE INSURANCE POLICY IN DUPLICATE
FOR 110PCT OF INVOICE VALUE, BLANK
ENDORSED, COVERING MARINE RISKS AS PER
INSTITUTE CARGO CLAUSES （A） AND WAR
RISKS AS PER INSTITUTE WAR CLAUSES DATED
1/1/82. （WAREHOUSE TO WAREHOUSE CLAUSE
IS INCLUDED）

+ORIGINAL CERTIFICATE OF ORIGIN PLUS ONE
COPY ISSUED BY CHAMBER OF COMMERCE.

+ SHIPMENT ADVICE IN TRIPLICATE SHOWING
THE NAME OF THE CARRYING VESSEL, DATE OF
SHIPMENT, MARKS, QUANTITY, NET WEIGHT
AND GROSS WEIGHT OF THE SHIPMENT TO
APPLICANT WITHIN 3DAYS AFTER THE DATE OF
BILL OF LADING.

COPY OF LETTER FROM BENEFICIARY TO OUR APPLICANT EVIDENCING A NON-NEGOTIABLE BILL OF LADING TOGETHER WITH COPY OF OTHER DOCUMENTS WERE SENT DIRECTLY TO THEM AFTER ONE DAY FROM SHIPMENT DATE.

ADDITIONAL CONDITION	47A:	

+ DOCUMENTS DATED PRIOR TO THE DATE OF THIS CREDIT ARE NOT ACCEPTABLE.
+ TRANSSHIPMENT ALLOWED AT HONGKONG ONLY.
+ SHORT FORM/CHARTER PARTY/THIRD PARTY BILL OF LADING ARE NOT ACCEPTABLE.
+ SHIPMENT MUST BE EFFECTED BY 1×20'FULL CONTAINER LOAD. B/L TO SHOW EVIDENCE OF THIS EFFECT IS REQUIRED.
+ ALL PRESENTATIONS CONTAINING DISCREPANCIES WILL ATTRACT A DISCREPANCY FEE OF GBP40.00 PLUS TELEX COSTS OR ORTHER CURRENCY EQUIVALENT. THIS CHARGE WILL BE DEDUCTED FROM THE BILL AMOUNT WHETHER OR NOT WE ELECT TO CONSULT THE APPLICANT FOR A WAIVER

CHARGES　71B: ALL CHARGES AND COMMISSIONS ARE FOR ACCOUNT OF BENEFICIARY INCLUDING REIMBURSING FEE.

PERIOD FOR PRESENTATION　48: WITHIN 15 DAYS AFTER THE DATE OF SHIPMENT, BUT WITHIN THE VALIDITY OF THIS CREDIT.

CONFIRMATION INSTRUCTION　49: WITHOUT

REIMBURSING BANK　53A: ROYAL BANK OF CANADA VANCOUVER BRANCH

INFORMATION TO PRESENTING BANK　78: ALL DOCUMENTS ARE TO BE REMITTED IN ONE LOT BY COURIER TO ROYAL BANK OF CANADA VANCOUVER BRANCH.

ADVISE   57A： BANK OF CHINA, ZHEJIANG BRANCH
THROUGH BANK

任务三　审核与修改信用证

 任务情境

　　2013 年 3 月 2 日，通知行中国银行浙江分行国际业务部收到了 ROYAL BANK OF CANADA, VANCOUVER BRANCH 开来以杭州先锋国际贸易有限公司为受益人的信用证后，进行信用证表面审查，无误后在信用证上加盖"证实书"戳印，并填写信用证通知书一起交给杭州先锋国际贸易有限公司审核。杭州先锋国际贸易有限公司收到信用证后，单证员王洪根据合同条款、《跟单信用证统一惯例》及国家有关政策对信用证进行仔细审核，发现了信用证条款与合同条款存在几处不符，且不利于出口商对合同的履行，因此，针对不能接受的信用证条款，他向进口商 SITCM IMPORTING CO. 发出了信函，提出了信用证中不符之处，希望 SITCM IMPORTING CO. 修改信用证，使合同能顺利履行。

 知识支持

一、信用证审核的必要性

　　信用证是国际贸易中使用最普遍的付款方式。其特点是受益人在提供了符合信用证规定的有关单证的前提下，开证行承担第一付款责任，其性质属于银行信用。只要出口商提交的单据完全符合信用证的规定，就可以获得开证行的付款。但必须特别注意的是信用证付款方式强调"单单相符、单证相符"的原则，如果受益人提供的文件有错漏，不仅会产生的额外费用，而且还会遭到开证行的拒付，对安全、及时收汇带来很大的风险。因此，在执行合同的过程中，认真细致地对国外开来的信用证进行审核就成为关系到出口商安全及时收取货款的关键一步。

二、信用证审核流程

　　①买卖双方签订买卖合同，规定采用信用证方式交付。

　　②进口商向当地银行提出开证申请书，并交纳押金或其他担保，要求开证行开出信用证。

　　③开证行根据申请书开立信用证，副本交进口商。

④开证行以电讯或航邮方式将正本寄送通知行。

⑤通知行核对印押无误后，将信用证通知受益人。

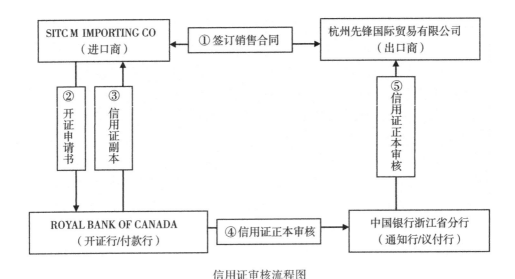

信用证审核流程图

三、信用证的审核要点

许多不符点单据的产生以及提交后被银行退回，大多是对收到的信用证事先检查不够造成的，往往使一些本来可以纠正的错误由于审核不及时没能被及时地修改。因此，一般应在收到信用证的当天对照有关的合同认真地按下列各条仔细检查，这样可以及早发现错误，从而采取相应的补救措施。收到信用证后检查和审核的要点：

1. 审核信用证的付款保证是否有效

应注意有下列情况之一的，就不是一项有效的付款保证或该项付款保证是存在问题的：

(1)信用证明确表明是可以撤销的。

此信用证由于毋须通知受益人或未经受益人同意可以随时撤销或变更，应该说对受益人是没有付款保证的，对于此类信用证，一般不予接受。

信用证中如没有表明该信用证是否可以撤销，按照《UCP600》的规定，应理解是不可以撤销的。

(2)应该保兑的信用证未按要求由有关银行进行保兑。

(3)信用证未生效。

(4)有条件的生效的信用证，如："待获得进口许可证后才能生效"。

（5）信用证密押不符。

（6）信用证签定或预先通知。

（7）由开证人直接寄送的信用证。

（8）由开证人提供的开立信用证申请书。

2. 审核信用证的付款时间是否与有关合同规定相一致

应特别注意下列情况：

（1）信用证中规定有关款项须在向银行交单后若干天内或见票后若干天内付款等情况。对此，应检查此类付款时间是否符合合同规定或贵司的要求。

（2）信用证在国外到期

规定信用证国外到期，有关单据必须寄送国外，由于我们无法掌握单据到达国外银行所需的时间且容易延误或丢失，有一定的风险。通常我们要求在国内交单/付款，在来不及修改的情况下，必须应提前一个邮程（邮程的长短应根据地区远近而定）以最快方式寄送。

（3）如信用证中的装期和效期是同一天即通常所称的"双到期"，在实际业务操作中，应将装期提前一定的时间（一般在效期前 10 天），以便有合理的时间来制单结汇。

3. 审核信用证受益人和开证人的名称和地址是否完整和准确

对于开证申请人和受益人的名称及地址要仔细加以核对，受益人应特别注意信用证上的受益人名称和地址应与其印就好的文件上的名称和地址内容相一致。另外，如果开证行所在国家或地区政局不稳或开证行本身资信较差，可要求进口商在申请开证时开证行在信用证中列明本证由通知行（或其他出口商接受的银行）保兑。

4. 审核装期的有关规定是否符合要求

逾信用证规定装期的运输单据将构成不符点，银行有权不付款。检查信用证规定的装期应注意以下几点：

（1）能否在信用证规定的装期内备妥有关货物并按期出运；如来证收到时装期太近，无法按期装运，应及时与客户联系修改。

（2）实际装期与交单期时间相距时间太短；

（3）信用证中规定了分批出运的时间和数量，应注意能否办到，否则，任何一批未按期出运，以后各期即告失效。

5. 审核能否在信用证规定的交单期交单

如来证中规定向银行交单的日期不得迟于提单日期后若干天，如果过了限期或单据不齐有错漏，银行有权不付款。交单期通常按下列原则处理：

（1）信用证有规定的，应按信用证规定的交单期向银行交单。

（2）信用证没有规定的，向银行交单的日期不得迟于提单日期后 21 天。

应充分考虑办理下列事宜对交单期的影响：

生产及包装所需的时间。

内陆运输或集港运输所需时间。

进行必要的检验如法定商检或客检所需的时间。

申领出口许可证/FA 产地证所需的时间（如果需要）。

报关查验所需的时间。

船期安排情况。

到商会和/或领事馆办理认证或出具有关证明所需的时间（如果需要）。

申领检验证明书如 SGS 验货报告/OMIC LETTER 或其他验货报告如客检证等所需的时间。

制造、整理、审核信用证规定的文件所需的时间。

单据送交银行所需的时间包括单据送交银行后经审核发现有误退回更正的时间。

6. 审核信用证内容是否完整

如果信用证是以电传或电报拍发给了通知行即"电讯送达"，那么应核实电文内容是否完整，如果电文无另外注明，并写明是根据《UCP600》的规定，那么，该电文是可以被当作有效信用证执行。

7. 审核信用证的通知方式是否安全、可靠

信用证一般是通过受益人所在国家或地区的通知/保兑行通知给受益人的。这种方式的信用证通知比较安全，因为根据《UCP600》的有关规定，通知行应对所通知的信用证的真实性负责；如果不是这样寄交的，遇到下列情况之一的应特别注意：

（1）信用证是直接从海外寄来的，那么应该小心查明它的来历。

（2）信用证是从本地某个地址寄出，要求把货运单据寄往海外，而并不了解他们指定的那家银行。对于上述情况，应该首先通过银行调查核实。

8. 审核信用证的金额、币制是否符合合同规定

主要检查内容有：

（1）信用证金额是否正确。

（2）信用证的金额应该与事先协商的相一致。

（3）信用证中的单价与总值要准确，大小写并用内容要一致。

（4）如数量上可以有一定幅度的伸缩，那么，信用证也应相应规定在支付金额时允许有一定幅度。

（5）如果在金额前使用了"大约"一词，其意思是允许金额有 10% 的伸缩。

（6）检查币制是否正确。如合同中规定的币制是"英镑"，而信用证中使用的是

"美元"。

9. 审核信用证的数量是否与合同规定相一致

应注意以下几点：

(1)除非信用证规定数量不得有增减，那么，在付款金额不超过信用证金额的情况下，货物数量可以容许有5%的增减。

(2)特别注意的是以上提到的货物数量可以有5%增减的规定一般适用于大宗货物，对于以包装单位或以个体为计算单位的货物不适用。如：3500PCS OF JACKET(3500 件夹克)，由于数量单位是"件"，实际交货时只能是3500 件，而不能有5%的增减。

10. 审核价格条款是否符合合同规定

不同的价格条款涉及到具体的费用如运费、保险费由谁分担。

如：合同中规定是 FOB TIANJING USD60/PC

根据此价格条款有关的运费和保险费由买方即开证人承担；如果信用证中的价格条款没有按合同的规定作上述表示，而是做了如下规定：CIF TIANJIN USD60/PC 对此条款如不及时修改，那么受益人将承担有关的运费和保险费。

11. 审核货物是否允许分批出运

除信用证另有规定外，货物是允许分批付运的。

特别注意：如信用证中规定了每一批货物出运的确切时间，则必须按此照办，如不能办到，必须修改。

12. 审核货物是否允许转运

除信用证另有规定外，货物是允许转运的。

13. 审核有关的费用条款

主要内容有：

(1)信用证中规定的有关费用如运费或检验费等应事先协商一致，否则，对于额外的费用原则上不应承担。

(2)银行费用如事先未商定，应以双方共同承担为宜。

14. 审核信用证规定的文件能否提供或及时提供主要有：

(1)一些需要认证的单据特别是使馆认证等能否及时办理和提供。

(2)由其他机构或部门出具的有关文件如出口许可证、运费收据、检验证明等能否提供或及时提供。

(3)信用证中指定船龄、船籍、船公司或不准在某港口转船等条款能否办到等。

15. 审核信用证中有无陷阱条款

应特别注意下列信用证条款是有很大陷阱的条款，具有很大的风险：

(1)1/3 正本提单直接寄送客人的条款。

如果接受此条款,将随时面临货、款两空的危险。

(2)将客户检验证作为议付文件的条款。

接受此条款,受益人正常处理信用证业务的主动权很大程度上掌握在对方手里,影响安全收汇。

16. 审核信用证中有无矛盾之处

如:明明是空运,却要求提供海运提单;明明价格条款是 FOB,保险应由买方办理,而信用证中却要求提供保险单。

17. 审核有关信用证是否受《UCP600》的约束

明确信用证受《UCP600》的约束可以使我们在具体处理信用证业务中,对于信用证的有关规定有一个公认的解释和理解,避免因对某一规定的不同理解产生的争议。

18. 对某一问题有疑问,可以向通知行或付款行进行咨询,得到他们的帮助。

【知识链接】

信用证软条款

信用证软条款是指主动权掌握在开证申请人手中,受益人无法控制的条款;或意思含糊不清、模棱两可的条款。因难以满足这种条款,往往会给受益人安全收汇造成相当大的困难和风险。

例如:

1. 3 份正本提单中,有一份直接寄给开证申请人,凭借一份正本提单,开证申请人就可以提货了。这个条款一经执行,就意味着客户可以在银行议付单证以前就直接去提货。

2. 货物须开证人检验,规定由开证申请人或其指定的人签发商检证书。这个条款的有可能由于开证申请人有意毁约,故意拖延检验,不出具检验报告,导致无法装运并提交单证议付。

四、信用证的修改

1. 信用证修改的程序

受益人不能直接与开证银行联系改证,信用证的修改应由开证申请人(进口商)提出,经开证行同意和受益人的同意才能生效。其基本程序是:

(1)申请修改

开证申请人以书面形式向开证行提出改证申请,如果涉及货物品名、单价、数量、金额、受益人名称的变更，还须提供变更后的合同副本，并由进出口双方重新签署。

（2）履行改证

开证行经过审核，接受申请人的修改意愿后，以加押电传或 SWIFT 方式向信用证原通知行发出修改通知书，修改一经发出就不能撤销。

（3）通知改证

通知行收到后，验核修改书的表面真实性并将其转达给受益人，即发出修改通知书。

（4）修改生效

在受益人告知通知修改的银行其接受该修改之前，原信用证（或含有先前被接受修改的信用证）的条款对受益人仍然有效。自受益人接受修改的那一刻起，信用证修改生效。

2. 信用证修改的注意点

（1）凡是需要修改的内容，应做到一次性向客人提出，避免多次修改信用证的情况。

（2）对于不可撤销信用证中任何条款的修改，都必须取得当事人的同意后才能生效。

（3）收到信用证修改后，应及时检查修改内容是否符合要求，并分别情况表示接受或重新提出修改。

（4）对于修改内容要么全部接受，要么全部拒绝。部分接受修改中的内容是无效的。

（5）有关信用证修改必须通过原信用证通知行才具真实，有效；通过客人直接寄送的修改申请书或修改书复印件不是有效的修改。

（6）明确修改费用由谁承担。一般按照责任归属来确定修改费用由谁承担。

 任务实施

一、缮制信用证通知书

中国银行浙江分行收到加拿大开证行 ROYAL BANK OF CANADA VANCOUVER BRANCH 开来的信用证后，立即审核开证行的业务往来情况、政治背景、资信能力、付款责任和索汇路线等，并鉴别信用证的真伪。经审查无误，则在信用证正本上加盖"证实书"戳印，并填写《信用证通知书》，将其随信用证交出口商杭州先锋国际贸易有限公司。

BANK OF CHINA ZHEJIANG BRANCH

Zhejiang Bank of China Tower, 321 Fengqi Road, Hangzhou, China

Phone (0571)87077996　Fax (0571) 87077981

信用证通知书

Notification of Documentary Credit

MAIL TO 致：

HANGZHOU　　　　　　　XIANFENG
INTERNATIONAL TRADE CO., LTD.
21 FLOOR, TIMES TOWER, 121 FENGQI
ROAD, HANGZHOU

DATE 日期：

20130303

OUR REF. NO. 我行编号：

H9798012

ISSUING BANK 开证行：

ROYAL BANK OF CANADA VANCOUVER
BRANCH

APPLICANT 开证申请人：

SITCM IMPORTING CO

2550 BATES RD. SUITE 301 MONTREAL
(QUEBEC) H3S 1A7 CANADA

L/C NO. 信用证号：

RBCV 18898

ISSUING DATE 开证日期：

130301

L/C ORIGINAL AMOUNT 金额：

USD588, 000. 00

Dear Sirs, 迳启者：

WE HAVE BEEN INFORMED BY THE AFOREMENTIONED BANK THAT THE ABOVE
MENTIONED DOCUMENTARY CREDIT HAS BEEN ISSUED IN YOUR
FAVOR. ENCLOSED. PLEASE FIND THE DOCUMENTARY CREDIT RECEIVED.
THIS NOTIFICATION MUST BE PRESENTED WITH ALL DRAFTS/DOCUMENTS
DRAWN TO THE U. C. P. FOR DOCUMENTARY CREDITS, I. C. C. NO. 600.

兹通知贵司，我行收到上述银行信用证一份，现随附通知，贵司交单时，请将本通
知即信用证一并提示。

UNLESS SPECIFICALLY STATED, THE DOCUMENTARY CREDIT IS ISSUED
SUBJECT TO THE U. C. P. FOR DOCUMENTARY CREDITS, I. C. C. NO. 600.

除非明确说明，本信用证之通知系遵循国际商会跟单信用证统一惯例第 600 号出版
物办理。

PLEASE NOTE THAT THIS IS MERELY AN ADVICE AND CONVEYS NO
ENGAGEMENT ON OUR PART NOR CONSTITUTES A CONFIRMATION OF THIS

CREDIT. WE SHALL BE PLEASED TO RENDER FURTHER SERVICE TO YOU PLEASE RETURN TO US THE ATTACHED RECEIPT DULY SIGNED FOR OUR RECORDS。

请注意这仅仅是建议并且在我们的方面传送没有约定也不形成这张信用卡的确定。我们将很高兴给您提供更多满意的服务，请返回被附上的收据及时为我们的记录签署。

PLEASE LET US HAVE YOUR PAYMENT FOR TOTAL USD35.00 REPRESENTING FOLLOWING CHARGES：

如下所列的 45 美元的费用请您支付：

PRE-ADVICE FEE 通知费：   USD   0.00
ADVICE COMMISSION 委托费：   USD   30.00
CONFIRMATION COMMISSION 委托确认费：   USD   0.00
CABLE FEES 电报费：   USD   0.00
POSTAGE FEES 邮资：   USD   15.00
OTHERS CHARGES 其他费用：   USD   0.00

IN SETTLEMENT, PLEASE CREDIT OUR USD A/C NO. 40303019433140101461 WITH BANK OF CHINA, SHANGHAI BRANCH OR CNY A/C NO. 044188-001943350I4（FOR RMB EQUIVALENT）WITH BANK OF CHINA, PUDONG BRANCH, SHANGHAI UNDER ADVICE TO US.

在结算方面，请贷记我方在中国银行浙江分行的美元账户 403030194331401014782。

二、缮制信用证分析单

杭州先锋国际贸易有限公司单证员王洪收到了来自中国银行浙江分行的《信用证通知书》和信用证，仔细阅读信用证条款，并填写《信用证分析单》，在填写过程中对信用证的信息进行分析、审核。

信用证分析单是一种把信用证的内容用表格形式进行业务分析的工作单，填写信用证分析单是单证员系统了解信用证内容的一种有效方法。为了及时加速信用证在出口企业内部的流转，供有关部门和人员备货、出运、收证、制单、统计等工作需要，将信用证中内容，如开证人、开证行、开证日期、受益人、汇票要求及期限、单据种类及份数、商品描述、包装、运输条款、起运地、目的地、分批、转船、装运期、信用证有效期及其他条款和事项等，分门别类地列成表格进行分析，便于分发有关部门和人员应用。

信用证分析单

信用证号	RBCV 18898	合约号	XFT209	受益人	HANGZHOU XIANFENG IMPORT&EXPORT CO., LTD. 21 FLOOR, TIMES TOWER, 121 FENGQI ROAD, HANGZHOU		
开证银行	ROYAL BANK OF CANADA VANCOUVER BRANCH			开证申请人	SITCM IMPORTING CO 2550 BATES RD. SUITE 301 MONTREAL (QUEBEC) H3S 1A7 CANADA		
开证日期	130301	付款方式	AT SIGHT	起运口岸	NINGBO	目的地	VANCOUVER
金额	CURRENCY USD AMOUNT 588,000.00			可否转运	PERMITTED	成交方式 CIF OTTAWA	
汇票付款人	ROYAL BANK OF CANADA VANCOUVER BRANCH			可否分批	PROHIBITED		
汇票期限	见票 AT 60 DAYS SIGHT 天期			装运期限	130401	唛头 SITCM XFT209 Vancouver Nos. 1-120	
注意事项				效期地点	DATE 130430 PLACE IN CANADA		
				提单日 15 天内议付	21 天内寄单		

单证名称	提单	副本提单	商业发票	其他发票	海关发票	装箱单	重量数量单	尺码单	保险单	产地证	普惠制产地证	贸促会产地证	出口许可证	装船通知书	投保通知	寄投保通知邮据	寄单证明	寄单邮据	寄样证明	寄样邮据	品质证明书
银行	√		√			√			√		√			√			√				
份数	3		3			3			2		2			3			1				
客户		√																			
份数		1																			

续表

提单	抬头	SITCM IMPORTING CO	保险	险种：COVERING MARINE RISKS AS PER INSTITUTE CARGO CLAUSES （A） AND WAR RISKS AS PER INSTITUTE WAR CLAUSES DATED 1/1/82. （WAREHOUSE TO WAREHOUSE CLAUSE IS INCLUDED）		
	通知	APPLICANT				
运费预付FREIGHT PREPAID			保额另加10%	赔款地点	VANCOUVER	

三、信用证审核不符点

杭州先锋国际贸易有限公司单证员王洪对信用证进行审核后，发现了以下不符点。

项 目	信用证条款	合同条款及《UCP600》规定
FORM OF DOC. CREDIT	REVOCABLE	IRREVOCABLE
DATE AND PLACE OF EXPIRY.	DATE 130430 PLACE IN CANADA	DATE 130430 PLACE IN CHINA
BENEFICIARY	HANGZHOU XIANFENG IMPORT & EXPORT CO., LTD. 21 FLOOR, TIMES TOWER, 121 FENGQI ROAD, HANGZHOU	HANGZHOU XIANFENG INTERNATIONAL TRADE CO., LTD. 21 FLOOR, TIMES TOWER, 121 FENGQI ROAD, HANGZHOU
DRAFTS AT ...	AT 60 DAYS SIGHT	SIGHT
LATEST DATE OF SHIPMENT	130401	130415
DESCRIPTI ON OF GOODS AND/OR SERVICES.	CIF OTTAWA	CIF VANCOUVER
DOCUME NTS REQUIRED	BILL OF LADING MADE OUT TO SITCM IMPORTING CO	BILL OF LADING MADE OUT TO SHIPPERS ORDER

四、改正函

针对信用证条款存在的不符之处，单证员王洪立即向进口商 SITCM IMPORTING CO. 发出一封电子邮件，指出了信用证中出现的不符之处，希望 SITCM IMPORTING CO. 能马上修改信用证。

HANGZHOU XIANFENG INTERNATIONAL TRADE CO., LTD.

21 Floor, Times Tower, 121 Fengqi Road, Hangzhou
TEL：86-571-81101590　FAX：86-571-81101678

Mar. 7, 2013

SITCM IMPORTING CO
2550 Bates Rd. Suite 301 Montreal（Quebec）H3S 1A7 Canada

Dear Sir,

Thank you for your L/CNo. RBCV 18898 issued by ROYAL BANK OF CANADA VANCOUVER BRANCH.

However, we are sorry to find it contains the following discrepancies.

1. The form of doc. credit should be "IRREVOCABLE", instead of "REVOCABLE".

2. The date and place of expiry should be "DATE 130430 PLACE IN CHINA", instead of "DATE 130430 PLACE IN CANADA".

3. The beneficiary should be "HANGZHOU XIANFENG INTERNATIONAL TRADE CO., LTD. 21 FLOOR, TIMES TOWER, 121 FENGQI ROAD, HANGZHOU", instead of "HANGZHOU XIANFENG IMPORT&EXPORT CO., LTD. 21FLOOR, TIMES TOWER, 121 FENGQI ROAD, HANGZHOU".

4. The drafts at ... should be "SIGHT", instead of "AT 60 DAYS SIGHT".

5. The latest date of shipment should be "130415", instead of "130401".

6. The description of goods and/or services should be "CIF VANCOUVER", instead of "CIF OTTAWA".

7. The documents required should be "BILL OF LADING MADE OUT TO SHIPPERS ORDER", instead of "BILL OF LADING MADE OUT TO SITCM IMPORTING CO".

Yours truly,

HANGZHOU XIANFENG INTERNATIONAL TRADE CO., LTD.
Wang Hong

五、信用证修改通知书

针对杭州先锋国际贸易有限公司要求修改信用证内容中出现的不符之处，

SITCM IMPORTING CO. 立即向开证银行 ROYAL BANK OF CANADA VANCOUVER BRANCH 递交改证申请书，要求其修改信用证。开证行将改证后的信用证修改书通知书，委托通知行转交出口商。

BANK OF CHINA ZHEJIANG BRANCH

Zhejiang Bank of China Tower, 321 Fengqi Road, Hangzhou, China

Phone（0571）87077996　Fax（0571）87077981

信用证修改通知书
Notification of Amendment to Documentary Credit

DATE：2013/03/10

ISSUING BANK： ROYAL BANK OF CANADA VANCOUVER BRANCH		DATE OF THE AMENDMENT： Mar. 8, 2013
BENEFICIARY： HANGZHOU XIANFENG INTERNATIONAL TRADE CO., LTD. 21 FLOOR, TIMES TOWER, 121 FENGQI ROAD, HANGZHOU		APPLICANT： SITCM IMPORTING CO 2550 BATES RD. SUITE 301 MONTREAL（QUEBEC）H3S 1A7 CANADA
L/C No. RBCV 18898	Dated Mar. 1, 2013	THIS AMENDMENT IS TO BE CONSIDERED AS PART OF THE ABOVE MENTIONED CREDIT AND MUST BE ATTACHED THERETO.

Dear sirs,

We have pleasure in advising you that we have received from the above mentioned bank an amendment to Documentary Credit NO. RBCV 18898 contents of which are as follows：

1. The form of doc. credit should be "IRREVOCABLE", instead of "REVOCABLE".

2. The date and place of expiry should be "DATE 130430 PLACE IN CHINA", instead of "DATE 130430 PLACE IN CANADA".

3. The beneficiary should be "HANGZHOU XIANFENG INTERNATIONAL TRADE CO., LTD. 21 FLOOR, TIMES TOWER, 121 FENGQI ROAD, HANGZHOU", instead of "HANGZHOU XIANFENG IMPORT&EXPORT CO., LTD. 21 FLOOR, TIMES TOWER, 121 FENGQI ROAD, HANGZHOU".

4. The drafts at ... should be "SIGHT", instead of "AT 60 DAYS SIGHT".

5. The latest date of shipment should be "130415", instead of "130401".

6. The description of goods and/or services should be "CIF VANCOUVER", instead of "CIF OTTAWA".

7. The documents required should be "BILL OF LADING MADE OUT TO SHIPPERS ORDER", instead of "BILL OF LADING MADE OUT TO SITCM IMPORTING CO".

ALL OTHER TERMS AND CONDITIONS REMAIN UNCHANGED. THE ABOVE MENTIONED DOCUMENT CREDIT IS SUBJECT TO THE UNIFORM CUSTOMS AND PRACTICE FOR DOCUMENTARY CREDIT.

PLEASE ADVISE THE BENEFICIARY：	ADVISING BANK'S NOTIFICATIONS：
HANGZHOU XIANFENG INTERNATIONAL TRADE CO., LTD.	LU XIN DU

六、修改后的信用证条款

MT 700		ISSUE OF A DOCUMENTARY CREDIT
SENDER		ROYAL BANK OF CANADA VANCOUVER BRANCH
RECEIVER		BANK OF CHINA ZHEJIANG BRANCH
SEQUENCE OF TOTAL	27：	1 / 1
FORM OF DOC. CREDIT	40A：	IRREVOCABLE
DOC. CREDIT NUMBER	20：	RBCV 18898
DATE OF ISSUE	31C：	130301
APPLICABLE RULES	40E：	UCP LATEST VERSION
DATE AND PLACE OF EXPIRY.	31D：	DATE 130430 PLACE IN CHINA
APPLICANT	50：	SITCM IMPORTING CO 2550 BATES RD. SUITE 301 MONTREAL （QUEBEC） H3S 1A7 CANADA
BENEFICIARY	59：	HANGZHOU XIANFENG INTERNATIONAL TRADE CO., LTD. 21FLOOR, TIMES TOWER, 121 FENGQI ROAD, HANGZHOU
AMOUNT	32B：	CURRENCY USD AMOUNT 570，000.00
AVAILABLE WITH/BY	41D：	ANY BANK IN CHINA, BY NEGOTIATION
DRAFTS AT ...	42C：	SIGHT
DRAWEE	42A：	ROYAL BANK OF CANADA VANCOUVER BRANCH
PARTIAL SHIPMTS	43P：	PROHIBITED
TRANSSHIPMENT	43T：	ALLOWED
PORT OF LOADING/ AIRPORT OF DEPARTURE	44E：	NINGBO
PORT OF DISCHARGE	44F：	VANCOUVER
LATEST DATE OF SHIPMENT	44C：	130415
DESCRIPTION OF GOODS AND/OR SERVICES.	45A：	6000PCS BOYS JACKET, SHELL：WOVEN 100% COTTON, LINING：WOVEN 100% POLYESTER, AS PER S/C NO. XFT209 AT USD9.80//PC CIF VANCOUVER, PACKED IN 120PCS/CTN
DOCUMENTS REQUIRED 46A：		

REQUIRED

+ ORIGINAL SIGNED INVOICE IN TRIPLICATE.

+ FULL SET OF ORIGINAL CLEAN ON BOARD MARINE BILL OF LADING MADE OUT TOO RDER OF SHIPPER AND BLANK ENDORSED, MARKED FREIGHT PREPAID AND NOTIFY APPLICANT.

+ ORIGINAL CERTIFICATE OF ORIGIN PLUS ONE COPY ISSUED BY CHAMBER OF COMMERCE.

+ MARINE INSURANCE POLICY IN DUPLICATE FOR 110PCT OF INVOICE VALUE, BLANK ENDORSED, COVERING MARINE RISKS AS PER INSTITUTE CARGO CLAUSES (A) AND WAR RISKS AS PER INSTITUTE WAR CLAUSES DATED 1/1/82. (WAREHOUSE TO WAREHOUSE CLAUSE IS INCLUDED)

+ ORIGINAL GSP FORM IN DUPLICATE IN OFFICIAL FORM ISSUED BY A TRADE AUTHORITY OR GOVERNMENT BODY PLUS ONE COPY.

+ SHIPMENT ADVICE IN TRIPLICATE SHOWING THE NAME OF THE CARRYING VESSEL, DATE OF SHIPMENT, MARKS, QUANTITY, NET WEIGHT AND GROSS WEIGHT OF THE SHIPMENT TO APPLICANT WITHIN 3DAYS AFTER THE DATE OF BILL OF LADING.

COPY OF LETTER FROM BENEFICIARY TO OUR APPLICANT EVIDENCING A NON-NEGOTIABLE BILL OF LADING TOGETHER WITH COPY OF OTHER DOCUMENTS WERE SENT DIRECTLY TO THEM AFTER ONE DAY FROM SHIPMENT DATE.

ADDITIONAL CONDITION 47A:

+ DOCUMENTS DATED PRIOR TO THE DATE OF THIS CREDIT ARE NOT ACCEPTABLE.

+TRANSSHIPMENT ALLOWED AT HONGKONG ONLY.

+ SHORT FORM/CHARTER PARTY/THIRD PARTY BILL OF LADING ARE NOT ACCEPTABLE.

+ SHIPMENT MUST BE EFFECTED BY 1×20'FULL CONTAINER LOAD. B/L TO SHOW EVIDENCE OF THIS EFFECT IS REQUIRED.

+ ALL PRESENTATIONS CONTAINING DISCREPA-
NCIES WILL ATTRACT A DISCREPANCY FEE OF
GBP40.00 PLUS TELEX COSTS OR ORTHER
CURRENCY EQUIVALENT. THIS CHARGE WILL
BE DEDUCTED FROM THE BILL AMOUNT
WHETHER OR NOT WE ELECT TO CONSULT THE
APPLICANT FOR A WAIVER

CHARGES 71B： ALL CHARGES AND COMMISSIONS ARE FOR
ACCOUNT OF BENEFICIARY INCLUDING
REIMBURSING FEE.

PERIOD 48： WITHIN 15 DAYS AFTER THE DATE OF
FOR PRESENTATION SHIPMENT, BUT WITHIN THE VALIDITY OF THIS
CREDIT.

CONFIRMATION 49： WITHOUT
INSTRUCTION

REIMBURSING BANK 53A： ROYAL BANK OF CANADA VANCOUVER BRANCH

INFORMATION TO 78： ALL DOCUMENTS ARE TO BE REMITTED IN ONE
PRESENTING BANK LOT BY COURIER TO HSBC BANK PLC, TRADE
SERVICES, DUBAI BRANCH, P O BOX 66, HSBC
BANK BUILDING 312/45 AL SUQARE ROAD,
DUBAI, UAE.

ADVISE THROUGH BANK 57A： BANK OF CHINA, ZHEJAING BRANCH

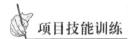 项目技能训练

一、根据合同审核信用证，写出信用证的不符之处。

（一）合同

上海远大进出口公司
SHANGHAI YUANDA IMPORT & EXPORT COMPANY
上海市溧阳路 1088 号龙邸大厦 16 楼
16TH FLOOR, DRAGON MANSION, 1088 LIYANG ROAD, SHANGHAI 200081 CHINA
SALES CONTRACT

NO.：YD-MDSC9811

DATE：2007/11/8

BUYERS：MAURICIO DEPORTS INTERNATIONAL S. A.

ADDRESS: RM 1008-1011 CONVENTION PLAZA, 101 HARBOR ROAD, COLON, R. P.

TEL.: 507-25192334   FAX: 507-25192333

   THE UNDERSIGNED SELLERS AND BUYERS HAVE AGREED TO CLOSE THE FOLLOWING TRANSACTION ACCORDING TO THE TERMS AND CONDITIONS STIPULATED BELOW:

NAME OF COMMODITY AND SPECIFICATION	QUANTITY	UNIT PRICE	AMOUNT
CHINESE RICE F. A. Q. BROKEN GRAINS (MAX.) 20% ADMIXTURE (MAX.) 0. 2% MOISTURE (MAX.) 10%	2000TONS	CIFC3 USD360. 00/TON	COLON USD720, 000. 00
		TOTAL AMOUNT: SAY U. S. DOLLARS SEVEN HUNDRED AND TWENTY THOUSAND ONLY.	

REMARKS: WITH 5% MORE OR LESS BOTH IN AMOUNT AND QUANTITY AT THE SELLER'S OPTION.

PACKING: 50KGS TO ONE GUNNY BAG. TOTAL 40000 BAGS.

SHIPMENT: TO BE EFFECTED DURING DEC. 2007 FROM SHANGHAI, CHINA TO COLON, R. P. ALLOWING PARTIAL SHIPMENTS AND TRANSHIPMENT.

INSURANCE: TO BE COVERED FOR 110% OF INVOICE VALUE AGAINST ALL RISKS AS PER AND SUBJECT TO OCEAN MARINE CARGO CLAUSES OF PICC DATED1/1/1981.

PAYMENT: THE BUYERS SHALL OPEN THROUGH A FIRST-CLASS BANK ACCEPTABLE TO THE SELLER AN IRREVOCABLE L/C AT 30 DAYS AFTER B/L DATE TO REACH THE SELLER NOV. 25, 2007 AND VALID FOR NEGOTIATION IN CHINA UNTIL THE 15TH DAY AFTER THE DATE OF SHIPMENT.

SELLER: BUYER:

SHANGHAI YUANDA   IMPORT &EXPORT COMPANY   MAURICIO DEPORTS INTERNATIONAL S. A.

赵国斌   D. H. HONENEY

（二）信用证

CITIBANK N. A.
P. O. BOX 555 PANAMA R. P.   ORIGINAL
CABLE ADDRESS：CITIBANK   PLACE&DATE OF ISSUE：PANAMA
NOV. 23, 2007

DOCUMENTARY CREDIT：IRREVOCABLE	CREDIT NO. OF ISSUING BANK OF ADVISING BANK 180-43672
ADVISING BANK： CITI BANK OF SHANGHAI, SHANGHAI, CHINA	APPLICANT： MAURICIO DEPORTS INTERNATIONAL S. A. RM1008-1101 CONVENTION PLAZA, 101 HARBOR ROAD, COLON, R. P.
BENEFICIARY： SHANGHAI YUANDA EXPORT & IMPORT COMPANY 16TH FLOOR, DRAGON MANSION, 1088LIYANGROAD, SHANGHAI 200081 CHINA TEL：0086-21-56747624 FAX：0086-21-56747698	AMOUNT：USD733, 320.00（SAY U. S. DOLLARS SEVEN HUNDRED AND THIRTY THREE THOUSAND THREE HUNDRED AND TWENTY ONLY）
	EXPIRY DATE：DEC. 15, 2007 AT THE COUNTER OF CITIBANK N. A. PANAMA

DEAR SIRS：
WE HEREBY ISSUE IN YOUR FAVOR THIS DOCUMENTARY CREDIT WHICH IS AVAILABLE BY YOUR AT 30 DAYS SIGHT DRAFTS DRAWN ON APPLICANT FOR 100% OF INVOICE COST ACCOMPANIED BY THE FOLLOWING DOCUMENTS：
1) 2/3 SET OF ORIGINAL CLEAN ON BOARD OCEAN BILL OF LADING DATED NO LATER THAN DEC. 15, 2007 ISSUED TO OUR ORDER NOTIFY APPLICANT MARKED FREIGHT TO BE COLLECTED.
2）COMMERCIAL INVOICE IN TRIPLICATE DULY SIGNED ORIGINAL VISAED BY PANAMANIAN CONSUL.
3）PACKING LIST IN QUADRUPLICATE SHOWING GROSS WEIGHT OF PACKAGE AND CERTIFIED THAT THE GOODS IS PACKED IN NEW GUNNY BAGS.
4）BENEFICIARY'S CERTIFICATE STATED THAT 1/3 SET OF ORIGINAL BILL OF LADING HAS BEEN AIRMAILED DIRECTLY TO APPLICANT WITHIN 48 HOURS AFTER SHIPMENT.
5) INSURANCE POLICY OR CERTIFICATE IN DUPLICATE IN THE CURRENCY OF THE CREDIT AND IN ASSIGNABLE FORM FOR THE FULL INVOICE VALUE PLUS 110% COVERING INSTITUTE CARGO CLAUSE A.
COVERING：40000BAGS OF CHINESE RICE AS PER SALES CONTRACT NO. YD-MDSC9811 DATED NOV. 18, 2007 CIFCOLON
DOCUMENTS MUST BE PRESENTED WITHIN 15 DAYS AFTER THE DATE OF SHIPMENT BUT WITHIN THE VALIDITY OF THE CREDIT.

DISPACTH/SHIPMENT FROM: SHANGHAI TO: PANAMAN	PARTIAL SHIPMENTS: PROHIBITED	TRANSHIPMENT: PROHIBITED
SPECIA CONDITIONS: 1. THE DOCUMENTS BENEFICIARY PRESENT SHOULD INCLUDE AN INSPECTION CERTIFICATE SIGNED BY APPLICANT OR ITS AGENT. 2. EACH DRAFT ACCOMPANYING DOCUMNENTS MUST INDICATE THE CREDIT NO. AND NAME OF ISSUING BANK AND CREDIT NO. AND NAME OF ADVISING BANK (IF INDICATED) 3. THIS CREDIT IS NON-OPERATIVE UNLESS THE NAME OF CARRYING VESSEL HAS BEEN APPROVED BY APPLICANT AND TO BE ADVISED BY L/C ISSUING BANK IN FORM OF AN L/C ADMENDMENT TO BENIFICIARY. 4. ALL CHARGES OUTSIDE PANAMA R.P. ARE FOR ACCOUNT OF BENEFICIARY. WE HEREBY AGREE WITH THE DRAWERS ENDORSERS AND BONA FIDE HOLDERS OF DRAFTS DRAWN UNDER AND IN COMPLIANCE WITH THE TERMS OF THE CREDIT THAT SUCH DRAFTS WILL BE DULY HONORED ON DUE PRESENTATION TO THE DRAWEE IF NEGOTIATED ON OR BEFORE EXPIRY DATE AND PAID ON MATURITY. THE ADVISING BANK IS REQUESTED TO NOTIFY THE BENEFICIARY WITHOUT ADDING THEIR CONFIRMATION. IN REIMBURSEMENT, THE DRAWEE BANK WILL DEBIT OUR ACCOUNT NO. 10991266 WITH OUR NEW YORK OFFICE, MAKING REFERENCE TO OUR L/C NO. . DOCUMENTS ARE TO BE AIRMAILED DIRECTLY TO US. YOURS FAITHFULLY, CITIBANK, N.A. G.R.MEN WILL.N.S.G.BOS AUTHORIZED SIGANATURE		ADVISING BANK NOTIFICATION

请指出信用证中存在的问题：

二、根据合同资料用英文缮制开证申请书

合同资料：

买方：长城贸易公司天津市生力路 123 号 TEL：022-8765432l

卖方：TAKAMRA IMP.&EXP. CORP.

　　　324，OTOLIMACH TOKYO，JAPAN TEL：028-54872458

品名：48 英寸彩色电视机

单价：每台 1000 美元 CIF 天津

数量：100 台

包装：每台装一纸箱

总值：100000 美元

装运时间：2005 年 8 月 31 日前，不准分批装运和转运

装运港：大阪　　目的港：天津

开证方式：电开

支付：不可撤销即期跟单信用证，最迟开证日期 2005 年 7 月 20 日

保险：按发票金额加一成投保一切险和战争险

单据条款：商业发票一式五份，注明信用证号和合同号

　　　　　装箱单一式四份

　　　　　全套清洁已装船正本提单，做成空白抬头，空白背书，注明运费预付

　　　　　检验检疫机构出具的品质检验证书一份

　　　　　保险单正本一份，作空白背书

　　　　　合同号：GWM050831

　　　　　开户行及账号：中国银行 1357924680

买方法人代表：李红

项目三 | # 工厂下单

 项目学习目标

◎ **认知目标**

　　了解一般跟单工作流程；

　　熟悉内贸销售合同的签订。

◎ **能力目标**

　　能寻找合适的生产供应商；

　　能签订内贸销售合同。

 项目导入

　　对外贸公司而言，由于自身不生产商品，所以在与进口商签订销售合同后，必须选择产品生产商进行外购备货，并且在产品交货日期上要结合信用证中的最迟装船日考虑。

任务　签订内贸购销合同

 任务情境

　　收到信用证后，杭州先锋国际贸易有限公司立即与早已联系好的服装加工厂嘉兴卫星制衣有限公司签订内贸服装订购合同。2013 年 3 月 6 日，卫星制衣有限公司正式生产本笔业务中的男孩夹克，并且杭州先锋国际贸易有限公司公司派出员工作为跟单员对出口商品的生产质量、进度等进行全程跟单，确保货物生产商能按时、按质交货。

知识支持

一、跟单员的工作

跟单员的主要工作是在企业业务流程运作过程中，以客户订单为依据，跟踪产品(服务)运作流向并督促定单落实的专业人员，是各企业开展各项业务，特别是贸易业务的重要性人才之一。

二、跟单员职责

1. 客户询盘

一般在客户下订单之前，都会有相关的订单信息给业务部，作一些细节上的了解。

2. 报价

业务部及时回复客户查询，确定货物品名、型号、生产厂家、数量、交货期、付款方式、包装规格等，报价单给客户做正式报价。

3. 得到订单

经过洽谈，业务部收到客户正式的订单。

4. 下生产订单

得到客户的订单确认后，跟单员给工厂下订单，安排生产计划。

5. 业务审批

业务部收到订单后，首先做出业务审核表。按"产品销售合同审核表"的项目如实填写，尽可能将各种预计费用，客户需求都列明。合同审批需附上客户订单传真件，与产品销售合同。审核表要由业务员签名，经理审批，如金额较大的，或有预付款和佣金等条款的，要经公司总经理审批才行。合同审批之后，制成销售订单，交给跟单部跟进。

6. 下达生产通知

业务部在确定交货期及合同真实有效后，跟单部通知采购部联系厂家并提供客户订单信息，产品需求信息单，由采购部督促厂家按时保质生产。

7. 验货：

(1)在交货期前一周，要通知采购部验货员验货。

(2)如果客户要自己或指定验货人员来验货的，要在交货期一周前，约客户查货并将查货日期告知采购部。

(3)如果客户指定由第三方验货公司或公正行等验货的，要在交货期两周前与验货公司联系，预约验货时间，确保在交货期前安排好时间。确定后将验货时间通知工厂。

8. 商检：如果是国家法定商检产品，在给工厂下订单时要说明商检要求，并提供相关合同，发票等商检所需资料配合商检。

9. 基本文件。工厂提供的装箱资料，商业发票，保修单，使用说明文档，装箱单等文件(应由厂方制作，货物交接时由业务员带回公司，交给跟单员存档，建立客户售后档案)。

10. 获得运输文件。由采购部，负责调运车辆，并接受存档采购部提交的运输合同材料。

11. 传真一份装车资料给客户，列明装车时间、设备型号、车牌号以及司机联系电话。

12. 交单：交单前通知负责该单的业务员到客户现场。

13. 业务登记：每单业务在完成后要及时做登记，包括电脑登记及书面登记，便于以后查询，统计等。

【知识链接】

<h3 style="text-align:center">跟单员和国际商务单证员、外销员、报关员的区别</h3>

跟单员的主要工作是在企业业务流程运作过程中，以客户订单为依据，跟踪产品(服务)运作流向并督促定单落实的专业人员，是各企业开展各项业务，特别是外贸业务的基础性人才之一。一名合格的跟单员需要掌握外销、物流管理、生产管理、单证与报关等综合知识。国际商务单证员处理的是国际商品买卖过程中的单证制作、验审等工作(解决单证从无到有的过程)。他的工作范围是包括收证、审证、制单、审单、交单、归档等一系列业务活动。

外销员是指在具有进出口经营权的企业从事进出口贸易工作的专业人员，主要工作内容有从事国际贸易交流活动、外贸立项、谈判、合同的制作、签定、执行等。

报关员的主要工作就是根据国家的法律法规、海关的办事程序判断某些货物需要何种手续并准备相关文件，按要求制作报关单等并向海关申报，还要配合海关查验、缴纳相关税费等。他工作的主要目的是为了能让货物顺利出口，而单证员的工作则是为了制作符合信用证，合同规定的单证，实现顺利结汇、收汇等。

 任务实施

作为国内买卖双方签订的购销合同没有一个统一的格式，在符合合同要件与合法性的前提下，一般包括买卖双方公司名称、合同签订时间与地点、品名、质量、条款、单价、交货时间等条款。

服 装 购 销 合 同

供方：<u>嘉兴卫星制衣有限公司</u>　　　　　　　　合同编号：<u>XIYEI9820-1</u>

　　　　　　　　　　　　　　　　　　　　　签订时间：<u>2013 年 3 月 4 日</u>

需方：<u>杭州先锋国际贸易有限公司</u>　　　　　签订地点：　　　<u>嘉兴</u>

一、产品名称、品种规格、数量、金额、供货时间：

客户款号	客户订单号	货物描述	计量单位	数量	单价（元）	总金额（元）	交（提）货时间及数量
IDI87	UK-326	男孩夹克 里料：100%棉 外料：100%涤纶	件	6000	35	210000.00	2013 年 3 月 14 日前工厂交货
			合计：	6000		210000.00	
合计人民币(大写)		贰拾壹万圆整					
备注：	1. 单价为含税价。 2. 需方凭供方提供的增值税发票及相应的税收(出口货物专用)缴款书在供方工厂交货后十五个工作日内付款。如果供方未将有关票证备齐，需方扣除17%税款支付给供方，等有关票证齐全后结清余款。 3. 本合同经双方传真签字盖章后即生效。						

二、质量要求和技术标准

1. 服装搭配按客户要求。

2. 服装尺寸按客供尺码表，不得超公差。

3. 成衣不得有色差，不得有脏迹，整烫平整。

4. 平摊包装。

三、交(提)货地点、方式：工厂交货。

四、运输方式及到达站港和费用负担：需方自行送货至指定仓库，费用由需方承担。

五、包装标准、包装物的供应与回收：纸箱包装符合出口标准和客户要求。

六、验收标准、方法及提出异议期限：经客户验货合格后放行，同时供方提供商检放行单或商检换证凭单。

七、违约责任：违约方支付合同金额的10%违约金。

八、解决合同纠纷的方式：按《中华人民共和国经济合同法》或双方协商解决。

供　　方	需　　方	鉴(公)证意见
单位名称：嘉兴卫星制衣有限公司	单位名称：杭州先锋国际贸易有限公司	
单位地址：嘉兴市勘位路 82 号	单位地址：杭州市凤起路 121 号时代大厦 21 楼	
法定代表人：王晓燕	法定代表人：卢亮	
委托代理人：	委托代理人：	
电话：0573-22892046	电话：0571-81101590	
税务登记号：3301021347728622	税务登记号：3301021347798852	
开户银行：中国银行嘉兴分行	开户银行：中国银行浙江省分行	经办人：
账号：3258324283	账号：8729901929	鉴(公)证意见(章)
邮政编码：314212	邮政编码：311082	日期：

项目四 | **托运订舱**

 项目学习目标

◎ **认知目标**

掌握海上船舶运营方式;

熟悉海上货物运输的订舱流程;

熟悉海上货物运输订舱委托书和出口货物托运单的内容。

◎ **能力目标**

能根据信用证和合同以及有关资料缮制订舱委托书和出口货物托运单。

 项目导入

在国际货物买卖中,如采用 CIF 或 CFR 贸易术语成交,出口商必须自付费用,同承运人订立运输合同,同时负责租用适航的船舶或向班轮公司预订必要的舱位,在合同和信用证规定的装运时间内办理好货物运输手续。在实际业务中,出口方一般委托专业性较强的货代公司办理出口货物运输事宜。

任务一 缮制商业发票

 任务情境

本次出口商品系采用集装箱班轮运输,因此杭州先锋国际贸易有限公司张峰在信用证修改确认后,开始着手办理货运订舱手续。他向杭州各家货运代理公司询价，最终确定杭州东方国际货运代理有限公司代为订舱。杭州东方国际货运代理有限公司是经中国外经贸部批准的一级代理企业，成立于 2002 年 3 月，公司主要服务内容有：承办海运、空运进出口货物的国际运输代理业务。具体包括：各船公司货运订舱业务；世界各地拼箱、拆箱业务；代理报关、报验、保险业务；多功能物流服务；中转、仓储、运输服务。

在订舱前，根据货运代理公司要求，首先缮制商业发票与装箱单。

 知识支持

商业发票是整套单据的核心，其他单据均是以商业发票为核心来缮制的，在外贸制单工作程序中，一般也先缮制好商业发票，然后才制作其它单据。

一、商业发票的概念

商业发票（Commercial Invoice），简称为发票（Invoice），是由出口商出具和签发，载明了货物的品质、数量、包装和价格。它全面反映了合同内容，虽不是物权凭证，但是全套单据的中心，是进出口贸易结算中使用的最主要的单据之一。

二、发票的种类

按发票的作用不同，可分为以下几种：

（1）商业发票（Commercial Invoice），是出口商于货物运出时开给进口商作为进货记账或结算货款和报关缴税的凭证。

（2）银行发票（Banker's Invoice），是出口商为办理议付和结汇，以适应议付行和开证行需要而提供的发票。

（3）海关发票（Customs Invoice），是某些国家规定在进口货物时，必须提供其海关规定的一种固定格式和内容的发票。

（4）领事发票（Consular Invoice），又称签证发票，是按某些国家法令规定，出口商对其国家输入货物时必须取得进口国在出口国或其邻近地区的领事签证的、作为装运单据一部分和货物进口报关的前提条件之一的特殊发票。

（5）形式发票（Proforma Invoice），也称预开发票或估价发票，是进口商为了向其本国当局申请进口许可证或请求核批外汇，在未成交之前，要求出口商将拟出售成交的商品名称、单价、规格等条件开立的一份参考性发票。

 任务实施

一、商业发票的内容及缮制要求

商业发票无统一格式，但它的内容既要符合合同的规定，其文字描述又必须和信用证完全一致。缮制发票是一项复杂而细致的工作，缮制时要求符合规范，保证质量，做到正确无误、排列合理、缮打清楚、整洁美观。

1. 发票出票人的名称和地址（Exporter）

填写出口商名称及地址，有时包括电传、电话号码等，应与合同中的卖方或信用证中的受益人的名称、地址相同。通常出口商名称及地址都已事先印好。

2. 单据名称

商业发票上应明确标明"Invoice"（发票）或"Commercial Invoice"（商业发票）字样。在信用证项下，为防止单、证不符，发票名称应与信用证一致。另外，还需注意，发票名称中不应有联合发票（Combined Invoice）、宣誓发票（Sworn Invoice）等字样。

3. 收货人（Messrs/To:…）

收货人即抬头，信用证结算方式下，发票抬头一般缮制为开证申请人（Applicant）。信用证中一般表示为"For Account of ×××"，或"To the Order of ×××"，其中的"×××"部分就是发票抬头。当采用托收或其它方式支付货款时，填写合同买方的名称和地址。填写时需注意的是，公司名称和地址要分两行打，而且必须打上名称和地址的全称。名称一般一行打完，不能换行，地址则可合理分行。

4. 发票号码和日期（Invoice Number and Date）

发票号码和日期（Invoice Number and Date）由出口公司根据实际情况自行编制，发票是所有出口用单证中最早签发的，其他单证，如装箱单、保险单、原产地证明书等都参照发票内容填写。此外，卖方经常签订合同后即开立发票，出具日期也就早于信用证开立日期，根据《UCP600》的规定，这是允许的，但必须在信用证及《UCP600》规定的期限内提交。

【知识链接】

各种单据的签发日期

各种单据的签发日期应符合逻辑性和国际惯例，通常提单日期是确定各单据日期的关键，汇票日期应晚于提单、发票等其他单据，但不能晚于L/C的效期。

各单据日期关系如下：

1. 发票日期应在各单据日期之首；

2. 提单日不能超过L/C规定的装运期也不得早于L/C的最早装运期；

3. 保单的签发日应早于或等于提单日期（一般早于提单2天），不能早于发票；

4. 箱单应等于或迟于发票日期，但必须在提单日之前；

5. 产地证不早于发票日期，不迟于提单日；

6. 商检证日期不晚于提单日期，但也不能过分提单日，尤其是鲜货，容易变质的商品；

7. 受益人证明：等于或晚于提单日；

8. 装船通知：等于或晚于提单日后三天内；

9. 船公司证明：等于或早于提单日。

5. 合同号码和日期(S/C Number and Date)

填写合同号码，与信用证上所列的合同号码相一致，如果一笔交易牵涉到几个合同时，应在发票上全部表示出来。信用证未规定合同编号，可不填。其他托收等结算方式下，必须填入。

6. 起讫地点(From ... to ...)

起讫地点填写时应一并填写货物的实际起运港(地)、目的港(地)。

7. 信用证号码(L/C Number)

当采用信用证结算方式时，填写信用证号码(L/C No)。如果信用证没有要求在发票上标明信用证号码，此项可以不填，当采用其它支付方式时，此项也可不填。

8. 支付方式(Terms of Payment)

填写交易合同所采用的支付方式，如为信用证结算，则填写"By L/C"。

9. 唛头及件数编号(Marks and Numbers)

应按信用证或合同的要求填写，如果合同规定"As per Seller's Option"，则卖方可以自行设计一个，按国际标准化组织的惯例，唛头一般包括客户名称缩写、合同号、目的港、件数号等部分，如货物还要转运到内陆目的地，可打上" In Transit to 某地"等字样。如果无唛头，或者裸装货、散装货等，则应填写"No Mark"(缩写N/M)。

10. 商品描述(Description of Goods)

包括货物的品名、规格、等级、尺寸、颜色等，一般用列表的方式将同类项并列集中填写。内容必须与信用证规定的货描(Description of Goods)完全一致，必要时要照信用证原样打印，不得随意减少内容，否则有可能被银行视为不符点。但有时信用证货描表述非常简单，此时按信用证打印完毕后，再按合同要求列明货物具体内容。若信用证对此部分有开错的，应将错就错，或用括号将正确的描述注明。

【知识链接】

信用证中表示商品描述的词组

DESCRIPTION OF GOODS

COVERING SHIPMENT OF

DESCRIPTION OF MERCHANDISE

SHIPMENT COVERING FOLLOWING GOODS

SHIPMENT OF GOODS AS FOLLOWING

COVERING VALUE OF

COVERING

COVERING THE FOLLOWING GOODS BY

11. 商品数量(Quantity)

货物数量的描述受到信用证和提单的两项约束, 不能有出入。若货物品种规格两种或以上, 则每种货物应写明小计数量, 最后再进行合计。

12. 单价和总值(Unit Price /Amount)

完整的单价包括计价货币、计量单位、单位金额和贸易术语四部分内容。发票的总值(Amount) 不能超过信用证规定的最高金额。但是信用证总值前有"约"、"大概"、"大约"或类似词语的, 允许有10%的增减幅度。如果有两种或以上规格的, 应分行列明。单价和总金额是发票的主要项目, 必须准确计算, 正确缮打, 并认真复核, 特别要注意小数点的位置是否正确, 金额和数量的横乘、竖加是否有矛盾。凡"大约"、"大概"、"大约"或类似的词语, 用于信用证金额、单价时, 应理解为有关金额或单价有不超过10%的增减幅度。

如信用证规定发票金额要扣除相应佣金的, 例如信用证条款规定"5% Commission to Be Deducted From Invoice Value"或其它类似的条款规定的话, 商业发票总金额应按规定表示扣除佣金。同时在扣除后计算净额。另外, 有的信用证并没有明确规定这样的扣佣条款, 但信用证总金额中已经扣除了佣金, 则商业发票仍要计算扣除佣金。

发票扣佣的表示方法:

QTY.	Unit Price	Amount
	CIFC5 NEW YORK	
200pcs	USD100. 00/pc	US $ 20, 000. 00
Less 5% Commission:		US $ 1000. 00
CIF NET VALUE:		US $ 19, 000. 00

13. 总值大写(Total Amount in Words)

用英文大写表示发票的金额, 并在前面加"SAY", 结束时加"ONLY"以防止添加涂改内容。

14. 出票人签章(Signature)

根据《UCP600》规定, 商业发票可以不签署, 但如果信用证要求提交签署的发票"Signed Commercial Invoice…"或手签的发票"Manually Signed…",则发票必须签署,且后者还必须由发票授权签字人手签。在实务中,出口商一般加盖出口商印章和法人代表的签署章。

【知识链接】

部分国家对发票的特殊规定

1. 智利

发票内要注明运费、保险费和 FOB 价值。

2. 墨西哥

发票要手签。一般发票要求领事签证,可由贸促会代签,并注明:"THERE IS NO MEXICAN CONSULAR HERE"(本地无墨西哥领事),在北京可由墨西哥驻华使馆签证。

3. 澳大利亚

发票内应加发展中国家声明,可享受优惠关税待遇。声明文句:DEVELOPING COUNTRY DECLARATION THAT THE FINAL PROCESS OF MANUFACTURE OF THE FOODS FOR WHICH SPECIAL RATES ARE CLAIMED HAS BEEN PERFORMED IN CHINA AND THAT NOT LESS THAN ONE HALF OF THE FACTORY OR WORKS COST OF THE GOODS IS REPRESENTED BY THE VALUE OF THE LABOUR OR MATERIALS OR OF LABOR AND MATERIALS OF CHINA AND AUSTRALIA".

4. 黎巴嫩

发票应加证实其真实性的词句。如:

WE HEREBY CERTIFY THAT THIS INVOICE IS AUTHENTIC, THAT IT IS THE ONLY ONE ISSUED BY US FOR THE GOODS HEREIN, THAT THE VALUE AND PRICE OF THE GOODS ARE CORRECT WITHOUT ANY DEDUCTION OF PAYMENT IN ADVANCE AND ITS ORIGIN IS EXCLUSIVELY CHINA.

5. 科威特

注明制造厂商名称和船名,并注明毛、净重并以千克表示。

6. 巴林

发票内应加注货物原产地证明,并且手签。

7. 巴拿马

可由我贸促会签证并须注明:"此地无巴拿马领事"。

8. 阿拉伯地区

一般都要求发票注明货物原产地,并由贸促会签证,或者由贸促会出具产地证书。

二、缮制商业发票样本

<table>
<tr>
<td colspan="5" align="center">
杭州先锋国际贸易有限公司
HANGZHOU XIANFENG INTERNATIONAL TRADE CO., LTD.
21 Floor, Times Tower, 121 Fengqi Road, Hangzhou
TEL：86-571-81101590　FAX：86-571-81101678
</td>
</tr>
<tr>
<td colspan="5" align="center">**COMMERCIAL INVOICE**</td>
</tr>
<tr>
<td rowspan="4">To：</td>
<td rowspan="4">SITCM IMPORTING CO
2550 Bates Rd. Suite 301
Montreal （Quebec） H3S
1A7 Canada</td>
<td colspan="3">Invoice No. ： SDIEK691</td>
</tr>
<tr>
<td colspan="3">Invoice Date：Mar. 10, 2013</td>
</tr>
<tr>
<td colspan="3">S/C No. ： XFT209</td>
</tr>
<tr>
<td colspan="3">S/C Date：Feb. 12, 2013</td>
</tr>
<tr>
<td>From：</td>
<td>NINGBO PORT, CHINA</td>
<td>To：</td>
<td colspan="2">VANCOUVER, CANADA</td>
</tr>
<tr>
<td>Letter of Credit No. ：</td>
<td>RBCV 18898</td>
<td>Terms of Payment</td>
<td colspan="2" align="center">BY L/C</td>
</tr>
<tr>
<td>Marks and Numbers</td>
<td>Number and kind of package
Description of goods</td>
<td>Quantity</td>
<td>Unit Price</td>
<td>Amount</td>
</tr>
<tr>
<td>SITCM
XFT209
Vancouver
Nos. 1-120</td>
<td>Boys Jacket
Shell：woven 100% cotton
Lining：Woven 100% polyester</td>
<td>6000 PCS</td>
<td>CIF VANCOUVER

USD 9. 8/PC</td>
<td>USD 58800. 00</td>
</tr>
<tr>
<td colspan="2" align="right">TOTAL：</td>
<td>6000 PCS</td>
<td></td>
<td>USD 58800. 00</td>
</tr>
<tr>
<td>TOTAL：</td>
<td colspan="4">SAY US DOLLARS FIFTY EIGHT THOUSAND EIGHT HUNDRED ONLY</td>
</tr>
<tr>
<td colspan="5" align="right">
FOR AND ON BEHALF OF：
HANGZHOU XIANFENG INTERNATIONAL TRADE CO., LTD.
张峰
</td>
</tr>
</table>

信用证中商业发票条款举例

1. Manually Signed Invoice in five folds certifying that goods are as per contract

No. ABC567 of Mar. 10, 2004 quoting L/C No。

手签发票一式五份，并在发票上显示根据 2004 年 3 月 10 日合同号 ABC567 订立，注明信用证号码。

2. Signed Commercial Invoice combined with certificate of origin and value in triplicate as required for imports into Nigeria。

已签署商业发票一式三份，发票须连同产地证明和货物价值声明 为输入尼日利亚所需。

3. Commercial Invoice in triplicate showing separately F. O. B value, Freight charges, Insurance premium, CIF value and country of origin。

商业发票一式三份，分别显示 FOB 价值、运费、保险费、CIF 总值和原产地国。

任务二　缮制装箱单

任务情境

本次出口商品系采用集装箱班轮运输，因此杭州先锋国际贸易有限公司张峰向杭州东方国际货运代理有限公司代为订舱。除散装货物外，包装商品一般都需要提供包装单据。出口商在办理订舱、报关、报检等手续时，都以包装单据为依据以了解包装件号内的具体内容和包装情况。因此，在订舱前，根据货运代理公司要求，在缮制商业发票的同时，还需缮制装箱单。

知识支持

一、包装单据的种类

包装单据是指一切记载或描述货物包装情况的单据，是商业发票的附属单据，也是货运单据中一种重要单据，其主要作用是弥补商业发票的不足。包装单据的种类很多，主要有以下几种：

1. 装箱单（Packing List 或 Packing Slip）

装箱单是信用证经常要求的单据之一，重点说明包装情况、包装条件和每件的毛重、净重等方面的内容。也是发票的辅助单据。

2. 重量单/磅码单（Weight Memo/ List/ Note）

一般以重量计价的商品，收货人对商品的重量比较重视，或当商品的重量对其质量能有一定的反映时，一般会要求重量单。

3. 尺码单（Measurement List）

尺码单偏重于说明所装运货物的体积，即每件商品的包装尺码以及总尺码。

4. 详细装箱单（Detailed Packing List）

5. 包装声明（Packing Declaration）

有些国家对进口货物的包装有一些特殊规定，如新西兰、澳大利亚等国规定，凡进口货物使用木材为包装材料，木材必须无虫、无菌、经过熏蒸处理才准许入境。对美国、加拿大出口，木质包装货物均需进行杀虫处理，按《国际植物保护公约》，对木质包装进行热处理时，一般要求温度达到56度，并持续30分钟以上，还建议对有些木质包装采取烘干或化学处理，熏蒸时要采用甲基溴化处理。凡是向以上这些国家出口时，就需要采用包装声明。

6. 规格单（Specification List）

规格单从内容上来讲，与 PACKING LIST 基本一致，只是从名称的要求上要与规定相符，并重点说明包装的规格，如：每箱装24打，每两打装一小盒，每打用塑料袋包装等细节。

7. 花色搭配单（Assortment List）

花色搭配单是说明商品花色搭配情况的单据。

之所以有这样一些形式起因于进口商对所购商品的某一或某几方面比较关注，希望出口方重点提供该方面的单据，这类单据由受益人用英文制作，格式自定义，内容繁简应以满足合同或信用证规定、符合银行惯例和适应客户需要为准。

二、包装单据的作用

装箱单主要用以说明货物包装细节，补充商业发票内容的不足，详细记载包装种类、包装件数、货物数量、重量、花色搭配等内容，明确阐明了商品的包装情况，使进口商了解和掌握进口商品包装及数量，便于货物到达目的港后检查与核对货物。

 任务实施

一、装箱单的内容及缮制要求

装箱单与发票一样，并无固定的格式和内容，但基本栏目内容相似，一般由出口商根据货物的种类和进口商的要求依照商业发票的大体格式来制作，主要包括以下具体内容。

1. 装箱单出票人的名称和地址（Exporter）

与发票同项内容一致，缮制方法相同。填写出口商名称及地址，有时包括电传、电话号码等：该项目必须同货物买卖合同的签约人及信用证对受益人的描述一致。信用证项下即为受益人，一般表示为"Beneficiary：×××"。通常出口商名称及地址都已事先印好。

2. 单据的名称

按信用证要求的类型和名称提供，如要求 Detailed Pakcing List，可通过在单据中详细显示单件货物的毛、净重和体积加以实现，如要求 Neutral Packing list（中性装箱单），所提供的单据只要不打印受益人名称，不签章就可满足要求。

3. 装箱单抬头（Messrs/ to:...）

与发票同项内容一致，缮制方法相同。除信用证有其它要求之外，装箱单抬头一般缮制为开证申请人（Applicant）或托收的委托人。

4. 装箱单号码和日期（Packing List Number And Date）

装箱单编号一般填写商业发票号码。装箱单可以有自己的编号，但是因为商业发票是核心单据，所以一般都用商业发票的编号作为装箱单的编号，在有的装箱单上会直接出现商品发票的编号栏。

出单日期可按发票日期填写。装箱单的制作一般在发票之后，所以也可以晚于发票日期，但不应早于发票日期，也不能晚于提单日期及信用证有效期。

5. 合同号码和日期（S/C Number and Date）

合同号码（Sale Contract no）应与信用证上所列的相一致，应与发票同项内容相同。如果一笔交易牵涉到几个合同时，应在发票上全部表示出来。信用证未规定合同编号，可不填。其他结算方式下，必须填入。

6. 起讫地点（From... to...）

起讫地点填写时应一并填写货物的实际起运港（地）、目的港（地）。

7. 信用证号码（L/C Number）

应与发票同项内容一致，当采用信用证结算方式时，填写信用证号码（L/C NO）。如果信用证没有要求在发票上标明信用证号码，此项可以不填，当采用其他支付方式时，此项也可不填。

8. 支付方式（Terms of Payment）

填写交易合同所采用的支付方式，如信用证、汇付、托收等。

9. 唛头及件数编号（Marks and Numbers）

唛头包括客户名称缩写、合同号、目的港、件数号等部分，如货物还要转运到内陆目的地，可打上" In Transit to 某地"等字样，一般由卖方自行设计。若信用证或合同中有规定，必须按规定填写，并与提单、托运单等单据严格一致，也可以只注明"As per Invoice No. ×××"。如果无唛头，或者裸装货、散装货等，则应填写"No Mark"（缩写 N/M）。

10. 商品描述（Description of Goods）

装箱单中所表明的货物应为发票中所描述的货物，包括货物的品名、规格、等级、尺寸、颜色等，一般用列表的方式将同类项并列集中填写。内容必须与信用证规定的货描(Description of Goods)完全一致，必要时要照信用证原样打印，不得随意减少内容，否则有可能被银行视为不符点。但有时信用证货描表述非常简单，此时按信用证打印完毕后，再按合同要求列明货物具体内容。若信用证对此部分有开错的，应将错就错，或用括号将正确的描述注明。

11. 商品数量(Quantity)

货物数量的描述受到信用证和提单的两项约束，不能有出入，因此在信用证无相反规定时，货物的实际出运量允许有5%或10%的增减。若货物品种规格较多，则每种货物应写明小计数量，最后再进行合计。

12. 商品的毛重(Gross Weight，GW)、净重(Net Weight，NW)和体积(Measurement，Meas)

毛重应注明每个包装件的毛重和此包装件内不同规格、品种、花色货物各自的总毛重(Subtotal)，最后在合计栏处标注所有货物的总毛重；净重应注明每个包装件的净重和此包装件内不同规格、品种、花色货物各自的总净重，最后在合计栏处标注所有货物总净重；体积则要求注明每个包装件的尺寸和总体积。

13. 大写总包装件数(Total Package in Words)

装箱单全部填写完了之后，在下方写上总包装件数的英文大写，在开头用"SAY"，并用"ONLY"结束，以防止内容添加涂改。

14. 出票人签章

根据《UCP600》的规定，装箱单与商业发票一样，无须签署，但如果信用证要求提交签署的装箱单"Signed Packing List…"或手签的装箱单"Manually Signed…"，则装箱单必须签署，且后者还必须由装箱单授权签字人手签。在实务中，我国出口企业一般加盖出口商印章和法人代表的签署章。

二、缮制装箱单

<table>
<tr><td colspan="4" style="text-align:center">杭州先锋国际贸易有限公司
HANGZHOU XIANFENG INTERNATIONAL TRADE CO., LTD.
21 Floor, Times Tower, 121 Fengqi Road, Hangzhou
TEL：86-571-81101590　FAX：86-571-81101678</td></tr>
<tr><td colspan="4" style="text-align:center">PACKING LIST</td></tr>
<tr><td rowspan="4">To：</td><td rowspan="4">SITCM IMPORTING CO
2550 Bates Rd. Suite 301
Montreal （Quebec） H3S
1A7 Canada</td><td>Invoice No. :</td><td>SDIEK691</td></tr>
<tr><td>Invoice Date：</td><td>Mar. 10, 2013</td></tr>
<tr><td>S/C No. :</td><td>XFT209</td></tr>
<tr><td>S/C Date：</td><td>Feb. 12, 2013</td></tr>
</table>

续表

From:	NINGBO PORT, CHINA	To:		VANCOUVER, CANADA			
Letter of Credit No. :	RBCV 18898	Terms of Payment		BY L/C			
Marks and Numbers	Number and kind of package Description of goods	Quantity	Package	G. W	N. W	Meas.
SITCM XFT209 Vancouver Nos. 1-120	Boys Jacket Shell: woven 100% cotton Lining: Woven 100% polyester	6000 PCS	120 CTNS	1152.00 KGS	984.00 KGS	54.00 CBMS
	TOTAL:	6000 PCS	120 CTNS	1152.00 KGS	984.00 KGS	54.00CBMS
TOTAL:	SAY ONE HUNDREND TWENTY CARTONS ONLY					

FOR AND ON BEHALF OF:
HANGZHOU XIANFENG INTERNATIONAL TRADE CO., LTD.

张峰

信用证中包装单据条款举例

1. PACKING LIST IN DUPLICATE ISSUED BY BENEFICIARY INDICATING QUANTITY, GROSS WEIGHT, NET WEIGHT AND MEASUREMENT OF EACH PACKAGE.

受益人签发的装箱单一式两份，标注每个包装的数量、毛重、净重和体积。

2. DETAILED PACKING LIST IN QUADRUPLICATE SHOWING THE CONTENTS AND QUANTITY OF EACH CASE.

详细的装箱单一式四份，标注每个箱子所装货物及其数量。

3. PACKING LIST DEATILING THE COMPLETE INNER PACKING SPECIFICATION AND CONTENTS OF EACH PACKAGE.

载明每件货物之内部包装的规格和内容的装箱单。

【知识链接】

制作包装单据应注意的事项

1. 一份信用证同时要求装箱单和重量单的业务处理。如要求两种单据分别出具，应按来证办理；如是合二为一，则只需按装箱单规定操作。

2. 如实反映信用证关于装箱的规定。不管是笼统规定(Seaworthy Packing 或 Standard Export Packing)还是具体要求(Packed in Woven Bags 等)均应准确显示在单据上。

3. 有些公司将两种单据名称印在一起，来证仅要求其中一种时，应将另一种单据的名称删除。

4. 如来证规定包装单以"Plain Paper"或"In Plain"或"In White Paper"等形式出具，单据上不应显示双方的名称，也不可签章。

5. 如要求在箱单上标明商品的标签上的内容，应予以满足。如信用证要求："EACH PIECE HAS A SEWING LABEL STATING 100% COTTON MADE IN CHINA AND WASHING INSTRUCTIONS."(标签应缝制在每件商品上，应明确纯棉产品、中国制造、洗涤注意事项)。

6. 有的信用证要求将制作完毕的装箱单粘贴在盛装货物的集装箱箱门内侧也必须照办。

7. 货物如装托盘，尺码单上应同时标明托盘本身尺码和装货后总的尺码。

8. 如合同(或信用证)对 Outer/Master Packing(外/主包装)和 Inner Packing(内包装)提出具体要求的话应予以满足。

9. 包装单据一般不显示货物的单、总价。进口商转售时通常自制发票、使用出口商提供的原始包装单据，这样就可以避免泄露其购买成本。

10. 有时信用证要求包装单据名称为"CERTIFICATE OF..."则在单据中加注"WE CERTIFY THAT... ARE TRUE AND CORRECT"的文句。

任务三　缮制订舱委托书

 任务情境

本次出口商品运输是杭州先锋国际贸易有限公司委托杭州东方国际货运代理有限公司代为订舱，因此，出口商在缮制发票、装箱单之外，还需缮制订舱委托书交予货代公司办理代为订舱手续。

知识支持

一、船舶营运方式

根据海洋运输船舶的经营方式的不同，海洋运输可分为班轮运输和租船运输两种。

（一）班轮运输

班轮运输（Liner Transport），也称定期船运输，是指班轮公司将船舶按事先制定的船期表，在特定航线的各挂靠港口之间，为非特定的众多货主提供有规则的、反复的货物运输服务，并按相对固定的运价表或协议运价计收运费的一种营运方式。

班轮运输的特点有四点。

（1）"四固定"，即固定船期、固定航线、固定港口和相对固定的运费率。

（2）"一负责"，即船方负责装、卸货物，运费内已包括装卸费，班轮公司与托运人双方不计滞期费和速遣费。

（3）班轮公司和货主双方的权利、义务和责任豁免均以班轮公司签发的提单条款为依据。

（4）班轮承运货物比较灵活，不论数量多少，只要有舱位都可接受装运。

（二）租船运输

租船运输（Charter Transport），又称不定期船运输，指租船人在租船市场上通过洽租、签约向船方租赁整条船只或部分舱位进行货物运输的一种营运方式。

1. 租船运输的特点

（1）租船运输没有固定的航线、船期、港口和运价，属于不定期船运输。

（2）船、货双方的权利与义务以租船合同为依据。

（3）在实际业务中，租船一般是租用整船。

2. 租船运输的方式

国际上广泛使用的租船方式有以下 3 种：

（1）定程租船（Voyage Charter, Trip Charter）

定程租船又称程租船或航次租船，是由船东提供船舶，在租船合同指定的港口之间进行一个航次或数个航次航行，承运指定的货物。程租船分为单航次租船、来回航次租船、连续航次租船和包运合同租船等。

定程租船的特点是，船方负责船舶的经营管理及航行中的一切费用开支，并对货物运输负责，租船人应及时提交货物和交付双方约定的运费；程租船运输要在租船合同中规定装卸期限和装卸率，并计算滞期费和速遣费。

（2）定期租船（Time Charter）

定期租船又称期租船，是租船人在一定时期内租用船舶的租船方式。其特点是，在租赁期间，租船人在租船合同规定的航行区域内负责经营管理，并可自行掌握和调度船舶，也可将此租船当作班轮或程租船使用，货物的装卸费用、理货费、平舱费、燃料费、港口费、垫舱物料费等由租船人负担。船方则负担船员薪金、伙食等费用，以及保持船舶在租赁期间具有适航价值而产生的费用。

（3）光船租船（Bareboat Charter）

光船租船又称净船期租船，是定期租船的一种，是船方将既无船长又不配备船员的空船租赁给租船人使用一段时间的期租船方式。其特点是，船长和船员均由租船人自己配备或雇用，并负责船员的给养和船舶营运管理的一切费用。光租船实际上属于一种财产租赁，国际贸易实务中很少采用。

另外，按业务方式分，承担货物海洋运输业务的公司主要有两类，船公司和货运代理公司。船公司拥有自己的远洋或货轮，实力雄厚，操作比较正规但在服务的灵活性上较差，货代公司没有船，是货主与承运人之间的中间人、经纪人和运输组织者；货代数量众多，分布广泛，与外贸公司沟通便捷，是出口商进行货物托运的主要途径。

二、订舱业务流程

①出口商填制商业发票、装箱单和订舱委托书，考虑船期、货物性质、货物数量、目的港、信用证要求等因素委托货代公司代为订舱。

②货代公司在托运单的几联单据上编上与提单一致的号码，填写船名航次确认托运人的订舱。

③船公司确认后，向货代公司签发配舱回单。

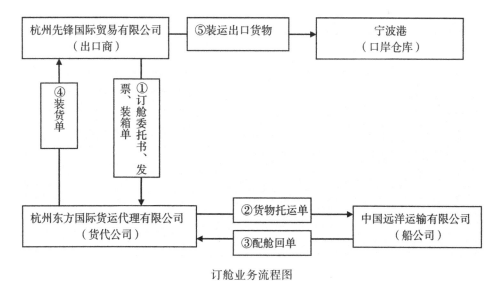

订舱业务流程图

④货代公司把配舱回单、装货单(Shipping Order，S/O，又称"关单")退还给托运人，告知订舱信息，通知其装货时间。

⑤托运人凭货代公司签署的 S/O 到海关办理出口报关手续。经海关查验后在 S/O 上加盖海关放行章，要求船舶装货。

三、订舱委托书的概念

订舱委托书(Booking Note/Shipping Order)简称托书，是进出口商为了买卖商品，通过船公司或货代公司进行船运订舱的申请书。订舱委托书没有固定格式，不同进出口公司缮制的托书不尽相同，但主要内容都要包含在内。其中主要包括托运人、收货人、装货港、卸货港、唛头、货物描述、货物毛重、货物体积、运费的支付方式、所订船期等。

 任务实施

一、订舱委托书的内容及缮制要求

1. 委托单位名称

通常缮制出口商名称，并与发票同项内容一致。

2. 托运单编号

订舱委托书编号由货运代理公司提供，并由其缮制。

3. 发货人

缮制实际发货人的名称，在信用证结算下即为受益人，一般为出口公司的名称和地址。

4. 收货人

应根据信用证的规定缮制，一般为信用证上提单的收货人。

5. 被通知人

被通知人是指货到目的港及时接受船方发出到货通知的人，在指示提单里，不显示收货人的具体名称，只用"凭指示"来表示，船公司担心货到目的港后无人提取，因此设置了"被通知人"一栏，其职责是及时转告真实收货人接货。在信用证结算条件下，按信用证要求缮制；在汇付和托收等非信用证结算条件下，一般填写进口商的名称和地址。

6. 信用证号、合同号

按信用证、合同实际内容填写。

7. 开证行

填写信用证的开证行的名称。

8. 装运港、目的港

按照信用证规定的装运港和目的港填写，并与商业发票一致。

9. 转运和分批装运

按信用证对转船和分批装运的规定填写，一般只说明是否允许。

10. 信用证有效期

按照信用证规定条款填写。

11. 装运期限

一般指货物的最迟装运日，也要考虑实际装载出口货物船舶的船期，因此按照信用证规定填写实际装运期限，但同时要结合实际备货情况在注意事项一栏写明预订船期。

12. 运输方式

常见的有水路运输、航空运输、铁路运输、国际多式联运等，按实际采用的运输方式填写。

13. 提单份数

按信用证规定的提单份数填写。纸质提单一般一式三份，三份正本提单具有同等法律效力，一份正本提单提货之后，其余两份自动失效。

14. 运费支付方式

一般情况下，提单上不直接显示具体运费金额，只填写"运费到付"或"运费预付"。填写时参照相关的贸易术语选择，如采用 CIF 和 CFR 术语时选择 FREIGHT PREPAID(运费预付)，采用 FOB 术语时选择 FREIGHT COLLECT(运费到付)。

15. 成交条件

填写贸易术语，填写实际成交方式。

16. 集装箱种类、数量

该栏目根据货物的性质、总重量和总体积填写集装箱的箱型和箱数。

17. 唛头

根据信用证有关运输标志的规定填写，并与发票、装箱单保持一致。

18. 中英文货号

货物名称一般只填写统称。规格、品号、尺码无须具体列出。但同时出口两笔不同性质的货物名称，则应分别填写，而不允许仅填写其中一类的商品。

19. 件数及包装式样

填写货物外包装的数量。请注意不是填商品的数量。如有不同包装单位，总称填写 PACKAGES。

20. 总毛重、总体积、总价

该栏是指该批货物总毛重、总体积、货物成交总值。不必按货号分开，只需填写总值即可。

21. 注意事项

如填写对运输单据内容要求；对承运人运输要求(如须在香港中转)；要求外运机构提供其他议付单据(如出具船龄证明)等等。

二、缮制订舱委托书

订舱委托书

托运单编号：

委托日期	Mar. 16, 2013

委托单位名称	Hangzhou Xianfeng International Trade Co., Ltd. 21 Floor, Times Tower, 121 Fengqi Road, Hangzhou

发货人： Shipper：Hangzhou Xianfeng International Trade Co., Ltd. 21 Floor,Times Tower,121 Fengqi Road,Hangzhou	信用证号码：RBCV 18898
收货人： Consignee：TO ORDER OF SHIPPER	合同号码：XFT209

被通知人： Notify Party：SITCM IMPORTING CO2550 Bates Rd. Suite 301 Montreal （Quebec） H3S 1A7 Canada	装运港：Ningbo	目的港：Vancouver

转船运输：ALLOWED	分批装运：NOT ALLOWED
信用证有效期：Apr. 30, 2013	装船期限：Not later than Apr. 15, 2013
运输方式：By sea	提单份数：Three
运费支付方式：Freight prepaid	成交条件：CIF VANCOUVER
集装箱种类：40'	集装箱数量：1
公司联系人：张峰	电话/传真：0571-81101590/0571-81101678

标记唛头	中英文货号	件数及包装式样	毛重	总尺码	总价
SITCM XFT209 Vancouver Nos. 1-120	Boys Jacket Shell：Woven 100% cotton Lining：Woven 100% polyester	120 CTNS	1152KGS	54.00 CBMS	USD58800.00

备注：	

任务四　缮制出口货物托运单

 任务情境

3 月 16 日，杭州东方国际货运代理有限公司李昀接受先锋国际贸易有限公司的订舱后，根据客户的装船日期要求对照了停靠宁波港的各个船公司的船期，并向他们咨询了运价、船期等事宜，最后选择中国远洋运输有限公司的 SHUNDA 号船舶，该船舶由香港开往加拿大温哥华，并于 3 月 30 日停靠宁波港，于是李昀缮制集装箱货物托运单，随同商业发票、装箱单等相关单据向中远公司办理订舱。

 知识支持

一、托运单的概念

托运单(Shipping Order，S/O)，是托运人根据贸易合同和信用证条款内容填制的，向承运人或其代理办理货物托运的单据。它虽然不是出口结汇的正式单据，却是制作提单的主要依据。外贸业务人员应根据信用证规定的最迟装运期安排委托出运，并填写有关托运单据。如果外贸公司本身开展托运业务，则需填写出口托运单；如果外贸公司本身不办理运输业务，则可以委托代理定舱，填写货物出口定舱委托书。

货代接受出口企业的订舱委托后即须缮制货物托运单，这是外运机构向船公司订舱配载的依据。海洋运输目前有两种方式，一种是散货运输(包括件杂货物运输和大宗货物运输)，另一种是集装箱运输，分别使用不同格式的托运单。

二、集装箱货物托运单(场站收据)的作用

集装箱货物托运单指的是在集装箱货物运输中，由承运人或其代理签发的，证明已经收到托运货物并对货物开始负有责任的单据。与传统件杂货运输所使用的托运单证比较，集装箱货物托运单是一份综合性的单证，它把货物托运单(订舱单)、装货单(关单)、大副收据、理货单、配舱回单、运费通知等单证汇成了一份，一般有 10 联，这对于提高集装箱货物托运的效率有很大的意义。

第一联：集装箱货物托运单(货主留底)(B/N)

第二联：集装箱货物托运单(船代留底)

第三联：运费通知(1)

第四联：运费通知(2)

第五联：场站收据(装货单)(S/O)

第五联副本：缴纳出口货物港务费申请书

第六联：大副联（场站收据副本）

第七联：场站收据（D/R）

第八联：货代留底

第九联：配舱回单（1）

第十联：配舱回单（2）

三、集装箱货物托运单的流转

集装箱货物托运单十联单各联的使用流转情况如下：

（1）托运人填制集装箱货物托运单一式十联，委托货代代办托运手续；

（2）货代审核托运单接受委托后，将货主留底联退还给托运人备查；

（3）货代持剩余九联至船公司或船代处办理货物托运；

（4）船公司或船代审核托运单，对照订舱清单或预配清单，确认无误后，留下第二、三、四联，并在第五联装货单上签章确认订舱，将剩余五至十联退给货代；

（5）货代留存第八联，据以缮制提单和其他货运单证；

（6）货代根据退回的第九联缮制货物流向单；

（7）货代持经船公司或船代签发的第五、六、七联，随同出口货物报关单和其他单证一起到海关办理货物出口报关手续；

（8）海关审单，同意出口后在装货单上加盖放行章，然后将盖过章的五、六、七三联退还给货代；

（9）货代安排将箱号、封志号，件数填入第五、六、七联，在集装箱进场完毕前交场站签收；

（10）"场站"业务员在集装箱进场完毕时，在第五、六、七联上加批实收箱数并签收（场站业务员的签收仅属核对性质，集装箱内货物件数和货物状况仍由装箱单位负责）。第五联由场站留底，第六联（大副联）由场站业务员装船前交外轮理货员，理货员于装船时交大副。第七联由场站业务员返回货代（托运人），托运人凭此场站收据向船代换取待装提单，或在装船后换取装船提单。

 任务实施

一、集装箱货物托运单的内容及缮制要求

1. Shipper（发货人）

即托运人，指委托运输人，一般填写出口商公司名称，需与提单一致。如果这里为第三方（即第三者提单，Third Party，B/L），只要 L/C 无特别声明，也可接受。

2. Consignee（收货人）

在信用证支付条件下，对收货人的规定常有记名收货人和指示收货人两种。

记名收货人虽然是直接将收货的人名字、地址完整地表达出来，使单据在实务中不能流通无法转让，因而较少采用。

指示收货人则克服了记名收货人的缺点，有相当的流通性，因而经常使用。它通常分为记名指示和空白指示，记名指示，表现为："To the Order of ×××Bank"，则"××× Bank"可以经背书转让；空白指示，则不记名，表示为"To Order"，又叫空白抬头，单据持有人可以自由转让空白抬头的单据。

3. Notify Party(通知人)

空白抬头的单据虽然可以自由转让，但却使船方通知货方提货有了一定的困难。因而又有 Notify party 一栏作补充。

4. D/R No. （编号）

由货代填写。

5. 场站签章、日期

在货物入站 CY 或 CFS 后，由场站签收。

6. Pre-carriage by（前程运输）

不需转运，空白，无须填写。

需转运，填写第一程船名。

7. Ocean Vessel(船名)与 Voy. No. (航次)

不需转运，填写船名。

需转运，填写第二程船名。

8. Port of Discharge(卸货港)

不需转运，填写卸货港(目的港)名称。

需转运，填写二程卸货港(目的港)名称。

9. Place of Receipt(收货地点)

不需转运，空白或填场站，例如：Ningbo CY。

需转运，填写起程收货港的港口名称或具体地点。

10. Port of Loading(装货港)

不需转运，填写装运港名称。

需转运，填写中转港名称。

11. Place of Delivery(交货地点)

不需转运，填写最终交货地点。

需转运，如果最终目的地非目的港，则填最终目的地，即最终将货物交予收货人的地点名称。

12. 场站签章、日期

在货物入站 CY 或 CFS 后，由场站签收。

13. Final Destination for the Merchant's Reference(目的地)

最终目的地名称，供货主参考。

14. Container No. (集装箱号)

此栏和"Seal No. (封志号) Marks & Nos. (标记与号码)"栏的内容可以连在一起写。如果托运时已装好箱，即整箱货（FCL），则填集装箱号码及封号（Seal No. ）；如果为拼箱货（LCL），则先在 Shipping Marks 一栏中填入货物具体唛头，在场站装箱完毕后，填集装箱号码。但如 L/C 有规定，则必须严格与信用证规定一致。

15. Seal No. (封志号)与 Marks & Nos. (标记与号码)

此栏和"Container No. (集装箱号)"栏的内容可以连在一起写。如果托运时已装好箱，即整箱货（FCL），则填集装箱号码及封号（Seal No. ）；如果为拼箱货（LCL），则先在 Shipping Marks 一栏中填入货物具体唛头，在场站装箱完毕后，填集装箱号码。但如 L/C 有规定，则必须严格与信用证规定一致。

16. No of Containers or P'kgs. (箱数或件数)

根据不同情况填写集装箱个数，或者是货物最大包装件数。如为整箱货，可只填写集装箱数量，如"2 Container"，只要海关已对集装箱封箱，承运人对箱内的内容和数量不负责任。如果是拼箱货，填写货物最大包装件数。

17. King of Package：Description of Goods(包装种类与货名)

（1）填写包装材料及形式，例如：30Bundles in Wooden Cases，内容与合同、信用证要求相一致。

（2）货名，即货物说明（Description of Goods）。这一栏里可以只填写统称，例如：①出口各种用途的化工原料，无须逐一列出颜料的成分；②出口尺寸不同、用途各异的竹制品，只需填写"竹制品"；③如果同时出口化工颜料和竹制品，则应分别填写"化工颜料"、"竹制品"，而不允许只填写其中一种数量较多或金额较大的商品。

18. Gross Weight 毛重(公斤)

填写货物毛重，以公斤计。

19. Measurement 尺码(立方米)

填写该批货物的体积，以立方米计。

20. TOTAL NUMBER OF CONTAINERS OR PACKAGES(IN WORDS)集装箱数或件数合计(大写)

用大写表示集装箱数(整箱托运时)或本托运单项下的商品总包装件数(拼箱托运时)。

21. Container No. (箱号)、Seal No. (封志号)、Pkgs. (件数)、Container No. (箱号)、Seal No. (封志号)、Pkgs. (件数)、Received(实收)、By Terminal Clerk

（场站员签字）

由场站员或理货员（Terminal Clerk/Tally Clerk）于理货整箱后填写。

22. REIGHT & CHARGES

由船方或其代理填写。

23. Service Type on Receiving, Service Type on Delivery

选择集装箱货物交接方式，出口国装运地与进口国目的地各 3 种，即 DOOR（门）、CFS（集装箱货运站）、CY（集装箱堆场），交接方式共有 9 种：CY-CY、CY-DOOR、DOOR-CY

DOOR-DOOR、CY-CFS、CFS-CY

CFS-CFS、CFS-DOOR、DOOR-CFS

其中在 DOOR、CY 交接的为整箱货，在 CFS 交接的为拼箱货，如为整箱货 FCL：则可以有：CY-CY、CY-DOOR、DOOR-CY、DOOR-DOOR。

24. TYPE OF GOODS（种类）

选择确认托运种类，打"√"。

如为危险品必须提供下列内容：危险品的化学成分，货名下方注明商品的国际海运危险品法规号码（IMCO CODE PAGE NO. UN NO. CLASSPROPERTY），包装标志和使用鉴定、港监鉴证，外包装上注明危险品标志。

如为 REFRI GOODS，则需填写冷藏温度。

25. 可否转船

按信用证或合同条款填写，填写"允许"或"不允许"。填 N/Y 或可/否，注意前后一致。

26. 可否分批

与可否转船相同，按信用证或合同条款填写。

27. 装期

严格按照信用证或合同规定填写，最好用英文书写。例如：不迟于 2012 年 7 月 10 日，应写成 Not later than July 10, 2012。

装运期可表示为一段时间，例 Month of Shipment：May/June, 2012；也可表示为不早于××日，不迟于××日，例如：Shipment Not earlier than ... and not later than, Latest shipment be...。

28. 效期

在信用证支付条件下，有效期与运期有着较密切的关系。一般规定信用证至运输单据签发日后 21 天内有效。这一栏填写要参照信用证规定。如果装运期空白不填的话，这一栏也可空白。

29. 金额

填写货值金额。

30. 制单日期

制单日期必须早于最迟装运期和有效期，可以是开立发票的日期，也可以早于发票日期。

二、缮制集装箱货物托运单（场站收据）

Shipper（发货人） Hangzhou Xianfeng International Trade Co., Ltd. 21 Floor, Times Tower, 121 Fengqi Road, Hangzhou						
Consignee（收货人） To order of shipper				D/R No.（编号）		
Notify Party（通知人） SITCM IMPORTING CO 2550 Bates Rd. Suite 301 Montreal（Quebec）H3S 1A7 Canada				集装箱货物托运单 货主留底		
Pre-carriage by（前程运输）	Place of Receipt（收货地点）					
Ocean Vessel（船名）Voy. No.（航次） SHUNDA V. 392	Port of Loading（装货港） NINGBO					
Port of Discharge（卸货港） VANCOUVER	Place of Delivery（交货地点）			Final Destination for the Merchant's Reference（目的地）		
Container No.（集装箱号） Seal No.（封志号） Marks & Nos.（标记与号码）	No of containers or p'kgs.（箱数或件数）	King of Package：Description of Goods（包装种类与货名）		Gross Weight 毛重（公斤）	Measurement 尺码（立方米）	
COSU4506751	SITCM XFT209 Vancouver Nos. 1-120 SEALNO.： 849302	120CTNS	BOYS JACKET		1152. 00KGS	54. 00 CBMS
TOTAL NUMBER OF CONTAINERS OR PACKAGES（IN WORDS） 集装箱数或件数合计（大写）	SAY ONE HUNDRED AND TWENTY CARTONS ONLY					

续表

FREIGHT & CHARGES（运费与附加费）FREIGHT PREPAID	Revenue Tons（运费吨）	Rate（运费率）	Per（每）	Prepaid（运费预付）	Collect（到付）

EX. Rate（兑换率）	Prepaid at（预付地点）		Payable at（到付地点）		Place of Issue（签发地点）NINGBO

	Total Prepaid （预付总额）	No. of Original B（s）/L（正本提单份数）THREE	

Service Type on Receiving □–CY □–CFS □–DOOR	Service Type on Delivery □–CY □–CFS □–DOOR	Reefer Temperature Required（冷藏温度）	℉	℃

TYPE OF GOODS（种类）	□**Ordinary.**（普通） □**Reefer.**（冷藏） □**Dangerous.**（危险品） □**Auto.**（裸装车辆） □**Liquid.**（液体） □**Live Animal.**（活动物） □**Bulk.**（散货）	危险品	Class： Property： IMDG Code Page： UN No.

可否转船：ALLOWED	可否分批：NOT ALLOWED	
装　期：NOT LATER THAN APR. 15，2013	效　期：WITHIN 15 DAYS AFTER THE DATE OF SHIPMENT	备注（REMARKS）
金　额：USD 58800.00		
制单日期：		

 项目技能训练

一、根据资料缮制发票和装箱单

（一）信用证

MT 700　　　　　　　　　　　　ISSUE OF A DOCUMENTARY CREDIT

SENDER　　　　　　　　CYPRUS POPULAR BANK LTD，LARNAKA
RECEIVER　　　　　　　BANK OF CHINA，SHANGHAI BRANCH
SEQUENCE OF TOTAL　　27：　1/1
FORM OF DOC. CREDIT　40A：　IRREVOCABLE

DOC.   20：   186/04/10014
CREDIT NUMBER
DATE OF ISSUE   31C：   040105
APPLICABLE RULES   40E：   UCP600
DATE AND PLACE OF   31D：   DATE 040229 PLACE CHINA
EXPIRY.
APPLICANT   50：   LAIKI PERAGORA ORPHANIDES LTD.,
                                020 STRATIGOU TIMAGIA AVE., 6046, LARNAKA, CYPRUS
BENEFICIARY   59：   SHANGHAI GARDEN PRODUCTS IMP. AND EXP. CO., LTD. 27 ZHONGSHAN DONGYI ROAD, SHANGHAI, CHINA
AMOUNT   32B：   CURRENCY USD AMOUNT 6115.00
AVAILABLE WITH/BY   41D：   ANY BANK BY NEGOTIATION
DRAFTS AT ...   42C：   AT SIGHT
DRAWEE   42A：   LIKICY2NXXX * CYPRUS POPULAR BANK LTD * LARNAKA
PARTIAL SHIPMTS   43P：   ALLOWED
TRANSSHIPMENT   43T：   ALLOWED
PORT OF LOADING/   44E：   SHANGHAI PORT
AIRPORT OF DEPARTURE
PORT OF DISCHARGE   44F：   LIMASSOL PORT
LATEST DATE OF   44C：   040214
SHIPMENT
DESCRIPTION OF   45A：   WOODEN FLOWER STANDS AND WOODEN
GOODS AND/OR   FLOWER POTS AS PER S/C NO. E03FD121. CFR
SERVICES.   LIMASSOL PORT, INCOTERMS 2000
DOCUMENTS   46A：
REQUIRED

                               + COMMERCIAL INVOICE IN QUADRUPLICATE ALL STAMPED AND SIGNED BY BENEFICIARY CERTIFYING THAT THE GOODS ARE OF CHINESE ORIGIN.

+ FULL SET OF CLEAN ON BOARD BILL OF LADING MADE OUT TO ORDER OF SHIPPER AND BLANK ENDORSED, MARKED FREIGHT PREPAID AND NOTIFY APPLICANT.

+ PACKING LIST IN TRIPLICATE SHOWING PACKING DETAILS SUCH AS CARTON NO AND CONTENTS OF EACH CARTON.

+ CERTIFICATE STAMPED AND SIGNED BY BENEFICIARY STATING THAT THE ORIGIAL INVOICE AND PACKING LIST HAVE BEEN DISPATCHED TO THE APPLICANT BY COURIER SERVISE 2 DAYS BEFORE SHIPMENT.

ADDITIONAL CONDITION 47A:

+ EACH PACKING UNIT BEARS AN INDELIBLE MARK INDICATING THE COUNTRY OF ORIGIN OF THE GOODS. PACKING LIST TO CERTIFY THIS.

+ INSURANCE IS BEING ARRANGED BY THE BUYER.

+ A USD50.00 DISCREPANCY FEE, FOR BENEFICIARY'S ACCOUNT, WILL BE DEDUCTED FROM THE REIMBURSEMENT CLAIM FOR EACH PRESENTATION OF DISCREPANT DOCUMENTS UNDER THIS CREDIT.

CHARGES 71B: ALL BANK CHARGES OUTSIDE CYPRUS ARE FOR THE ACCOUNT OF THE BENEFICIARY.

PERIOD FOR PRESENTATION 48: WITHIN 15 DAYS AFTER THE DATE OF SHIPMENT BUT WITHIN THE VALIDITY OF THE CREDIT.

CONFIRMATION INSTRUCTION 49: WITHOUT

（二）补充资料

发票号码：04SHGD3029　　　　发票日期：2004 年 2 月 9 日

提单号码：SHYZ042234　　　　提单日期：2004 年 2 月 12 日

集装箱号码：FSCU3214999　　　集装箱封号：1295312

1×20′ FCL, CY/CY

船名：LT USODIMARE 航次：V. 021W

木花架，WOODEN FLOWER STANDS,　　H. S. CODE：44219090. 90

QUANTITY：350PCS,　　USD8. 90/PC, 2pcs/箱，共 175 箱。纸箱尺码：66×22×48cm,

毛重：11KGS/箱，净重：9KGS/箱。

木花桶，WOODEN FLOWER POTS,　　　H. S. CODE：44219090. 90,

QUANTITY：600PCS, USD5. 00/PC, 4pcs/箱，共 150 箱。纸箱尺码：42×42×45cm,

毛重：15KGS/箱，净重：13KGS/箱。

唛头：L. P. O. L.

DC NO. 186/04/10014

MADE IN CHINA

NO. 1-325

二、根据资料缮制集装箱货物托运单

（一）信用证

MT 700	ISSUE OF A DOCUMENTARY CREDIT
SENDER	FIRST ALABAMA BANK 106 ST. FRANCIS STREET MOBILE ALABAMA 36602 USA
RECEIVER	THE BANK OF EAST ASIA LIMITED XIAMEN BRANCH G/F & 1/F HUICHENG BUILDING 837 XIAHE ROAD, XIAMEN, CHINA TELEX：93132 BEAXM CN FAX：86-592-5064980
FORM OF DOC. CREDIT 40A：	IRREVOCABLE
DATE OF ISSUE 31C：	040801
APPLICANT 50：	BAMA SEA PRODUCTS. INC. 1499 BEACH DRIVE S. E. ST PELERSBURG. FL 33701 , USA

BENEFICIARY   59:   XIAMEN YINCHENG ENTERPRISE GENERAL CORP.

176 LUJIANG ROAD XIAMEN, CHINA

TELEX: 93052 IECTA CN, TEL: 86-592-2046841

FAX: 86-592-2020396

AMOUNT   32B: USD 170, 450.00

DRAFTS AT ...   42C: AT SIGHT

PARTIAL SHIPMTS   43P: PERMITTED

TRANSSHIPMENT   43T: PERMITTED

PORT OF LOADING/   44E: XIAMEN CHINA
AIRPORT
OF DEPARTURE

PORT OF DISCHARGE   44F: LONG BEACH, CA. USA.

LATEST DATE OF   44C: 040831
SHIPMENT

DESCRIPTION OF   45A: 34000KGS CHINESE SAND SHRIMP OR BIG HARD
GOODS AND/OR   SHELL SHRIMP. BLOCK FROZEN SHRIMP (PTO),
SERVICES.   PACKED 6X2KGS/CTN. (RAW, PEELED, TAIL
ON)CONSISTING OF:

KGS.	SIZE(MM)	UNIT PRICE (/KGS)	TOTAL
3000	71/90	USD6.60	USD19800.00
5000	91/110	USD6.35	USD31750.00
6000	111/130	USD5.45	USD32700.00
8000	131/150	USD4.55	USD36400.00
12000	151/200	USD4.15	USD49800.00

TOTAL AMOUNT OF USD170450.00 CFR TAMPA FL. U.S.A.

DOCUMENTS   46A:
REQUIRED

+FULL SET (3/3) CLEAN ON BOARD COMBINED TRANSPORT BILLS OF LADING CONSIGNED TO

THE ORDER OF BAMA SEA PRODUCTS INC., 1499 BEACH DRIVE S.E., ST, PELERSBURG, FL. 33701 MARKED "FREIGHT PREPAID" NOTIFYING WILLIAMS CLARKE, INC., 603 NORTH FRIES AVENUE, WILMINGTON, CA 90744, USA. AND MUST INDICATE CONTAINER (S) NUMBER AND STATE THAT CONTAINER(S) HAVE BEEN MAINTAINED AT ZERO DEGREES FAHRENHEIT OR BELOW. IF COMBINED TRANSPORT BILL OF LADING IS PRESENTED, MUST BE INDICATE VESSEL NAME.

+BILLS OF LADING MUST ALL FREIGHT CHARGES PREPAID, INCLUDING FUEL ADJUSTMENT FEES (FAF)

（二）补充资料

货物的交接方式：CY—CY

货物装箱情况：2 个 20 尺，编号分别为 EASU982341、EART520142

船名、航次：YINHU A3032

装运日期：2004 年 8 月 30 日

合同号：BEIT0112

体积：66.4CBM

毛重：0.15KGS/箱

项目五 | 申领出口货物许可文件

 项目学习目标

◎ **认知目标**

了解原产地证明书的概念和作用；

熟悉一般原产地证明书申请书业务流程；

掌握一般原产地证明书申请书的缮制。

◎ **能力目标**

能根据合同和信用证审核相关原产地证明书。

 项目导入

原产地证明书是商品进入国际贸易领域的国别身份证，是进出口双方交接货物、结算货款、索赔理赔、进口国通关征税的有效凭证，也是出口国享受配额待遇、进口国对不同出口国实行不同贸易政策的凭证。因此，在货物装运出口之前，出口商向贸促会或出入境检验检疫局申领原产地证明书。

任务　缮制原产地证明书

 任务情境

进口商 SITCM IMPORTING CO. 要求杭州先锋国际贸易有限公司出具一般原产地证明书，以确定该批出口商品的生产地。杭州先锋国际贸易有限公司在租船订舱后及时向浙江省出入境检验检疫局申请签发一般原产地证明书，办理出口货物认证许可手续。为此，张峰需要提交商业发票、一般原产地证明书申请书和一般原产地证明书，送至浙江省出入境检验检疫局申领原产地证明书。

 知识支持

一、原产地证明书的概念和作用

原产地证明书是出口商应进口商要求而提供的，由政府有关当局、公证机构或政府或出口商或制造商出具的，能证明货物原产地或制造地的一种证明文件。原产地证明书的作用表现在以下几个方面：

(1)商品进入国际贸易领域的、用于确定货物"国籍"的一种特定格式的有效证明文件；

(2)贸易关系人交接货物、结算货款、索赔理赔、进口国通关征税的有效凭证；

(3)出口国享受配额待遇，体现货物享有关税和非关税待遇的国别政策的凭证；

二、原产地证书的类型

按照不同的标准，原产地证书可以划分为不同的种类。

1. 根据签发者不同，原产地证书一般可分为以下四类：

(1)商检机构出具的原产地证书

如：中华人民共和国检验检疫局(CIQ)出具的普惠制产地证格式A(GSP FORM A)；一般原产地证书(CERTIFICATE OF ORIGIN)。

(2)商会出具的产地证书

如：中国国际贸易促进委员会(CCPIT)出具的一般原产地证书，简称贸促会产地证书(CCPIT CEERTIFICATE OF ORIGIN)。

(3)制造商或出口商出具的产地证书

(4)生产厂商出具的产地证书

上述四种原产地证，以第一种和第二种最具权威性。在国际贸易实践中，应该提供哪种产地证明书，主要依据合同或信用证的要求。一般对于实行普惠制国家出口货物，都要求出具普惠制产地证明书。如果信用证并未明确规定产地证书的出具者，那么银行应该接受任何一种产地证明书。

2. 根据性质不同，可以划分为：

(1)非优惠原产地证书，又称一般原产地证书或简称C.O证书。

(2)普遍优惠制原产地证明书，主要有普遍优惠制原产地证明书格式A、普遍优惠制原产地证明书格式 APR、普遍优惠制原产地证明书格式 59A 三种形式。

（3）协定国家纺织品（配额）产地证书。

（4）地区经济集团协定产地证书，比如《中国-东盟自由贸易区》优惠原产地证明书（FORM E）、《曼谷协定》优惠原产地证明书等。

3. 根据用途不同，可以划分为：

（1）普通产地证

用以证明货物的生产国别，进口国海关凭以核定应征收的税率。在我国，普通产地证可由出口商自行签发，或由进出口商品检验局签发，或由中国国际贸易促进委员会签发。实际业务中，应根据买卖合同或信用证的规定，提交相应的产地证。在缮制产地证时，应按《中华人民共和国原产地规则》及其他规定办理。

（2）普惠制产地证（GSP Certfficate of Origin）

目前给予我国普惠制待遇的有澳大利亚、新西兰、日本、加拿大、挪威、瑞士、俄罗斯及欧盟 15 国，以及部分东欧国家。凡是向给惠国出口受惠商品，均须提供普惠制产地证，才能被受关税减免的优惠，所以不管来证是否要求提供这种产地证，我出口商均应主动提交。在我国，普惠制产地证由进出口商品检验局签发。

（3）纺织品产地证（Certificate of Origin Textile Product）

对欧盟国家出口纺织品，需提交该产地证。该证是进口国海关控制配额的依据。在我国，该证由地方外经贸委（厅）颁发。GSP 产地证是取得关税优惠，而纺织品产地证是取得配额的证明。对欧盟出口有关产品时，需同时提交两种产地证。

（4）对美国出口的原产地声明书

凡属对美国出口的配额商品，如纺织品等，应由出口商填写原产地声明书。有三种格式：

格式 A：单一国家声明书（Single Country Declaration），声明商品产地只有一个国家；

格式 B：多国家产地声明书（Multiple Country Declaration），声明商品的原材料是由两个或两个以上国家生产的；

格式 C：非多种纤维纺织品声明书，亦称否定声明书（Negative Declaration），凡纺织品的主要价值或主要重量属于麻或丝的原料或含羊毛量不超过 17%，则可填用此格式，以说明该类商品为非配额产品。

三、一般原产地证明书申请书业务流程

1. 根据我国有关规定，企业最迟于货物报关出运前三天向签证机构申请办理原产地证，并严格按签证机构要求，真实、完整、正确地填写以下材料：

（1）《中华人民共和国出口货物原产地证明书/加工装配证明书申请书》一份；

（2）《中华人民共和国出口货物原产地证明书》一式四份；

（3）出口货物商业发票；

（4）签证机构认为必要的其他证明文件。

签证机构通常不接受货物出运后才递交的申办原产地证申请，但如遇特殊情况（例如并非申请单位过失所造成的迟延），签证机构可接受迟交的申请书，并酌情办理补证。

2. 商检结构在调查或抽查的基础上，逐一审核申请单位提交的有关单证，无误后签发《一般原产地证明书》，交申请单位。

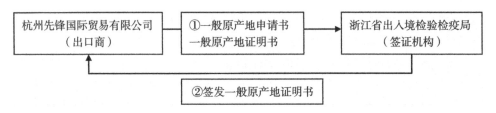

申请签发一般原产地证明书流程图

 任务实施

一、一般原产地证明书申请书的内容及缮制要求

一般原产地证明书申请书是申请单位向中国贸促会及其分会、支会（或国家质量监督检验检疫总局）办理一般原产地证明书/加工装配证明书签证时须填写的申请表。申请单位应如实、准确填写《一般原产地证明书/加工装配证明书》中的各项内容，并核实所填内容是否真实、完整、准确。

一般原产地证明书申请书填写说明：

1. 申请单位注册号

填写申请单位在检验检疫局产地证签证部门注册的注册号。

2. 证书号

根据签证机构的编号规则，填写预先从贸易促进委员会或国家质量监督检验检疫局领来的原产地证明书的号码，对应于每批申证货物的编号，不得重号或跳号。

3. 企业名称

填写申请原产地证的出口商名称。

4. 发票号

填写商业发票的号码，并与随附发票相一致。

5. 商品名称

填写商品品名的中英文名称，并且与发票的商品名称一致。

6. H. S 税目号

填写出口商品的 H. S 六位数编码，海关统计编码前六位。

7. 商品 FOB 总值

根据申报的出口货物出口发票上所列的金额以 FOB 价格填写（以美元计），如出口货物是以其他贸易术语成交的，比如 CFR、CIF 等，应换算成 FOB 价格。

8. 最终目的地国家/地区

填写即货物即将运抵的最终销售国或地区名称。

9. 拟出运日期

如实准确填写货物离开起运口岸的当天日期（年、月、日），注意必须在合同或信用证规定的装运日期内。

10. 转口国（地区）

填写本批货物的转口国家，无转运港的填写"***"。

11. 贸易方式和企业性质

根据实际情况选择划"√"选择相应的贸易方式和企业性质。

12. 包装数量，毛重或其他数量

填写该批出口货物的箱数、毛重或个数等。

13. 证书种类

在此证书种类栏划"√"。

14. 申请单位盖章

申请原产地证的出口企业盖章。

15. 领证人

填写领证人姓名及日期。

二、缮制一般原产地证书申请书

一般原产地证书/加工装配证明书
申请书

申请单位注册号：12G001　　　　　　　　　　　　证书号：G/12G001/001

申请人郑重声明：

本人被正式授权代表本企业办理和签署本申请书。

本申请书及一般原产地证明书所列内容正确无误，如发现弄虚作假，冒充证书所列货物，擅改证书，自愿接受签发机构的处罚并承担法律责任，现将有关情况申报如下：

企 业 名 称	杭州先锋国际贸易有限公司		发 票 号	SDIEK691
商 品 名 称	男孩夹克		H. S. 编码(六位数)	620332
商品 FOB 总值(以美元计)		54700.2	最终目的地国家/地区	加拿大
拟出运日期	2013 年 4 月 1 日	转口国(地区)		***

贸易方式和企业性质(请在适用处划"√")					
一般贸易		三来一补		其他贸易方式	
国有企业	三资企业	国有企业	三资企业	国有企业	三资企业
√					

包装数量或毛重或其他数量		120 箱
证书种类(划"√")	一般原产地证书√	加工装配证明书

现提交中国出口货物商业发票副本一份,一般原产地证明书/加工装配证明书一正三副,以及其他附件 2 份,请予审核签证。

申请单位盖章

申请人(签名)张峰
电话:0571-81101590
日期:2013 年 3 月 13 日

商 检 局 联 系 记 录

三、一般原产地证明书的内容及缮制要求

一般原产地证书是证明货物原产于某一特定国家或地区,享受进口国正常关税(最惠国)待遇的证明文件。它的适用范围是:征收关税、贸易统计、保障措施、歧视性数量限制、反倾销和反补贴、原产地标记、政府采购等方面。

1. 出口方(EXPORTER)

填写出口公司的详细地址、全称和国家/地区名。在信用证结算方式下,一般为受益人;此栏不能填写境外中间商的名称。本栏不得留空。

2. 收货人(CONSIGNEE)

填写本批货物最终目的地收货人名称、地址、国别,可以是外贸合同中的买方、信用证的开证申请人或信用证上规定的提单通知人。如信用证规定所有单证收货人一栏留空,在这种情况下,此栏应加注"TO WHOM IT MAY CONCERN"或"TO ORDER",但此栏不得留空。若需填写转口商名称时,可在收货人后面加填英文 VIA,然后再写转口商名称、地址、国家。如果是托收,一般填写合同中的买方。

3. 运输方式和路线(MEANS OF TRANSPORT AND ROUTE)

填写装运港、目的港、中转港的名称,并说明运输方式。本栏主要填写以下三

项内容：

(1)起运地至目的地"FROM... TO..."；

(2)运输方式"BY SEA/AIR/RAILWAY"；

(3)若经转运，还应注明转运地，"VIA..."或"WITH TRANSHIPMENT ... "，或"W/T..."，转运地若不明确，也可只填"WITH TRANSHIPMENT"。

例如：通过海运，由宁波港经香港转运至汉堡港，应填为：

FROM NINGBO TO HAMBURG BY VESSEL VIA HONGKONG

4. 目的地国家或地区名称(COUNTRY/REGION OF DESTINATION)

填写该批货物的最终运抵目的地国家或地区名称。应与最终收货人或最终目的港(地)国别相一致，一般将目的地和国名一起列出，这里不能填写中间商国家名称。

5. 签证机构专用栏(FOR CERTIFYING AUTHORITY USE ONLY)

由签证机构在此加注时使用，一般情况下，该栏不填，证书申领单位应将此栏留空。加注的情况主要有：证书丢失、证书更改、重新补发等。

6. 运输标志(MARKS AND NUMBERS)

即唛头。应与其他单据此栏内容填写一致，按信用证、合同及发票上所列唛头完整填写文字标记、包装号码及图案，不可简单填写"AS PER INVOICE NO"或者"AS PEER B/L NO"。如唛头多，本栏目填写不够，可填写在第7、8、9栏内的空白处，如果还是不够，可在该栏上写上"SEE ATTACHMENT"，用附页填写。此栏不得留空，如无唛头，应填写"NO MARK"或"N/M"。

7. 包装数量及种类、商品描述 (NUMBER AND KIND OF PACKAGES, DESCRIPTION OF GOODS)

填写包装数量及商品描述，应与商业发票中所描述的货物一致。具体要求有以下几点：

(1)商品名称要填写具体名称，如睡袋(SLEEPING BAGS)、杯子(CUPS)，不能用概括性表描述；

(2)包装数量及种类要按具体单位填写，应与信用证及其他单据严格一致，包装数量应在阿拉伯数字后加注英文表述，例如100箱彩电，应填写为如"100(ONE HUNDRED) CARTONS OF TV SETS"；

(3)如货物为散装，在商品名称后加注"散装"(IN BULK)字样，例如，100公吨粮食，则填写为"100M/T (ONE HUNDRED M/T ONLY) RICE IN BULK"。

(4)有时信用证要求在所有单据上加注信用证号、合同号码等，可加注在此栏内；

(5)本栏的末行要打上表示结束的符号"＊＊＊＊＊＊＊＊＊＊＊＊＊"或"××××××"或"---------"，以防添加或伪造。

8. 商品编码(H. S. CODE)

此栏要求填写商品 H. S 编码，应与报关单一致。如果同一证书包含几种商品，则应将相应的税目号分别列出。在实务中，网上申领一般原产地证明书时，填写税则号的 8 位或 10 位数字，但是打印出来的产地证上只显示 4 为数字，因此品目号要填四位编码，如 95.03。此栏不得留空。

9. 数量(QUANTITY)

此栏要求填写出口货物的数量及其计量单位，如多少件、套、个、台等。如计量单位为重量，应分别注明毛重和净重。

10. 发票号及发票日期(NUMBER AND DATE OF INVOICE)

填写商业发票号码及日期，此栏不得留空。月份一律用英文缩写表示，如 2012 年 5 月 22 日，应写为 MAY. 22，2012。

11. 出口方声明(DECLARATION BY THE EXPORTER)

出口方声明已事先印就，本栏应由已在签证机构注册的人员签名并加盖有中英文的印章。加盖有中英文的印章，签字和盖章不得重叠；另外，本栏还要填写申报日期和地点。

12. 签证机构签字、盖章(CERTIFICATION)

签证机构证明已事先印制，由授权的签证机构签证人经审核后在此栏手签姓名，盖签证印章，并填写签署日期和地点，此处日期不能早于发票日期和申报日期。

四、缮制一般原产地证明书

ORIGINAL	
1. Exporter	Certificate No.
HANGZHOU XIANFENG INTERNATIONAL TRADE CO., LTD. 21 FLOOR, TIMES TOWER, 121 FENGQI ROAD, HANGZHOU	CERTIFICATE OF ORIGIN OF THE PEOPLE'S REPUBLIC OF CHINA
2. Consignee	
SITCM IMPORTING CO 2550 BATES RD. SUITE 301 MONTREAL (QUEBEC) H3S 1A7 CANADA	

续表

3. Means of transport and route			5. For certifying authority use only		
FROM NINGBO TO VANCOUVER BY VESSEL					
4. Country / region of destination					
CANADA					
6. Marks and numbers	7. Number and kind of packages; description of goods	8. H. S. Code	9. Quantity	10. Number and date of invoices	
SITCM XFT209 VANCOUVER NOS. 1-120	BOYS JACKET SAY TOTAL ONE HUNDRED TWENTY（120）CARTONS ONLY	6203320090	6000 PCS	SDIEK691 MAR. 10, 2013	

11. Declaration by the exporter	12. Certification
The undersigned hereby declares that the above details and statements are correct, that all the goods were produced in China and that they comply with the Rules of Origin of the People's Republic of China.	It is hereby certified that the declaration by the exporter is correct.
HANGZHOU MAR. 14, 2013　张峰	HANGZHOU MAR. 14, 2013　郑蓉
Place and date, signature and stamp of authorized signatory	Place and date, signature and stamp of certifying authority

信用证中的原产地证书条款

1. CERTIFICATE OF CHINA ORIGIN ISSUED BY A RELEVANT AUTHORITY.

中国原产地证书，由相关的当局出具。

2. CERTIFICATE OF ORIGIN IN TWO COPIES INDICATING THAT GOODS ARE OF CHINESE ORIGIN ISSUED BY CHAMBER OF COMMERCE.

由商会出具的产地证明书两份，证明货物原产地为中国。

3. CERTIFICATE OF ORIGIN SHOULD STATE THAT THE GOODS DO NOT CONTAIN ANY COMPONENT OF ANY ISRAELI ORIGIN WHATEVER THE PROPORTION OF SUCH COMPONENT, THE EXPORTER OR SUPPLIER HAS NO DIRECT OR INDIRECT CONNECTION WHATSOEVER WITH ISRAELI.

产地证明书，须声明货物中不含任何以色列的原料和加工成分，出口商或供应商不曾与以色列有任何直接或间接联系。

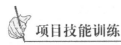 项目技能训练

一、根据资料缮制原产地证明

（一）信用证

MT 700		ISSUE OF A DOCUMENTARY CREDIT
SENDER		HOCK HUA BANK BERHAD SIBU, MALAYSIA
SEQUENCE OF TOTAL	27:	1/1
FORM OF DOC. CREDIT	40A:	IRREVOCABLE
DOC. CREDIT NUMBER	20:	T-027651
DATE OF ISSUE	31C:	040616
DATE AND PLACE OF EXPIRY.	31D:	DATE040731 PLACE AT THE NEGOTIATING BANK
APPLICANT	50:	ABC TRADING CO. LTD. P. O. BOX 1236, 60078 SIBU MALAYSIA
BENEFICIARY	59:	HENAN YIHAI IMPORT AND EXPORT COMPANY LTD. NO. 91 WENHUA ROAD ZHENGZHOU, CHINA
AMOUNT	32B:	CURRENCY USD AMOUNT 10800.00
AVAILABLE WITH/BY	41D:	ANY BANK BY NEGOTIATION
DRAFTS AT ...	42C:	SIGHT
DRAWEE	42A:	ISSUING BANK
PARTIAL SHIPMTS	43P:	ALLOWED
TRANSSHIPMENT	43T:	ALLOWED

PORT OF LOADING/ 44E: ANY CHINESE PORT
AIRPORT
OF DEPARTURE

PORT OF DISCHARGE 44F: SIBU, MALAYSIA

LATEST DATE OF 44C: 040716
SHIPMENT

DESCRIPTION OF 45A: AGRICULTURAL IMPLEMENT 300 DOZEN S301B
GOODS AND/OR SHOVEL
SERVICES. 100 DOZEN S302B SHOVEL 100 DOZEN S303B
SHOVEL
AT USD21. 60 PER DOZEN CIF SIBU

DOCUMENTS 46A:
REQUIRED

+ SIGNED COMMERCIAL INVOICE IN THREE FOLDS.
+ PACKING LIST AND WEIGHT NOTE IN THREE
FOLDS.
+ FULL SET OF CLEAN ON BOARD OCEAN BILLS
OF LADING MADE OUT TO ORDER OF HOCK HUA
BANK BERHAD AND ENDORSED IN BLANK,
MARKED FREIGHT PREPAID NOTIFY APPLICANT
AND SHIPPED IN 1×20' FCL CY TO CY.
+ MARINE INSURANCE POLICY/CERTIFICATE
ENDORSED IN BLANK FOR FULL CIF VALUE
PLUS 10 PERC ENT SHOWING CLAIMS IF ANY
PAYABLE AT DESTI NATION IN THE CURRENCY
OF THE DRAFT COVERING ALL RISKS AND WAR
RISK AS PER CIC
+ CERTIFICATE OF ORIGIN.
+COPY OF FAX SENT BY BENEFICIARY TO THE
APPLICANT ADVISING DESPATCH WITH SHIP'S
NAME, BILL OF LADING NUMBER AND AMOUNT
AND DESTINATION PORT WITHIN 3 DAYS AFTER
THE DATE OF BILL OF LADING.

ADDITIONAL 47A:
CONDITION

1. A DISCREPANCY HANDLING FEE OF USD50. 00 (OR EQUIVALENT) IS TO BE DEDUCTED FROM EACH DRAWING FOR THE ACCOUNT OF BENEFICIARY.

2. DOCUMENTS MUST BE NEGOTIATED IN CONFORMITY WITH THE CREDIT TERMS.

3. ONE NON-NEGOTIABLE SHIPPING DOCUMENTS MUST BE FORWARDED TO THE APPLICANT IMMEDIA TELY AFTER SHIPMENT. A BENEFICIARY'S CERTIFICATE TO THIS EFFECT IS REQUIRED.

4. ALL DOCUMENTS MUST BEAR OUR CREDIT NO.

CHARGES　　　　　　71B： ALL BANKING CHARGES OUTSIDE LC ISSUING BANK ARE FOR ACCOUNT BENEFICIARY INCLUDING OUR REIMBURSEMENT CHARGES.

PERIOD　　　　　　48： WITHIN 15 DAYS AFTER THE DATE OF
FOR PRESENTATION　　　SHIPMENT BUT WITHIN THE CREDIT VALIDITY.

CONFIRMATION　　　49： WITHOUT
INSTRUCTION

INSTRUCTIONS　　　78： DOCUMENTS MUST BE MAILED TO HOCK HUA BANK BERHAD SIBU, MALAYSIA IN 1 LOT BY COURIER SERVICE.

(二)补充资料

1. INVOICE NO. ：HYL-A008　DATE：JUL. 2, 2004

2. S/C NO：ABC2004009 DATE：MAY. 5, 2004

3. SHIPPING MARKS：　　ABC
　　　　　　　　　　　SIBU
　　　　　　　　　　　NO. 1-UP

4. PAYEE OF THE DRAFT：BANK OF CHINA, HENAN BRANCH

5. PACKED IN CARTON：1 DOZ/GUNNY BAG

6. GROSS WEIGHT PER GUNNY BAG：24KGS
　　NET WEIGHT PER GUNNY BAG：22KGS

7. MEASUREMENT PER GUNNY BAG：0. 060CBM

8. PORT OF LOADING：SHANGHAI, CHINA

DATE OF SHIPMENT: JUL. 15, 2004

9. VESSEL NAME AND VOL. NO: DONGFENG V. 122

    CONTAINER/SEAL NO. : GVVA20041253/21586

    B/L NO. : HT156

10. SHIPPING COMPANY: COSCO CONTAINER LINES, SHANGHAI

11. THE INSURER: THE PEOPLE'S INSURANCE COMPANY OF CHINA HENAN

    BRANCH.

    NO. 26, RENMIN RD., ZHENGZHOU, CHINA

12. H. S. CODE OF AGRICULTURAL IMPLEMENT: 8465. 9100

13. INSURANCE CHARGE: USD324. 00

14. FREIGHT: USD1000. 00

项目六 办理报检

项目学习目标

◎ **认知目标**

了解我国的报检制度和相关规定；

了解检验证书的概念和基本作用；

掌握报检的流程和应提供的单据；

掌握报检委托书出境货物报检单的填制内容。

◎ **能力目标**

能根据信用证和合同以及有关资料缮制出境货物报检单。

项目导入

根据《中华人民共和国进出口商品检验法》的规定，属于法定检验的商品，在装运前必须办理报检手续。一般法定的出境检验商品最迟在出口报关或装运前7日向出入境检验检疫机构进行报检，海关根据出入境检验检疫机构签发的出境货物通关单予以放行。个别检验检疫周期长的货物应留有相应的检验检疫时间。需隔离检疫的出境动物在出境前60天预报，隔离前7天报检。出口商在完成托运手续的办理后，一般开始联系工厂办理报检。

任务一　缮制代理报检委托书

任务情境

2013年3月19日，杭州先锋国际贸易有限公司业务员张峰委托杭州东方国际货运代理有限公司办理报检，并向该货代公司提交了外贸合同、信用证、发票、装箱单、出口报检委托书等单据。

 知识支持

一、出口报检的含义

出口商品报检是指出口商品的发货人或其代理人，在货物一经生产加工完毕并经检验合格、完成包装、准备发运时，备齐各种单证，按照《商检法》等有关法律规定，在检验检疫机构规定的时间和地点，向商检机构申请对其出口的商品实施法定检验—配合检验—付费—取得商检单证等手续的过程。

进出口商品法定检验是国家出入境检验检疫部门根据国家法律法规规定，对规定的进出口商品或有关的检验检疫事项实施强制性的检验检疫，未经检验检疫，或经检验检疫不符合法律法规规定要求的，不准输入输出。

法定检验检疫的目的是保证进出口商品、动植物（或产品）及其运输设备的安全、卫生符合国家有关法律法规规定和国际上的有关规定；防止次劣有害的商品、动植物（或产品）以及危害人类和环境的病虫害和传染病源输入或输出，保障生产建设安全和人类健康。

二、出境货物报检范围

1. 列入《出入境检验检疫机构实施检验检疫的进出境商品目录》内的出境货物；
2. 其他法律、行政法规规定需经检验检疫机构检验出证的货物；
3. 对外贸易合同约定由检验检疫机构检验的货物；
4. 有关国际条约规定须经检验检疫机构检验、检疫的货物；
5. 装运出境易腐变质食品、冷冻品的船舱、集装箱等运载工具的适载检验；
6. 出境危险货物包装容器的性能检验和使用鉴定；
7. 装载动植物、动植物产品和其他检疫物的装载容器、包装物的检疫。

三、检验方式

1. 直接申报

直接申报也成为自理报检，是指报检义务人（进出口商品的收货人或发货人）自行办理报检手续，履行法定义务的行为。

2. 委托报检

委托申报也称为代理报检，是指在商检机构注册登记的从事代理报检业务的企业接受收、发货人的委托，为其办理报检手续的行为，同时出口商需要填写报检委托书。

代理报检委托书是托运人委托代理人办理报检等通关事宜，明确双方责任和义务的书面证明。委托方应及时提供报关报检所须的全部单证，并对单证的真实性、准确性和完整性负责。

委托方填写其中的部分内容，其余内容需由代理企业填制。

四、出口商品的检验程序

商品检验是指在国际货物买卖中，对于卖方交付的货物的质量、数量和包装进行检验，以确定合同标的是否符合买卖合同的规定；有时还对装运技术条件和货物在装卸运输过程中发生的残损、短缺进行检验和鉴定，以明确事故的起因和责任的归属；货物的检验还包括根据一国的法律或行政法规对某些进出口货物或有关的事项进行质量、数量、包装、卫生、安全等方面的强制性检验或检疫。

列入《种类表》以及根据合同规定或政府规定需要检验的进出口商品，都要向当地商检机构申请检验。出口报检的时间一般在发运前7—10天，对于鲜货应在发运前3—7天。

对产地和报关地一致的进出境货物，检验合格后出具《出境货物通关单》；对产地和报关地不一致的进出境货物出具《出境货物换证凭单》，由报关地检验检疫机构换发《通关单》；对出境货物检验检疫不合格的出具《出境货物不合格通知单》。

出口商品的检验程序如下：

1. 商检机构受理报验

首先由报验人填写《中华人民共和国出入境检验检疫出境货物报检单》，并提供有关的单证和资料，如外贸合同、信用证、厂检结果单正本等，商检机构在审查上述单证符合要求后，受理该批商品的报验；如发现有不合要求者，可要求申请人补充或修改有关条款。

2. 抽样

由商检机构派员主持进行，根据不同的货物形态，采取随机取样方式抽取样品。报验人应提供存货地点情况，并配合商检人员做好抽样工作。

3. 检验

检验部门可以使用从感观到化学分析、仪器分析等各种技术手段，对出口商品进行检验，检验的形式有商检自验、共同检验、驻厂检验和产地检验。

4. 签发证书

商检机构对检验合格的商品签发检验证书，并在《出口货物报关单》上加盖检验检疫专用章。出口企业在取得货物报关地检验检疫机构签发的检验证书和出境货物通关单后，在规定的有效期内报运出口。

办理出口货物报检业务流程：

①出口商在货物装运前委托货运代理公司代办报检手续，缮制报检委托书，并随附商业发票、装箱单、合同等有关单据。

②货代公司缮制出境货物报检单，向出入境检验检疫局办理报检手续。

③出入境检验检疫局对商品实施检验。

④出入境检验检疫局对检验合格的商品签发检验证书，并在《出境货物通关

单》上加盖检验检疫专用章。

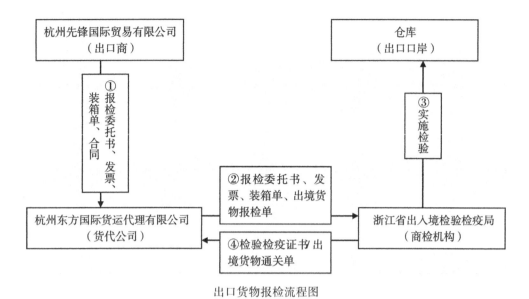

出口货物报检流程图

任务实施

一、代理报检委托书的内容及缮制要求

1. 《代理报检委托书》仍采用打印方式。
2. 委托书不得涂改、不得空项，确实无填制内容的，应打印"***"。
3. "编号"栏由公司根据"年份(代理报检企业简称)流水号"的规则填写。
4. "备案号/组织机构代码"栏填制"备案号"即可。
5. "品名"栏若品名很多打印不下，可按此例子填制："无缝钢管等六项"。
6. 对于出口货物，与进口有关的内容填制"***"。
7. "许可文件号"栏填制各类许可审批类证书号，如出口的卫生备案证书、质量许可证、检疫注册证书等，进口的检疫审批单号等。若无则填制"***"。
8. "其他特殊要求"栏若没有特殊要求填制"无特殊要求"。

二、缮制代理报检委托书

代 理 报 检 委 托 书

流水号：

<u>　浙江　</u>出入境检验检疫局：

本委托人(备案号/组织机构代码 892010203)保证遵守国家有关检验检疫法律、

123

法规的规定，保证所提供的委托报检事项真实、单货相符。否则，愿承担相关法律责任。具体委托情况如下：本委托人将于 2013 年 4 月间进口/出口如下货物：

货物品名	男孩夹克	HS 编码	6203320090
数(重)量	6000 PCS	包装情况	120 CARTONS
信用证/合同号	RBCV 18898/XFT209	许可文件号	***
进口货物收货单位及地址	***	进口货物提/运单号	***
其他特殊要求	***		

特委托　杭州东方国际货运代理有限公司　（代理报检注册登记号　　　　），代表本委托人办理上述货物的下列出入境检验检疫事宜：

☑1. 办理报检手续；

☐2. 代缴纳检验检疫费；

☐3. 联系和配合检验检疫机构实施检验检疫；

☐4. 领取检验检疫证单。

☐5. 其他与报检有关的相关事宜：

联系人：　　张峰　　联系电话：　　0571-81101590

本委托书有效期至 2013 年 4 月 30 日　　委托人(加盖公章)

2013 年 3 月 19 日

受托人确认声明

本企业完全接受本委托书。保证履行以下职责：

1. 对委托人提供的货物情况和单证的真实性、完整性进行核实；

2. 根据检验检疫有关法律法规规定办理上述货物的检验检疫事宜；

3. 及时将办结检验检疫手续的有关委托内容的单证、文件移交委托人或其指定的人员；

4. 如实告知委托人检验检疫部门对货物的后续检验检疫及监管要求。

如在委托事项中发生违法或违规行为，愿承担相关法律和行政责任。

联系人：　　李昀

联系电话：　　0571-83982021　　受托人(加盖公章)

2013 年 3 月 19 日

任务二　缮制出境货物报检单

 任务情境

3月22日，杭州东方国际货运代理有限公司李昀接受了报检委托后，开始填写《中华人民共和国出入境检验检疫出境货物报检单》。

 知识支持

报检单是国家检验检疫部门根据检验检疫、鉴定工作的需要，为保证检验检疫工作规范化和程序化而设制的，它是报检人根据有关法律、行政法规或合同约定申请检验检疫机构对其某种货物实施检验检疫、鉴定意愿的书面凭证，它表明了申请人正式向检验检疫机构申请检验检疫、鉴定，以取得该批货物合法出口的合法凭证。报检单同时也是检验检疫机构对出入境货物实施检验检疫起动检验检疫程序的依据。

 任务实施

一、出境货物报检单的内容及缮制要求

出境货物报检单所列各栏必须填写完整、准确、清晰，栏目内容确实无法填写的以"***"表示，不得留空。

1. 报检单位

填写报检单位中文全称并加盖公章或报验专用章，并准确填写本单位报检登记代码、联系人及电话；代理报检的应加盖代理报检机构在检验机构备案的印章。

2. 报检单位登记号

报检单位登记号是指报检单位在国家质检总局登记时，由出入境检验检疫机构给予的编号。

3. 联系人、电话

填写申请报检人的姓名和联系电话。

4. 编号

此栏由检验机构登记编号。

5. 报检日期

是指检验检疫机构接受报检当天的日期，统一用阿拉伯数字表示，按照规定，一般产品的最迟报检时间为货物装运前7天。

6. 发货人

指本批货物的贸易合同中卖方名称或信用证中的受益人的名称，发货人应与提单上的托运人一致。如果信用证规定要出入境检验检疫机构出具商检证书，则填写出口商中英文名称，并要注意中英文一致。

7. 收货人

填写信用证的实际收货人，合同上的买方或信用证的开证人名称，一般可以不填写，中、英文处都可用"＊＊＊"表示。如果信用证规定要出入境检验检疫机构出具商检证书，可只填英文，中文处用"＊＊＊"表示。如果中间商需要转让写成"TO WHOM IT MAY CONCERN"或"TO ORDER"。证书中不要求打上收货人的，可留空。

8. 商品名称

此栏用中英文对照填写商品名称，该名称应该国家检验检疫机构制定公布的《检验检疫商品目录》所列的货物名称相符合。根据需要可填写型号、规格或牌号。货物名称不得填写笼统的商品类，如"陶瓷"、"玩具"等必须填写具体的类别名称，如"日用陶瓷"、"塑料玩具"。位置不够填写的，可用附页的形式填报。

9. H. S. 编码

指货物对应的海关《商品分类及编码协调制度》中的代码，填写8位数或10位数，有些商品有最后两位补充编码时，应填写10位编码。每份申请单一般可填5个不同的编码。

10. 产地

填写货物的生产/加工的省（自治区、直辖市）以及地区（市）中文名称。如浙江杭州。

11. 数/重量

填写报检货物的数量和重量，重量一般以净重填写，如果填写毛重，或以毛作净需注明。有多个 H. S. 编码的，要根据每个 H. S. 编码填写对应数/重量。

12. 货物总值

按本批货物合同或发票上所列的总值填写（以美元计），不需要填写价格术语，有多个 H. S. 编码的，要根据每个 H. S. 编码对应填写金额、币种。

13. 包装种类及数量

填写货物的外包装种类（如纸箱、木箱等）及包装种类代码和具体的件数；有多个 H. S. 编码的，要根据每个 H. S. 编码对应填写包装种类及数量。比如"250 CARTONS"。

14. 运输工具名称号码

填写货物实际装载的运输工具类别名称（如飞机、火车、轮船、货柜车、邮包等）和运输工具编号。报检时，未能确定运输工具编号的，可只填写运输工具总称。

15. 贸易方式

根据实际情况填写海关规范贸易方式，如一般贸易、三来一补、边境贸易、进料加工、其他贸易等几种。

16. 货物存放的地点

指本批货物存放的地点，该地点应该详细具体。

17. 合同号

填写本批货物贸易合同编号。

18. 信用证号

填写本批货物所对应的信用证编号。如属非信用证结汇的货物，本栏目应填写"无"或"/"。

19. 用途

填写本批货物出境用途，如食用、种用、实验、观赏或演艺、药用、饲用、加工等。一般用途明确的商品也可不填。

20. 发货日期

按本批货物信用证或合同所列的出境日期，填写实际装运日期或大约装运日期。因为商品检验必须在发货前办理，所以此栏一般都是预计的大约日期，这个日期一般要早于合同或信用证规定的最迟装运日期。

21. 输往国家（地区）

指出口货物的最终销售国或地区，即进口国（用中文填写）。

22. 许可证/审批号

如果该批货物出口需要提供出口许可证或出口审批文件，应填写其号码，不需质量许可证或卫生注册证或出口审批的货物可留空。

23. 启运地

填写装运本批货物的交通工具进境时首次停靠的口岸名称。一般为办理报关出运的地点或口岸，须与合同规定一致（用中文填写）。

24. 到达口岸

填写本批货物预定最后抵达的交货港（地）。一般指出口货物运往境外的最终目的港，须与合同规定一致（用中文填写）。

25. 生产单位注册号

填写生产该批货物的单位在检验检疫机构的注册登记编号。

26. 集装箱规格、数量及号码

填写装载本批货物的集装箱规格（如40英尺、20英尺等）以及对应的数量和集装箱号码。如果集装箱太多，可用附页形式填报。不用集装箱运输的，此栏可留空。

27. 合同、信用证订立的检验检疫条款或特殊要求填写合同或信用证中双方对本批货物特别约定的质量、卫生等条款和报检单位对本批货物的检验检疫的其他特别要求，例如：环保测试等。没有要求的可留空。

28. 标记及号码

按出境货物实际运输包装标填写，如没有标记及号码，填写 N/M 或 NO MARKS，并注明裸装或散装。

29. 随附单据

按实际向检验检疫机构提供的单据，在对应的"□"打"√"。对报检单上未标出的，自行填写提供的单据名称。出口商品在报验时，一般应提供外贸合同(或售货确认书及函电)、信用证原本的复印件或副本，必要时提供原本，还有发票及装箱单。

30. 需要证单名称

按需要检验检疫机构出具的证单，在对应的"□"打"√"，并在相应栏目注明所需证单的正副本的数量，对报检单上未标出的证单，则须将所需提供的单据名称及正副本份数补填在空白处。

31. 检验检疫费

此栏留空，由检验检疫局填写。

32. 报检人郑重声明

必须有报检人的亲笔签名。本说明未尽事宜按国家出入境检验检疫局发布的有关规定办理。

33. 领取证单日期、签名

由出口企业报检员填写领取证单的日期并签名。

二、缮制出境货物报检单样本

中华人民共和国出入境检验检疫
出境货物报检单

报检单位(加盖公章)：杭州先锋国际贸易有限公司　　　　　　＊编号_____

报检单位登记号：　　　　　　　　　　　联系人：张峰

电话：81101590　　　　　　　　　　　报检日期：2013 年 3 月 22 日

发货人	(中文)杭州先锋国际贸易有限公司
	(外文)Hangzhou Xianfeng International Trade Co., Ltd.
收货人	(中文)
	(外文)SITCM IMPORTING CO

续表

货物名称(中/外文)	H.S. 编码	产地	数/重量	货物总值	包装种类及数量
男孩夹克 Boys Jacket	6203320090	浙江嘉兴	120 箱 984.00 千克	USD58800.00	120 CARTONS

运输工具名称号码	BY VESSEL		贸易方式	一般贸易	货物存放地点	浙江嘉兴
合同号	XFT209		信用证号	RBCV 18898	用途	其他
发货日期	201-04-01	输往国家(地区)	加拿大	许可证/审批号		
启运地	宁波	到达口岸	温哥华	生产单位注册号		849821
集装箱规格、数量及号码	COSU4506751 40' X1					

合同订立的检验 检疫条款或特殊要求	标 记 及 号 码	随附单据(划"√"或补填)
***	SITCM XFT209 Vancouver Nos. 1-120	☑合同　　☐包装性能结果单 ☑信用证　☐许可/审批文件 ☑发票　　☐ ☐换证凭单　☐ ☑装箱单　☐ ☐厂检单

需要证单名称(划"√"或补填)		* 检验检疫费	
☐品质证书 _ 正_ 副 ☐重量证书 _ 正_ 副 ☐数量证书 _ 正_ 副 ☐兽医卫生证书 _ 正_ 副 ☐健康证书 _ 正_ 副 ☐卫生证书 _ 正_ 副 ☐动物卫生证书 _ 正_ 副	☐植物检疫证书 _ 正_ 副 ☐熏蒸/消毒证书 _ 正_ 副 ☐出境货物换证凭单 ☑出境货物通关单 ☐ ☐	总金额 (人民币元) 计费人 收费人	

报检人郑重声明: 　1. 本人被授权报检。 　2. 上列填写内容正确属实,货物无伪造或冒用他人的厂名、标志、认证标志,并承担货物质量责任。 　　　　　　　签名: 李昀	领 取 证 单	
	日 期	
	签 名	

注: 有"＊"号栏由出入境检验检疫机关　　　　　　◆国家出入境检验检疫局制

任务三　缮制出境货物通关单

 任务情境

2013 年 3 月 22 日，杭州先锋国际贸易有限公司委托杭州东方国际货运代理有限公司办理报检业务，在出境货物报检单中需要证单这一栏勾选了出境货物通关单，因此，2013 年 3 月 23 日在报检后浙江检验检疫局向出口商出具了出境货物通关单。

 知识支持

根据《中华人民共和国进出口商品检验法》以及《商检机构实施检验的进出口商品种类表》规定，凡列入《种类表》的法定检验的进出口商品，均应在报关前向商品检验机构报验。报关时，对进出口商品，海关凭商检机构签发的"入境货物通关单"和"出境货物通关单"进口货物报关单上加盖的印章验收。

出境货物自检验检疫合格后，出入境检验检疫局签发《出境货物通关单》，加盖检验检疫专用章。正本由报检人持有，供海关通关用。

 任务实施

一、出境货物通关单的内容及缮制要求

出境货物通关单的填写方式参照出境货物报检单，需要注意的是一般在 H.S. 编码、申报总值、数/重量、包装数量及种类三栏的末行要分别打上表示结束的符号" ＊＊＊＊＊＊＊＊＊＊＊＊＊"，以防添加或伪造。

二、缮制出境货物通关单

出境货物通关单

中华人民共和国出入境检验检疫 出境货物通关单		
	编号：	123323
发货人	标记及号码	

续表

杭州先锋国际贸易有限公司			SITCM
收货人			XFT209
SITCM IMPORTING CO			Vancouver
合同/信用证号		输往国家或地区	Nos. 1-120
XFT209/ RBCV 18898		加拿大	
运输工具名称及号码	发货日期		集装箱规格及数量
SHUNDA V. 392	2013.04.01		40' ×1
货物名称及规格	H.S. 编码	申报总值	数/重量、包装数量及种类
Boys Jacket Shell：Woven 100% cotton Lining：Woven 100% polyester	6203320090 **************	58800.00 美元 ************	6000PCS 20 CTNS *****************
上述货物业经检验检疫，请海关予以放行。			
本通关单有效期至			2013 年 4 月 30 日
签字：	卢勇	日期：	2013 年 3 月 23 日
备注			

信用证中的报检条款举例

1. CERTIFICATE OF WEIGHT AND QUALITY IN TRIPLICATE.

重量数量证明书一式三份。

2. INSPECTION CERTIFICATE ISSUED BY APPLICANT AND SIGNED BY MR. BROWN (PHOTOCOPY IS ACCEPTABLE).

开证人开具的检验证书，由布朗先生签字(影印件亦可接受)。

3. INSPECTION CERTIFICATE OF QUALITY AND QUALITITY IN DUPLICATE ISSUED BY CHINA COMMODITY INSPECTION BUREAU.

由中国商检出具的质量数量检验证书一式二份。

项目技能训练

一、根据资料缮制报检单

（一）信用证

MT 700		ISSUE OF A DOCUMENTARY CREDIT

SENDER　　　　　　　　BKKBTHBKEXXX
BANGKOK BANK PUBLIC COMPANY LIMITED BANGKOK THAILAND

SEQUENCE OF TOTAL	27:	1/1
FORM OF DOC. CREDIT	40A:	IRREVOCABLE
DOC. CREDIT NUMBER	20:	BKKB1103043
DATE OF ISSUE	31C:	041103
DATE AND PLACE OF EXPIRY.	31D:	DATE 050114 PLACE BENEFICIARY'S COUNTRY
APPLICANT	50:	MOUN CO., LTD NO. 443, 249 ROAD BANGKOK THAILAND
BENEFICIARY	59:	KKK FOREIGN TRADE CORP. NO. 1 TITI RD, SHANGHAI, CHINA
AMOUNT	32B:	USD 180000.00
AVAILABLE WITH/BY	41D:	ANY BANK BY NEGOTIATION
DRAFTS AT …	42C:	SIGHT IN DUPLICATE
DRAWEE	42A:	ISSUING BANK
PARTIAL SHIPMTS	43P:	NOT ALLOWED
TRANSSHIPMENT	43T:	ALLOWED
PORT OF LOADING/ AIRPORT OF DEPARTURE	44E:	CHINA MAIN FORT, CHINA
PORT OF DISCHARGE	44F:	BANGKOK, THAILAND
LATEST DATE OF SHIPMENT	44C:	041220

DESCRIPTION OF GOODS AND/OR SERVICES.	45A:	20000 KGS. ISONIAZID BP98 AT USD9. 00 PER KG CFR BANGKOK
DOCUMENTS REQUIRED	46A:	

+ COMMERCIAL INVOICE IN ONE ORIGINAL PLUS 5 COPIES INDICATING F. O. B. VALUE, FREIGHT CHARGES SEPARATELY AND THIS L/C NUMBER, ALL OF WHICH MUST BE MANUALLY SIGNED.
+ FULL SET OF 3/3 CLEAN ON BOARD OCEAN BILLS OF LADING AND TWO NON-NEGOTIABLE, COPIES MADE OUT TO ORDER OF BANGKOK BANK , BANGKOK MARKED FREIGHT PREPAID AND NOTIFY APPLICANT
+ PACKING LIST IN ONE ORIGINAL PLUS 5 COPIES, ALL OF WHICH MUST BE MANUALLY SIGNED.

ADDITIONAL CONDITION   47A:

1. A DISCREPANCY HANDLING FEE OF USD50. 00 (OR EQUIVALENT) AND THE RELATIVE TELEX/ SWIFT COST WILL BE DEDUCTED FROM THE PROCEEDS NO MATTER THE BANKING CHARGES ARE FOR WHOEVER ACCOUNT.
2. DISCREPANT DOCUMENTS WILL BE REJECTED BUT IF INSTRUCITONS FOR THEIR RETURN ARE NOT RECEIVED BY THE TIME THE APPLICANT HAS ACCEPTED AND/OR PAID FOR THEM, THEY MAY BE RELEASED TO APPLICANT. IN SUCH EVENT BENEFICIARY/NEGOTIATING BANK SHALL HAVE NO CLAIM AGAINST ISSUING BANK.
3. ALL DOCUMENTS MUST BEAR THE L/C NUMBER AND THE NAME OF ISSUING BANK.

CHARGES   71B: ALL BANKING CHARGES OUTSIDE LC ISSUING BANK ARE FOR ACCOUNT BENEFICIARY INCLUDING OUR REIMBURSEMENT CHARGES.

CONFIRMATION   49： WITHOUT
INSTRUCTION

INSTRUCTIONS   78： 1. DOCUMENTS MUST BE SENT THROUGH
NEGOTIATING BANK TO OUR ADDRESS：
BANGKOK BANK PUBLIC COMPANY LIMITED
HEAD OFFICE, 333 SILOM ROAD, BANGKOK
10500, THAILAND.

2. UPON RECEIPT OF COMPLIANT DOCUMENTS,
WE SHALL REIMBURSE YOU AS INSTRUCTED.

3. EACH DRAWING/PRESENTATION MUST BE
ENDORSED ON THE REVERSE OF THE CREDIT.

（二）补充信息

1. INVOICE NO.： SHE021845   DATE：NOV. 22, 2004

2. PACKED IN 50KGS/DRUM

3. GROSS WEIGHT PER DRUM：55KGS

4. MEASUREMENT PER DRUM：0.06525CBM

5. DATE OF SHIPMENT：NOV. 29, 2004

6. VESSEL NAME AND VOL. NO：JENNY V. 03

7. SHIPPING COMPANY：COSCO CONTAINER LINES, SHANGHAI

8. PAYEE OF THE DRAFT：BANK OFCHINA, SHANGHAI BRANCH.

9. CONTRACT NO.： MOU0210S03   DATE：OCT. 21, 2004

10. PORT OF LOADING：SHANGHAI

11. B/L NO.： SCOISG7564

12. CONTAINER/SEAL NO.： UXXU4240250/0169255

13. SHIPPED IN 1× 20'FCL, CY/CY

14. FREIGHT：USD0.08/KG

15. H. S. CODE：3003.1090

项目七 | # 拖 柜 装 箱

 项目学习目标

◎ **认知目标**

了解集装箱交接的方式；

熟悉集装箱设备交接单、集装箱装箱单的内容。

◎ **能力目标**

能根据信用证和合同条款缮制集装箱设备交接单、集装箱装箱单等单据。

 项目导人

货物做好并验货通过后，委托拖车公司拖柜、装箱。拖车公司应选择安全可靠，价格合理的公司签定协议长期合作，以确保安全及准时。

任务一　缮制集装箱设备交接单

 任务情境

出口商在办理完订舱、报检、报关、保险等手续后，准备将货物运输至码头，并在信用证所规定的最迟装运日之前把货物装上船舶。由于货物采用集装箱运输，2013 年 3 月 23 日，杭州先锋国际贸易有限公司去港区或堆场提空箱，并将空箱运输至嘉兴卫星制衣有限公司装箱，装箱之后需将重箱运输至码头交箱给船方。在此过程中，由于集装箱为船公司所有，集装箱在进出港区、场站时，用箱人（出口商）、运箱人（货运司机）与管箱人或其代理人(船公司或船代)之间交接集装箱需要办理凭证,缮制集装箱设备交接单。

知识支持

一、集装箱的标记

国际标准化组织规定的集装箱标记有必备标记和自选标记两类,每一类标记中又分识别标记和作业标记。具体来说,集装箱上有箱主代号、箱号或顺序号、核对号;集装箱尺寸及类型代号。

1. 必备标记

(1)识别标记。它包括箱主代号、顺序号和核对数字。

①箱主代号。国际标准化组织规定,箱主代号由四个大写的拉丁文字字母表示,前三位由箱主自己规定,我国国家标准《集装箱代码、识别和标记》(GBT 1836-1997)中规定,集装箱箱主代码由经国际集装箱局(BIC)注册的三个大写拉丁字母组成,第四个字母用设备识别码表示。

设备识别码由 1 个大写拉丁字母表示,具体含义为:

U 表示集装箱;

J 表示集装箱所配置的挂装设备;

Z 表示集装箱拖挂车和底盘挂车。

②顺序号,又称箱号,由 6 位阿拉伯字母组成。如有效数字不是 6 位时,则在有效数字前用"0"补足 6 位,如"053842"。

③核对数字。核对数字是用来对箱主代号和顺序号记录是否准确的依据。它位于箱号后,以一位阿拉伯数字加一方框表示。

(2)作业标记。它包括以下三个内容:

①额定重量和自定重量标记。额定重量即集装箱总重,自重即集装箱空箱质量(或空箱重量),ISO688 规定应以公斤(kg)和磅(lb)同时表示。

②空陆水联运集装箱标记。由于该集装箱的强度仅能堆码两层。因而国际标准化组织对该集装箱规定了特殊的标志,该标记为黑色,该位于侧壁和端壁的左上角,并规定标记的最小尺寸为:高 127mm,长 355mm,字母标记的字体高度至少为 76mm.

③登箱顶触电警告标记。该标记为黄色底各色三角形,一般设在罐式集装箱和位于登顶箱顶的扶梯处,以警告登体者有触电危险。

2. 自选标记

(1)识别标记。它包括:

①国家和地区代号,如中国用 CN;美国用 US;

②尺寸和类型代号(箱型代码)

(2)作业标记。它包括

①超高标记,该标记为在黄色底上标出黑色数字和边框,此标记贴在集装箱每侧的左下角,距箱底约 0.6m 处,同时该贴在集装箱主要标记的下方。凡高度超过 2.6m 的集装箱应贴上此标记。

②国际铁路联盟标记。凡符合《国际铁路联盟条列》规定的集装箱,可以获得此标记。该标志是在欧洲铁路上运输集装箱的必要通行标志。

(3)通行标记。集装箱在运输过程中能顺利地通过或进入他国国境,箱上必须贴有按规定要求的各种通行标志,否则,必须办理繁琐证明手续,延长了集装箱的周转时间。集装箱上主要的通行标记有:安全合格牌照、集装箱批准牌照、防虫处理板、检验合格徽及国际铁路联盟标记等。

二、集装箱的标准

集装箱标准按使用范围分,有国际标准、国家标准、地区标准和公司标准四种。

1. 国际标准

是指根据国际标准化组织(ISO)第 104 技术委员会制订的国际标准来建造和使用的国际通用的标准集装箱。国际标准化组织 ISO/TC104 技术委员会自 1961 年成立以来,对集装箱国际标准作过多次补充、增减和修改,现行的国际标准为第 1 系列共 13 种,其宽度均一样(2438mm)、长度有四种(12192mm、9125mm、6058mm、2991mm)、高度有四种(2896mm、2591mm、2438mm、2438mm)。

2. 国家标准

各国政府参照国际标准并考虑本国的具体情况,而制订本国的集装箱标准。我国现行国家标准《集装箱外部尺寸和额定重量》(GB1413-85)中集装箱各种型号的外部尺寸、极限偏差及额定重量。

3. 地区标准

此类集装箱标准,是由地区组织根据该地区的特殊情况制订的,此类集装箱仅适用于该地区。如根据欧洲国际铁路联盟(VIC)所制订的集装箱标准而建造的集装箱。

4. 公司标准

某些大型集装箱船公司,根据本公司的具体情况和条件而制订的集装箱船公司标准,这类箱主要在该公司运输范围内使用。如美国海陆公司的 35ft 集装箱。

【知识链接】

集装箱箱号校验

集装箱箱号的核对数字,由一位阿拉伯数字表示,列于6位箱号之后,置于方框之中。

设置核对数字的目的,是为了防止箱号在记录时发生差错。运营中的集装箱频繁地在各种运输方式之间转换,如从火车到卡车再到船舶等,不断地从这个国家到那个国家,进出车站、码头、堆场、集装箱货运站。每进行一次转换和交接,就要记录一次箱号。在多次记录中,如果偶然发生差错,记错一个字符,就会使该集装箱从此"不知下落"。为不致出现此类"丢失"集装箱及所装货物的事故,在箱号记录中设置了一个"自检测系统",即设置一位"核对数字"。该"自检测系统"的原理如下:

将箱主代号四个拉丁字母与箱号6位阿拉伯数字视作一组,共10个字符。前四位拉丁字母字符一一与等效数值对应如下表。

等效数值表

箱主代号				顺序号	箱主代号				顺序号
字母	等效数值	字母	等效数值	数字或等效数值①	字母	等效数值	字母	等效数值	数字或等效数值①
A	10	H	18	0	O	26	V	34	7
B	12	I	19	1	P	27	W	35	8
C	13	J	20	2	Q	28	X	36	9
D	14	K	21	3	R	29	Y	37	
E	15	L	23	4	S	30	Z	38	
F	16	M	24	5	T	31			
G	17	N	25	6	U	32			

三、集装箱的种类

运输货物用的集装箱种类繁多,按用途分类有以下类型:

1. 通用干货集装箱

也称为杂货集装箱,用来运输无需控制温度的件杂货。这种集装箱通常为封闭式,在一端或侧面设有箱门。这种集装箱通常用来装运文化用品、化工用品、电子机械、工艺品、医药、日用品、纺织品及仪器零件等。它是平时最常用的集装箱,不受温度变化影响的各类固体散货、颗粒或粉末状的货物都可以由这种集装箱装运。

2. 保温集装箱

是为了运输需要冷藏或保温的货物，所有箱壁都采用导热率低的材料隔热而制成的集装箱。

3. 台架式集装箱

是一种没有箱顶和侧壁，甚至连端壁也去掉而只有底板和四个角柱的集装箱。这种集装箱可以从前后、左右及上方进行装卸作业，适合装载长大件和重货件，如重型机械、钢材、钢管、木材、钢锭等。台架式的集装箱没有水密性，怕水湿的货物不能装运，或需用帆布遮盖装运。

4. 平台集装箱

是一种在台架式集装箱上再简化而只保留底板的一种特殊结构集装箱。平台的长度与宽度与国际标准集装箱的箱底尺寸相同，可使用与其他集装箱相同的紧固件和起吊装置。这一集装箱的采用打破了过去一直认为集装箱必须具有一定容积的概念。

5. 敞顶集装箱

是一种没有刚性箱顶的集装箱，但有可折叠式或可折式顶梁支撑强帆布、塑料布或涂塑布制成的顶篷，其他构件与通用集装箱类似。这种集装箱适于装载大型货物和重货，如钢铁、木材，特别是像玻璃板等易碎的重货，利用吊车从顶部吊入箱内不易损坏，而且也便于在箱内固定。

6. 汽车集装箱

是一种运输小型轿车用的专用集装箱，其特点是在简易箱底上装一个钢制框架，通常没有箱壁（包括端壁和侧壁）。这种集装箱分为单层的和双层的两种。因为小轿车的高度为 1.35~1.45 m，如装在 8 英尺（2.438 m）的标准集装箱内，其容积要浪费 2/5 以上。因而出现了双层集装箱。这种双层集装箱的高度有两种：一种为 10.5 英尺（3.2 米），一种为 8.5 英尺高的 2 倍。因此汽车集装箱一般不是国际标准集装箱。

7. 罐式集装箱

是专用以装运酒类、油类（如动植物油）、液体食品以及化学品等液体货物的集装箱。它还可以装运其他液体的危险货物。这种集装箱有单罐和多罐数种，罐体四角由支柱、撑杆构成整体框架。前者由于侧壁强度较大，故一般装载麦芽或化学品等相对密度较大的散货，后者则用于装载相对密度较小的谷物。散货集装箱顶部的装货口应设水密性良好的盖，以防雨水侵入箱内。

8. 动物集装箱

是一种装运鸡、鸭、鹅等活家禽和牛、马、羊、猪等活家畜用的集装箱。为了遮蔽太阳，箱顶采用胶合板露盖，侧面和端面都有用铝丝网制成的窗，以求有良好的通风。侧壁下方设有清扫口和排水口，并配有上下移动的拉门，可把垃圾清扫出去，还装有喂食口。动物集装箱在船上一般应装在甲板上，因为甲板上空气流通，便于清扫和照顾。

9. 服装集装箱(Garment Container)

其特点是，在箱内上侧梁上装有许多根横杆，每根横杆上垂下若干条皮带扣、尼龙带扣或绳索，成衣利用衣架上的钩，直接挂在带扣或绳索上。这种服装装载法属于无包装运输，它不仅节约了包装材料和包装费用，而且减少了人工劳动，提高了服装的运输质量。

四、集装箱交接方式

1. 门到门(Door to Door)

是指由一个发货人发货和一个收货人接货。一般是货物批量较大，能装满一箱的大货主，把空箱拉到自己的工厂仓库装箱后，由海关在工厂仓库内加封验收，然后把重箱直接运到集装箱码头堆场，等待装船；在到达港，由承运人负责把货物运到收货人的工厂或仓库交货。故门到门的集装箱运输，一般均为整箱货运输。

2. 门到场(Door to CY)

是指在发货人的工厂或仓库接收货物后，由承运人负责运到卸货港集装箱码头堆场交货的一种交接方式。这种交接方式表示承运人不负责目的地的内陆运输。

3. 门到站(Door to CFS)

是指在发货人的工厂或仓库接收货物装箱后，运到卸货港集装箱码头上的集装箱货运站交货。这一交接方式就是在货流组织形式中的整箱货装、拼箱货拆的一种组织形式，也就是使发货人是一个，但收货人有好几个。

4. 场到场(CY to CY)

是指承运人在装货港的集装箱码头堆场接收货物，运到卸货港的集装箱码头堆场交货。这种交接方式通常是整箱货，而承运人不负责内陆运输，由收货人自己派卡车或委托内陆运输人用卡车来拖运到自己的仓库。

5. 场到门(CY to Door)

是指承运人在装货港的集装箱码头堆场接收货物，运到卸货港收货人工厂或仓库交货的交接方式。通常承运人不负责由发货人工厂或仓库至集装箱码头之间的内陆运输。

6. 场到站(CY to CFS)

是指装货港的集装箱码头堆场把集装箱货运到卸货港的集装箱码头上的集装箱货运站，或内陆中转站交货。这一交接方式在货流组织形式中一般也属于整箱货装、拼箱货拆的一种组织形式，也是只有一个发货人但有好几个收货人。

7. 站到门（CFS to Door）

是指由装货港的集装箱码头上的集装箱货运站收货，并在卸货港的收货人工厂或仓库交货。这种交接方式在货流组织形式中属于拼箱货装、整箱货拆的一种组织形式，也就是说不同发货人的货物，运给同一个收货人收货，显然这种情况不会是很多的。

8. 站到场（CFS to CY）

是指由装货港的集装箱码头上的集装箱货运站收货，运到卸货港后，在卸货港的集装箱堆场交货。一般情况下也可以由几个发货人发货给一个收货人收货。所以它也可以理解为拼箱货装、整箱货拆的货流组织形式。

9. 站到站（CFS-CFS）

是指装货港集装箱码头上的集装箱货运站收货，运到卸货港集装箱码头上的集装箱货运站交货。这在货流组织形式中属于拼箱货装、拼箱货拆的一种组织形式，也就是说由不同的发货人发给各自的收货人。

【知识链接】

整箱货与拼箱货

整箱货（Full Container Load，FCL）由发货人负责装箱、计数、积载并加铅封的货运。这种情况在货主有足够货源装载一个或数个整箱时通常采用。整箱货的拆箱，一般由收货人办理。空箱运到工厂或仓库后，在海关人员的监管下，货主把货装入箱内、加锁、铅封后交承运人并取得站场收据，最后凭收据换取提单或运单。承运人对整箱货，以箱为交接单位。只要集装箱外表与收箱时相似和铅封完整，承运人就完成了承运责任。整箱货运提单上，要加上"委托人装箱、计数并加铅封"的条款。

拼箱货（Less Than Container Load，LCL）是指装不满一整箱的小票货物。承运人（或代理人）接受货主托运的数量不足整箱的小票货运后，根据货类性质和目的地进行分类整理。把去同一目的地的货，集中到一定数量拼装入箱。由于一个箱内有不同货主的货拼装在一起，所以称为拼箱货。这种货物，通常是由承运人分别揽货并在集装箱货运站或内陆站集中，而后将两票或两票以上的货物拼装在一个集装箱内，同样要在目的地的集装箱货运站或内陆站拆箱分别交货。对于这种货物，承运人要负担装箱与拆箱作业，装拆箱费用仍向货方收取。承运人对拼箱货的责任，基本上与传统杂货运输相同。

五、集装箱设备交接单

1. 集装箱设备交接单的作用

集装箱设备交接单是集装箱进出港区、场站时，用箱人、运箱人与管箱人或其代理人之间交接集装箱及其他机械设备的凭证，并兼管箱人发放集装箱的凭证的功能。当集装箱或机械设备在集装箱码头堆场或货运站借出或回收时，由码头堆场或货运站制作设备交接单，经双方签字后，作为两者之间设备交接的凭证。

集装箱设备交接单一份交接单总共六联分 IN/OUT（进场联和出场联）各三联，分别为管箱单位（或船公司）留底联；码头、堆场联；用箱人、运箱人联，交接手续均在码头堆场大门口办理。经交接双方签字的设备交接单是划分交接双方责任和核算有关费用的依据，同时也是对集装箱进行跟踪管理的必要单证。

出码头堆场时，码头堆场工作人员与用箱人、运箱人就设备交接单上的主要内容共同进行审核：用箱人名称和地址，出堆场时间与目的，集装箱箱号、规格、封志号以及是空箱还是重箱，有关机械设备的情况，正常还是异常等。

进码头堆场时，码头堆场的工作人员与用箱人、运箱人就设备交接单上的下列内容共同进行审核：集装箱、机械设备归还日期、具体时间及归还时的外表状况，集装箱、机械设备归还人的名称与地址，进堆场的目的，整箱货交箱货主的名称和地址，拟装船的船次、航线、卸箱港等。

2. 设备交接单的流转过程

（1）由管箱单位填写设备交接单交用箱人/运箱人。

（2）由运箱人/用箱人到码头、堆场提箱或还箱时出示设备交接单，由经办人员对照设备交接单，检查集装箱的表面状况后，双方签字，码头、堆场留下管箱单位联和码头、堆场联，将用箱人、运箱人联退还给用箱人/运箱人。

（3）码头、堆场将留下的管箱单位联退还给船公司或船代。

任务实施

一、集装箱设备交接单的内容及缮制要求

1. 用箱人/运箱人栏

由船舶代理人填写，填写时应列明责任方，或委托方。

2. 提箱地点栏

进口拆箱由船舶代理人填写；出口装箱由港区、场/站填写；因检验、修理、清洗、租赁、堆存、转运出口而提离有关港区、场/站的空箱，提箱地点由船舶代理人填写。

3. 发往地点栏

进口拆箱由船舶代理人填写；出口装箱由运箱人填写。

4. 来自地点栏

进口拆箱由船舶代理人填写；出口装箱由运箱人填写。

5. 返回/收箱地点栏

进出口全部由船舶代理人填写。

6. 船名/航次栏

进出口全部由船舶代理人填写。

7. 集装箱箱号栏

进口拆箱由船舶代理人填写；出口装箱除指定箱号外，由港 区、场/站填写。

8. 尺寸/类型栏

进出口全部由船舶代理人填写。

9. 营运人栏

进出口全部由船舶代理人填写。

10. 提单号栏

进口拆箱由船舶代理人填写，出口装箱由运箱人要求装箱点填写。

11. 铅封号栏

进口拆箱由船舶代理人填写，出口装箱由运箱人要求装箱点填写。

12. 免费使用期栏

进出口全部由船舶代理人填写。

13. 运载工具牌号栏

进出口全部由运箱人填写。

14. 出场目的/状态栏

由船舶代理人填写。

15. 进场目的/状态栏

由船舶代理人填写。

16. 出场日期栏

由港区、场/站道口填写。

17. 进场日期栏

由港区、场/站道口填写。

18. 出场检查栏

由运箱人与港区、场/站道口工作人员联合检查，如有异状，由港区、场/站道口工作人员注明程度及尺寸。

19. 进场检查栏

由运箱人与港区、场/站道口工作人员联合检查，如有异状，由港区、场/站道口工作人员注明程度及尺寸。

20. 用箱人/运箱人签署栏

由运箱人签署。

21. 码头/堆场值班员签字栏

由港区、场/站道口工作人员签署。

二、缮制集装箱设备交接单

1. 出场设备交接单

中国远洋运输(集团)有限公司　OUT 出场

集装箱发放/设备交接单

EQUIPMENT INTERCHANGE RECEIPT

NO. 0016582

用箱人/运箱人(CONTAINER USER/HAULIER)		提箱地点(PLACE OF DELIVERY)	
杭州先锋国际贸易有限公司 (HANGZHOU XIANFENG INTERNATIONAL TRADE CO., LTD.)		NINGBO, CHINA	
来自地点(DELIVERED TO)		返回/收箱地点(PLACE OF RETURN)	
宁波市北仑区霞浦街道东南物流		NINGBO, CHINA	
航名/航次 (VESSEL/VOYAGE NO.)	集装箱号(CONTAINER)	尺寸/类型(SIZE/TYPE)	营运人(CNTR. ORTR.)
SHUNDA　V. 392	COSU6020703430(1)	40, 普通箱	中远宁波分公司
提单号(B/L NO.)	铅封号(SEAL NO.)	免费期限 (FREE TIME PERIOD)	运载工具牌号 (TRUCK WAGON. BARG NO.)
COS890325	849302	10 天	123543
出场目的/状态 (PPS OF GATE-OUT/STATUS)		进场目的/状态 (PPS OF GATE-IN/STAUS)	出场日期 (TIME-OUT)
出口装箱/完好		出口/完好	25-MARCH-2013
出场检查记录 (INSPECTION AT THE TIME OF INTERCHANGE)			
普通集装箱 (GP CONTAINER)	冷藏集装箱 (RF CONTAINER)	特种集装箱 (SPECIAL CONTAINER)	发电机 (GEN SET)
□正常 □异常	□正常 □异常	□正常 □异常	□正常 □异常

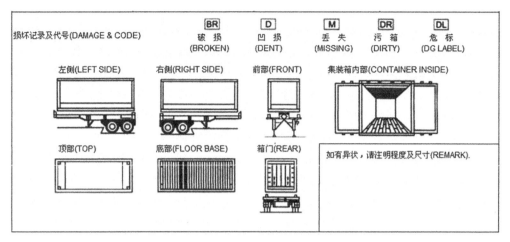

除列明者外，集装箱及集装箱设备交换时完好无损，铅封完整无误。

THE CONTAINER/ASSOCIATED EQUIPMENT INTERCHANGED IN SOUND CONITION AND SEAL AINTACT UNLESS OTHERWISE STATED

用箱人/运箱人签署　　　　　　　　　　　　　　码头堆场值班员签署

(CONTAINER USER/HAULIERS SIGNATURE)　　　　(TERMINAL/DEPOT CLERKS SINGATURE)

2. 进场设备交接单

中国远洋运输(集团)有限公司　IN 进场

集装箱发放/设备交接单

EQUIPMENT INTERCHANGE RECEIPT

NO. 0016582

用箱人/运箱人(CONTAINER USER/HAULIER)		提箱地点(PLACE OF DELIVERY)	
杭州先锋国际贸易有限公司 (HANGZHOU XIANFENG INTERNATIONAL TRADE CO., LTD.)		NINGBO, CHINA	
来自地点(DELIVERED TO)		返回/收箱地点(PLACE OF RETURN)	
HANGZHOU		NINGBO, CHINA	
航名/航次 (VESSEL/VOYAGE NO.)	集装箱号 (CONTAINER)	尺寸/类型 (SIZE/TYPE)	营运人 (CNTR. ORTR.)
SHUNDA　V. 392	COSU6020703430(1)	40, 普通箱	中远宁波分公司
提单号(B/L NO.)	铅封号(SEAL NO.)	免费期限 (FREE TIME PERIOD)	运载工具牌号 (TRUCK WAGON. BARG NO.)

续表

COS890325	849302	10 天	123543
出场目的/状态 (PPS OF GATE-OUT/STATUS)		进场目的/状态 (PPS OF GATE-IN/STAUS)	出场日期 (TIME-OUT)
出口装箱/完好		出口/完好	25-MARCH-2013
进场检查记录 (INSPECTION AT THE TIME OF INTERCHANGE)			
普通集装箱 (GP CONTAINER)	冷藏集装箱 (RF CONTAINER)	特种集装箱 (SPECIAL CONTAINER)	发电机 (GEN SET)
□正常 □异常	□正常 □异常	□正常 □异常	□正常 □异常

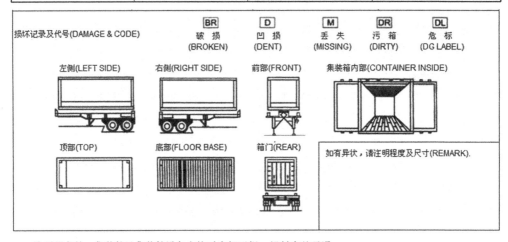

除列明者外，集装箱及集装箱设备交换时完好无损，铅封完整无误。

THE CONTAINER/ASSOCIATED EQUIPMENT INTERCHANGED IN SOUND CONITION AND SEAL AINTACT UNLESS OTHERWISE STATED

用箱人/运箱人签署   码头堆场值班员签署
(CONTAINER USER/HAULIERS SIGNATURE)   (TERMINAL/DEPOT CLERKS SINGATURE)

任务二 缮制集装箱装箱单

 任务情境

  2013 年 3 月 23 日，杭州先锋国际贸易有限公司将空箱从港区运输至嘉兴卫星制衣有限公司装箱后，需要填写一份集装箱装箱单，它是详细记载每一个集装箱内所装货物详细情况的唯一单据。

知识支持

一、集装箱装箱单含义

集装箱装箱单（Container Load Plan，CLP／Unit Packing List，UPL）是详细记载集装箱内货物的名称、数量等内容的单据，对于特殊货物还应加注特定要求，比如对冷藏货物要注明对箱内温度的要求等。

集装箱装箱单每一个集装箱一份，一般一式数份，分别由货主、货运站、装箱人留存和交船代、海关、港方、理货公司使用，另外还需准备足够份数交船方随船带往卸货港以便交接货物、报关、拆箱等用。集装箱货运站装箱时由装箱的货运站缮制；由发货人装箱时，由发货人或其代理人的装箱货运站缮制。

不论是由发货人自己装箱（FCL），还是由集装箱货运站负责装箱（LCL），负责装箱的人都要制作装箱单。集装箱装箱单是详细记载每一个集装箱内所装货物详细情况的唯一单据，集装箱货物装箱单的主要内容包括：船名、航次、装卸港、发货地、交货地、集装箱箱号、集装箱规格、铅封号、场站收据或提单号、发货人、收货人、通知人及货物名称、件数、包装、标志、重量、尺码等。对特殊货物还需说明闪点（对危险品）、箱内温度要求（对保温或冷藏货）、是否检疫等内容。

二、集装箱装箱单作用

（1）是发货人向承运人提供集装箱内所装货物的明细清单；

（2）在装箱地向海关申报货物出口的单据，也是集装箱船舶进出口报关时向海关提交的载货清单的补充资料；

（3）作为发货人，集装箱货运站与集装箱码头之间的货物交接单；

（4）是集装箱装、卸两港编制装、卸船计划的依据；

（5）是集装箱船舶计算船舶吃水和稳性的基本数据来源；

（6）在卸箱地作为办理集装箱保税运输手续和拆箱作业的重要单证；

（7）当发生货损时，是处理索赔事故的原始依据之一。

三、集装箱装箱单的流转程序

（1）装箱人将货物装箱，缮制实际装箱单，并在装箱单上签字；

（2）装箱单随同货物一起交付给拖车司机，指示司机将集装箱送至集装箱堆场，在司机接箱时应要求司机在装箱单上签字并注明拖车号；

（3）集装箱送至堆场后，司机应要求堆场收箱人员签字并写明收箱日期，以作为集装箱已进港的凭证；

（4）堆场收箱人在装箱单上签章后，留下码头联、船代联和承运人联（码头联用以编制装船计划，船代联和承运人联分送给船代合承运人用以缮制积载计划和处理货运事故），并将发货人/装箱人联退还给发货人或货运站。发货人或货运站除留一份发货人/装箱人联备查外，将另一份送交发货人，以便发货人通知收货人或卸箱港的集装箱货运站，供拆箱时使用。

 任务实施

集装箱装箱单的内容和缮制

Reefer Temperature Required 冷藏温度 ℃　　℉				CONTAINER LOAD PLAN Packer's Copy					
Class	IMDG Page	UN NO.	Flashpoint	装　箱　单			⑤发货人/装箱人　　联 Hangzhou Xianfeng International Trade Co., Ltd.		
等级	危规页码	联合国编码	闪点						
Ship's Name / Voy No. 船名 / 航次				Port of Loading	Port of Discharge	Place of Delivery	SHIIPPER'S / PACKER'S DELARATIONS: We hereby declare that the container has been thoroughly clean without any evidence of cargoes of previous shipment prior to vanning and cargoes has been properly stuffed and secured.		
				装货港	卸货港	交货地			
SHUNDA V. 392				NINGBO	VANCOUVER				
Container No. 箱号				Bill of Lading No.	Packages & Packing	Gross Weight	Measurements	Description of Goods	Marks & Numbers
COSU4506751				提单号	件数与包装	毛　重	尺　码	货　名	唛　头
					Front 前				

Seal No. 封号		COS890325	120CTNS	1152.00 KGS	54.00 CBMS	BOYS JACKET	SITCM XFT209
849302							
Cont. Size 箱型	Con. Type. 箱类						Vancouver Nos. 1-120
20′ 40′　√ 45′	GP＝普通箱　√ TK＝油罐箱						
	RF＝冷藏箱　PF＝平板箱						
	OT＝开顶箱　HC＝高箱						
	FR＝框架箱　HT＝挂衣箱						

Door
门

ISO Code For Container Size / Type.
箱型/箱类 ISO 标准代码
40′ GP
Packer's Name / Address
装箱人名称/地址
嘉兴卫星制衣有限公司 嘉兴市勤俭路 82 号
Tel No.
电话号码 0573-22892046

Packing Date 装箱日期	Received By Drayman	Total Packages	Total Cargo Wt	Total Meas.	
2013 年 3 月 23 日	驾驶员签收及车号	总件数	总货重	总尺码	
		120CTNS	1152.00 KGS	54.00 CBMS	Remarks：备注
Packed By：装箱人签名	Receibed By Terminals / Date Of Receipt	Cont. Tare Wt	Cgo/cont Total WT		
	码头收箱签收和收箱日期	集装箱皮重	货/箱总重量		

149

项目技能训练

请回答以下问题：

1. 如何为出口货物选择适当的集装箱？

2. 集装箱设备交接单的作用是什么？

3. 简述集装箱装箱单的流转程序。

项目八 | 办 理 报 关

 项目学习目标

◎ **认知目标**

　　了解报关的基本知识；

　　熟悉进出口货物的报关程序和随附单据种类；

　　掌握出口报关的相关流程；

　　掌握报关委托书和出口货物报关单的内容。

◎ **能力目标**

　　能根据信用证和合同以及有关资料缮制报关委托书和出口货物报关单。

 项目导入

　　海关是国家设在口岸的进出关境的监督管理机关。在我国，一般货物的出口必须通过海关的审单、查验、征税、放行四个环节，因此出口货物的发货人(出口商)或其代理人(货代或报关行)必须按照海关的规定办理相应的出口申报、配合查验、缴纳税费和装运手续。

　　进出口货物报关是一项十分复杂和专业性很强的工作，需要由既熟悉国际贸易、法律、税务、商品学等各方面知识，又掌握海关法律法规和海关业务制度的专业人员办理。因此在外贸实务中，为了提高通关效率，节省通关费用，避免一些无意识违法违规行为发生，一些外贸公司通常自己不办理报关手续，而是委托一些具备了报关资格，同时又熟知国际贸易常识的报关企业(货代或报关行)办理有关货物的进出口报关手续。

任务一 缮制报关委托书

 任务情境

2013 年 3 月 24 日，杭州先锋国际贸易有限公司在办理出口货物报检手续之后，张峰委托杭州东方货运代理有限公司代理报关，在委托报关之前，需要缮制一份代理报关委托书。

 知识支持

一、报关的含义

海关是国家设在口岸的进出关境的监督管理机关。《中华人民共和国海关法》规定："凡是进出国境的货物，必须经由设有海关的港口、车站、国际航空站进出，并由货物的所有人向海关申报，经过海关查验放行后，货物方可提取或装运出口。"报关是指进出口货物收发货人、进出境运输工具负责人、进出境物品的所有人或者他们的代理人向海关办理货物、物品或运输工具进出境手续及相关海关事务的过程，包括向海关申报、交验单据证件并接受海关的监管和检查等。报关是履行海关进出境的必要环节之一。通关是指进出境的运输工具的负责人、货物的收发货人及其代理人、物品的所有人向海关申请办理进出口货物的进出口手续，海关对其呈交的单证和申请进出口的货物依法进行审核、查验、征缴税费，批准进口或出口的全过程。

二、自理报关与代理报关

《海关法》第 9 条规定"进出口货物，除另有规定的外，可以由进出口货物收发货人自行办理报关纳税手续，也可以由进出口货物收发货人委托海关准予注册登记的报关企业办理报关纳税手续"。这一规定从法律上明确了进出口货物的报关行为根据实施者不同，可以分为自理报关和代理报关两大类。

1. 自理报关

进出口货物收发货人自行办理报关业务。根据我国海关目前的规定，进出口货物收发货人必须依法向海关注册登记后方能办理报关业务。

2. 代理报关

报关企业代理货物的收发货人进行报关。报关企业必须获得注册登记许可并且进行注册登记。代理报关可分为直接代理报关和间接代理报关。直接代理报关是指以委托人的名义报关纳税。在直接代理报关中，法律后果直接作用于被代理人即委托人。间接代理报关是指以报关企业自身名义报关纳税。在间接代理报关中，报关企业承担委托人责任。

三、通关的基本程序

1. 申报

(1)出口货物的发货人在根据出口合同的规定，按时、按质、按量备齐出口货物后，即应当向运输公司办理租船订舱手续，准备向海关办理报关手续，或委托专业(代理)报关公司办理报关手续。

(2)需要委托专业或代理报关企业向海关办理申报手续的企业，在货物出口之前，应在出口口岸就近向专业报关企业或代理报关企业办理委托报关手续。接受委托的专业报关企业或代理报关企业要向委托单位收取正式的报关委托书，报关委托书以海关要求的格式为准。

(3)准备好报关用的单证是保证出口货物顺利通关的基础。一般情况下，除出口货物报关单外，报关还应备一些单证，主要包括：托运单、发票一份、贸易合同一份、出口收汇核销单及海关监管条件所涉及的各类证件。

【知识链接】

申报应注意的问题：报关时限

报关时限是指货物运到口岸后，法律规定发货人或其代理人向海关报关的时间限制。出口货物的报关时限限为装货的 24 小时以前。不需要征税费、查验的货物，自接受申报起 1 日内办结通关手续。

2. 查验

查验是指海关在接受报关单位的申报并已经审核的申报单位为依据，通过对出口货物进行实际的核查，以确定其报关单证申报的内容是否与实际进出口的货物相符的一种监管方式。

(1)通过核对实际货物与报关单证来验证申报环节所申报的内容与查证的单、货是否一致，通过实际的查验发现申报审单环节所不能发现的有无瞒报、伪报和申报不实等问题。

(2)通过查验可以验证申报审单环节提出的疑点，为征税、统计和后续管理提供可靠的监管依据。海关查验货物后，均要填写一份验货记录。

验货记录一般包括查验时间、地点、进出口货物的收发货人或其代理人名称、申报的货物情况，查验货物的运输包装情况(如运输工具名称、集装箱号、尺码和封号)、货物的名称、规格型号等。需要查验的货物自接受申报起 1 日内开出查验通知单，自具备海关查验条件起 1 日内完成查验，除需缴税外，自查验完毕 4 小时内办结通关手续。

3. 征税

根据《海关法》的有关规定，进出口的货物除国家另有规定外，均应征收关税。关税由海关依照海关进出口税则征收。需要征税费的货物，自接受申报 1 日内开出税单，并于缴核税单 2 小时内办结通关手续。

4. 放行

(1)对于一般出口货物，在发货人或其代理人如实向海关申报，并如数缴纳应缴税款和有关规费后，海关在出口装货单上盖"海关放行章"出口货物的发货人凭以装船起运出境。

(2)出口货物的退关：申请退关货物发货人应当在退关之日起三天内向海关申报退关，经海关核准后方能将货物运出海关监管场所。

(3)签发出口退税报关单：海关放行后，在浅黄色的出口退税专用报关单上加盖"验讫章"和已向税务机关备案的海关审核出口退税负责人的签章，退还报关单位。

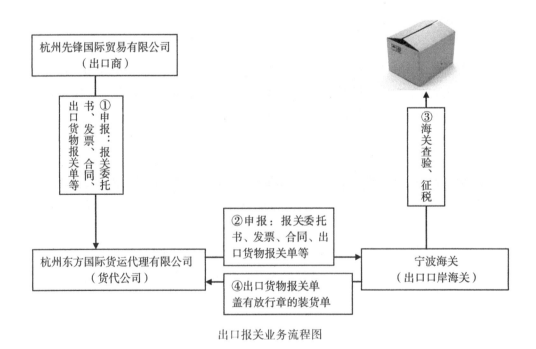

出口报关业务流程图

四、代理报关委托书

代理报关委托书是托运人委托承运人或其代理人办理报关等通关事宜，明确双方责任和义务的书面证明。委托方应及时提供报关报检所需的全部单证，并对单证的真实性、准确性和完整性负责。

 任务实施

一、报关委托书的内容及缮制要求

1. 委托书编号

共 11 位数字，由委托方按流水号填入。

2. 委托事宜

在 A、B、C······至 H 选一填入，如"我单位现 B 委托贵公司代理 ABD 等通关事宜"，意思是：我单位现长期委托贵公司代理填单申报、辅助查验、办理海关证明联等通关事宜。委托事宜填完后，还要填入委托书有效期、委托日期以及委托方盖章签字。

3. 委托方

填写出口商名称及其在海关登记备案时的 10 位数海关代码。

4. 主要货物名称

填写该批出口货物的名称。

5. HS 编码

填写该批出口货物的税则号。

6. 货物总价

填写该批出口货物的总价。

7. 进出口日期

出口时填写出口日期；进口时填写进口日期。

8. 提单号

此栏出口商往往不填，等配舱办妥后，有了提单，货代公司再添加上去。

9. 贸易方式

填写一般贸易、进料加工、来料加工等。

10. 原产地/货源地

出口时填写货源地，进口则填写原产地。

11. 委托业务签章

由出口商盖章，并写上出口公司的具体联系人以及联系电话与填写"委托报关协议"的日期。

12. 被委托方

填写货代公司的名称。

13. 报关单编号

此栏出口商可以不填写，由货代公司在报关时自行添加。

14. 收到单证日期

由货代公司填写收到出口商的报关单证的日期。

15. 收到单证情况

由货代公司在收到的单证名称后的"□"内打"√"，如果出口商提供的单证名称没有在委托报关协议中列出，就在"其他"后面加填。

16. 报关收费

填写报关收费情况。

17. 被委托业务签章

货代公司盖章，还要写上货代公司的报关员姓名，一般由具体经办报关员签章；以及填写"委托报关协议"的日期。

二、缮制报关委托书

代理报关委托书

编号：□□□□□□□□□□□□□

杭州东方国际货运代理有限公司：

我单位现 ___A___ （A. 逐票、B. 长期）委托贵公司代 A、B、D 等通关事宜。（A. 报关查验 B. 垫缴税款 C. 办理海关证明联 D. 审批手册 E. 核销手册 F. 申办减免税手续 G. 其他）详见《委托报关协议》。

我单位保证遵守《海关法》和国家有关法规，保证所提供的情况真实、完整、单货相符。否则，愿承担相关法律责任。

本委托书有效期自签字之日起至 2013 年 4 月 30 日止

委托方（盖章）：

法定代表人或其授权签署《代理报关委托书》的人（签字）

2013 年 3 月 24 日

委托报关协议

为明确委托报关具体事项和各自责任，双方经平等协商签定协议如下：

委托方	杭州先锋国际贸易有限公司
主要货物名称	男孩夹克
HS 编码	6203320090
进出口日期	2013 年 4 月 1 日
提单号	
贸易方式	一般贸易
原产地/货源地	浙江嘉兴
传真电话	0571-81101590

其他要求：

背面所列通用条款是本协议不可分割的一部分，对本协议的签署构成了对背面通用条款的同意。

委托方业务签章

经办人签章：张峰
联系电话：81101590　　2013 年 3 月 24 日

被委托方	杭州东方国际货运代理有限公司
*报关单编码	No.
收到单证日期	2013 年 3 月 24 日
收到单证情况	合同 ☑　　发票 ☑ 装箱清单 ☑　　提（运）单 □ 加工贸易手册 □　　许可证件 □ 其他：出境货物 通关单
报关收费	人民币：　　　　　　元

承诺说明：

背面所列通用条款是本协议不可分割的一部分，对本协议的签署构成了对背面通用条款的同意。

被委托方业务签章

经办报关员签章：李昀
联系电话：83982021　　2013 年 3 月 24 日

任务二　缮制出口货物报关单

 任务情境

2013 年 3 月 24 日，杭州先锋国际贸易有限公司在办理出口货物报检手续之后，张峰委托杭州东方货运代理有限公司代理报关。在委托报关时，除了缮制一份代理报关委托书，还需缮制报关单，并附销售合同、商业发票、装箱单、出口收汇核销单及出境货物通关单等相关单据。

知识支持

进出口货物报关单是进出口货物的收发货人或其代理人，按照海关规定的格式对进出口货物的实际情况做出书面申明，以此要求海关对其货物按适用的海关制度办理通关手续的法律文书。

一、进出口货物报关单的分类

(1)按进出口状态划分为进口货物报关单和出口货物报关单。

(2)按表现形式划分为纸制报关单和电子报关单。

(3)按海关监管方式划分为：进料加工进(出)口货物报关单、来料加工及补偿贸易进(出)口货物报关单、一般贸易和其他贸易进(出)口货物报关单。

(4)按用途划分为分：报关录入凭单、预录入报关单、报关单证明联。

二、进出口货物报关单填制的一般要求

进出口货物报关单由海关统一印制，共有 47 个栏目，除"税费征收情况"和"海关审单批注及放行日期签字"栏外，均由收发货人或其代理人填写。

申报人必须按照《海关法》、《海关进出口申报管理规定》和《海关进出口货物报关单填制规范》的有关规定，如实向海关申报，不得伪报、瞒报及虚报。

报关单的填报必须真实、准确、齐全、字迹工整，若有更改，必须在更改项目上加盖校对章。要做到两个相符：一是单证相符，即报关单与合同、批文、发票、装箱单等相符；二是单货相符，即报关单中所报内容与实际进出口货物情况相符。

不同合同、不同运输工具名称、不同贸易方式、不同征免性质、不同许可证号的货物，不能填在同一份报关单上。一份原产地证明书只能对应一份报关单。

一份报关单最多填报 20 项商品。超过 20 项商品时，也必须分单填报。一张纸制报关单上最多打印 5 项商品，一份纸制报关单最多允许联单 4 张。向海关递交的报关单，事后发现差错，须立即填写报关单更正单，向海关办理更正手续。

对于海关放行后的出口货物，由于运输工具配载等原因，全部或部分未能装载上原申报的运输工具的，出口货物发货人应向海关递交《出口货物报关单更改申请》。

 任务实施

一、出口货物报关单的内容及缮制要求

1. 预录入编号

指申报单位或预录入单位对该单位填制录入的报关单的编号，用于该单位与海

关之间引用其申报后尚未接受申报的报关单。

报关单录入凭单的编号规则由申报单位自行决定。预录入报关单及 EDI 报关单的预录入编号由接受申报的海关决定编号规则，计算机自动打印。

2. 海关编号

指海关接受申报时给予报关单的 18 位顺序编号。其中，1 至 4 位为接受申报海关的编号，5 至 8 位为海关接受申报的公历年份，第 9 位为进出口标志（"1"为进口，"0"为出口）。出口商缮制报关单时此栏可以留空。

海关编号由各直属海关在接受申报环节确定，应标示在报关单的每一联上。

3. 出口口岸

指货物实际进（出）我国关境出口口岸海关的名称。

本栏目应根据货物实际进（出）我国关境的口岸海关选择填报"关区代码表"中相应的口岸海关名称及代码。"关区代码表"中只有直属海关关别名称及代码的，填报直属海关名称及代码；如果有隶属关别及代码时，则应填报隶属海关名称及代码。

4. 备案号

指经营进出口业务的企业在向海关办理加工贸易合同备案或征、减、免、税审批备案等手续时，海关给予《进料加工登记手册》、《来料加工及中小型补偿贸易登记手册》、《外商投资企业履行产品出口合同进口料件及加工出口成品登记手册》（以下均简称《登记手册》）、《进出口货物征免税证明》（以下简称《征免税证明》）或其他有关备案审批文件的编号。一份报关单只允许填报一个备案号。

具体填报要求如下：

（1）加工贸易合同项下货物，除少量低价值辅料按规定不使用《登记手册》的外，必须在报关单备案号栏目填报《登记手册》的十二位编码。加工贸易成品凭《征免税证明》转为享受减免税进口货物的，进口报关单填报《征免税证明》编号，出口报关单填报《登记手册》编号。

（2）凡涉及减免税备案审批的报关单，本栏目填报《征免税证明》编号，不得为空；

（3）无备案审批文件的报关单，本栏目免予填报。

备案号长度为 12 位，其中第 1 位是标记代码。备案号的标记代码必须与"贸易方式"及"征免性质"栏目相协调，例如：贸易方式为来料加工，征免性质也应当是来料加工，备案号的标记代码应为"B"。

5. 出口日期

出口日期指运载所申报货物的运输工具办结出境手续的日期。本栏目供海关打印报关单证明联用。预录入报关单及 EDI 报关单均免予填报。

无实际进出境的报关单填报办理申报手续的日期，该日期以海关接受申报的日期为准。本栏目为 8 位数，顺序为年（4 位）、月（2 位）、日（2 位），如 2006.03.16。

6. 申报日期

指海关接受进（出）口货物的收、发货人或受委托的报关企业申请办理货物进（出）口手续的日期。以电子数据报关单方式申报的，申报日期为海关计算机系统接受申报数据时记录的日期。以纸质报关单方式申报的，申报日期为海关接受纸质报关单并对报关单进行登记处理的日期。为 8 位数，顺序为年（4 位）、月（2 位）、日（2 位），出口商在申报时此栏可不填。

7. 经营单位

经营单位指对外签订并执行进出口贸易合同的中国境内企业或单位，一般为出口商。

本栏目应填报经营单位的中文名称及经营单位编码，只填报经营单位名称或编码都是错误的。经营单位编码为十位数字（由海关编制，1—4 位为行政区划，第 5 位为经济区划，第 6 位为企业性质，7—10 位为顺序号），是进出口企业在所在地主管海关办理注册登记手续时，海关给企业设置的注册登记编码。

特殊情况下确定经营单位原则如下：

（1）援助、赠送、捐赠的货物，填报直接接受货物的单位的中文名称及编码。

（2）经营单位编码第 6 位数为"8"的单位是只有报关权而没有进出口经营权的企业，不得作为经营单位填报。

（3）境外企业不得作为经营单位填报。

（4）合同的签定者和执行者不是同一企业的，经营单位应按执行合同的企业填报。

8. 运输方式

指载运货物进出关境所使用的运输工具的分类。

本栏目应根据实际运输方式按海关规定的《运输方式代码表》选择填报相应的运输方式名称或代码。

运输方式代码表

运输方式代码	运输方式名称	运输方式代码	运输方式名称
0	非保税区	6	邮件运输
1	监管仓库	7	保税区
2	江海运输	8	保税仓库
3	铁路运输	9	其他运输
4	汽车运输	Z	出口加工
5	航空运输		

9. 运输工具名称

指载运货物进出境的运输工具的种类名称或运输工具编号。

本栏目填制内容应与运输部门向海关申报的载货清单所列相应内容一致。

一份报关单只允许填报一个运输工具名称。

本栏目纸质报关单填报要求如下：

(1)江海运输填报船舶英文名称(来往港澳小型船舶为监管簿编号)或船舶编号+"/"+航次号，即"运输工具名称+"/"+"船舶号"。

(2)汽车运输填报该跨境运输车辆的国内行驶车牌号码+"/"+进出境日期[8位数字，顺序为年(4位)、月(2位)、日(2位)，下同]。

(3)铁路运输填报车次(或车厢号)+"/"+进出境日期。

(4)航空运输填报航班号。

(5)邮政运输填报邮政包裹单号+"/"+进出境日期。

(6)其他运输填报具体运输方式名称，例如：管道、驮畜等。

10. 提运单号

指进出口货物提单或运单的编号。一份报关单只允许填报一个提运单号，一票货物对应多个提运单时，应分单填报。

实际进出境的，江海运输填报提运单号；铁路运输填报运单号；汽车运输免予填报；航空运输填报总运单号+"__"(下划线)+分运单号，无分运单的填报总运单号；邮政运输填报邮运包裹单号；无实际进出境的，本栏目免于填报。进出口转关运输按照运输方式不同和进(出)口报关单的不同填制方法不同填报。

11. 发货单位

发货单位指出口货物在境内的生产或销售单位，包括：

(1)自行出口货物的单位。

(2)委托有外贸进出口经营权的企业出口货物的单位。

本栏目应填报收、发货单位的中文名称或其海关注册编码，加工贸易报关单的收、发货单位应与《登记手册》的"货主单位"一致，减免税货物报关单的收、发货单位应与征免税证明的申请单位一致。

12. 贸易方式(海关监管方式)

本栏目应根据实际情况，并按海关规定的《贸易方式代码表》选择填报相应的贸易方式简称或代码，一份报关单只允许填报一种贸易方式。如"一般贸易(0110)"。

13. 征免性质

指海关对进出口货物实施征、减、免税管理的性质类别。

本栏目应按照海关核发的《征免税证明》中批注的征免性质填报，或根据实际情况按海关规定的《征免性质代码表》选择填报相应的征免性质简称或代码；一份报关单只允许填报一种征免性质；加工贸易报关单本栏目应按照海关核发的《加工贸易手册》中批注的征免性质填报相应的征免性质简称或代码。

14. 结汇方式

出口报关单应填报结汇方式，即出口货物的发货人或其代理人收结外汇的方式。本栏目应按海关规定的《结汇方式代码表》选择填报相应的结汇方式名称或代码或英文缩写。出口货物不需要结汇的，应填写"其他"。

结汇方式代码表

代码	结汇方式	缩写	代码	结汇方式	缩写	代码	结汇方式	缩写
1	信汇	M/T	2	电汇	T/T	3	票汇	D/D
4	付款交单	D/P	5	承兑交单	D/A	6	信用证	L/C
7	先出后结		8	先结后出		9	其他	

15. 许可证号

根据国家进出口管制法令需要申领进（出）口许可证的货物，必须在此栏目填报商务部及其授权发证机关签发的进（出）口货物许可证的编号，长度为 10 位字符，不得为空；一份报关单只允许填报一个许可证号。对于非许可证管理商品本栏目留空不填。

16. 运抵国（地区）

运抵国（地区）也称为目的国（地区），指在未发生任何商业性交易或其他改变货物法律地位的活动的情况下，货物被出口国（地区）所发往的或最后交付的国家或地区。

主要国别（地区）代码表

国别（地区）代码	中文名（简称）	国别（地区）代码	中文名（简称）
110	中国香港	307	意大利
116	日本	331	瑞士
121	中国澳门	344	俄罗斯联邦
132	新加坡	501	加拿大
133	韩国	502	美国
142	中国	601	澳大利亚
143	中国台澎金马关税区	609	新西兰
303	英国	701	国（地）别不详的
304	德国	702	联合国及机构和国际组织
305	法国	999	中性包装原产国别

本栏目应按海关规定的《国别(地区)代码表》选择填报相应的起运国(地区)或运抵国(地区)中文名称或代码。

17. 指运港

指运港指出口货物运往境外的最终目的港。

本栏目应根据实际情况按海关规定的《港口航线代码表》选择填报相应的港口中文名称或代码。最终目的港不可预知的,可按尽可能预知的目的港填报。

18. 境内货源地

境内货源地指出口货物在境内的生产地或原始发货地(包括供货地点)。

本栏目应根据《国内地区代码表》选择填报相应的国内地区名称或代码,如"西安(61019)"。

19. 批准文号

本栏目仅填报《出口收汇核销单》的编号。如出口不需要使用出口收汇核销单的贸易方式的货物,本栏无须填写。

20. 成交方式

本栏目应根据实际成交价格条款,按海关规定的《成交方式代码表》选择填报相应的成交方式名称或代码。如"CIF/1"。

无实际出境的,出口填报 FOB 价。

成交方式代码表

成交方式代码	成交方式名称	成交方式代码	成交方式名称
1	CIF	4	CIF
2	CFR	5	市场价
3	FOB	6	垫仓

21. 运费

本栏目用于填报该份报关单所含全部货物的国际运输费用,包括成交价格中不包含运费的进口货物和成交价格中含有运费的出口货物的运费,即进口成交方式为FOB 或出口成交方式为 CIF、CFR 的,应在本栏填报运费。

可根据具体选择运费单价、总价或运费率三种方式之一填报,同时注明运费标记,并按海关规定的《货币代码表》选择填报相应的币种代码。

运保费合并计算的,运保费填报在本栏目。

运费标记"1"表示运费率,"2"表示每吨货物的运费单价,"3"表示运费总价。例如:

6%的运费率填报为6/1，费率标记"1"可以省略；

35美元的运费单价填报为502/35/2；

6000美元的运费总价填报为502/6000/3。

22. 保费

本栏目用于填报该份报关单所含货物国际运输的全部保险费用，包括成交价格中不包含保险费的进口货物和成交价格中含有保险费的出口货物的保险费，即进口成交方式为FOB、CFR或出口成交方式为CIF的，应在本栏填报保险费。可根据具体情况选择保险费总价或保险费率两种方式之一填报，同时注明保险费标记，并按海关规定的《货币代码表》选择填报相应的币种代码。

运保费合并计算的，运保费填报在运费栏目中。

保险费标记"1"表示保险费率，"3"表示保险费总价。例如：

5‰的保险费率填报为0.5；

2000美元保险费总价填报为502/2000/3。

23. 杂费

杂费指成交价格以外的、应计入完税价格或应从完税价格中扣除的费用，如手续费、佣金、折扣等，可按杂费总价或杂费率两种方式之一填报；同时注明杂费标记，杂费标记"1"表示杂费率，"3"表示杂费总价；并按海关规定的《货币代码表》选择填报相应的币种代码。应计入完税价格的杂费填报为正值或正率，应从完税价格中扣除的杂费填报为负值或负率。例如：

应计入完税价格的1.5%的杂费率填报为1.5；

应从完税价格中扣除的1%的回扣率填报为-1；

应计入完税价格的500英镑杂费总价填报为303/500/3。

"THC"费，即"港口操作费用"应当计入进出口货物的价格中，在本栏填报。

无杂费时，本栏留空不填。

24. 合同协议号

本栏目应填报出口货物合同（协议）的全部字头和号码。

25. 件数

本栏目应填报有外包装的出口货物的实际件数。裸装、散装货物填报为"1"，有关单据仅列明托盘件数，或既列明托盘件数，又列明单件包装件数的，填报托盘件数；有关单据既列明集装箱个数，又列明托盘件数、单件包装件数的，按以上要求填报，如仅列明集装箱个数，未列明托盘或单件包装件数的，填报集装箱个数。

26. 包装种类

应根据出口货物的实际外包装种类，选择填报相应的包装种类中文名称，如托盘、木箱、散装、裸装、辆、包、捆及其他等。

27. 毛重（千克）

毛重是货物及其包装材料的重量之和。

本栏目填报出口货物实际毛重，计量单位为千克，不足 1 千克的填报为 1。

28. 净重（千克）

指货物的毛重减去直接接触商品的包装物料（如销售包装）后的重量，即商品本身的实际重量。

本栏目填报出口货物的实际净重，计量单位为千克，不足 1 千克的填报为 1。

填报货物毛重和净重时，如货物重量在 1 千克以上，其小数点后保留 4 位，第五位及以后略去。

29. 集装箱号

集装箱号是在每个集装箱箱体两侧标示的全球唯一的编号。常见的集装箱分为 20 英尺集装箱（标准箱）、40 英尺集装箱（折合成 2 个标准箱）和其他集装箱。

在填报纸质报关单时，集装箱号以"集装箱号"+"/"+"规格"+"/"+"自重"的方式填报，例如：TEXU3605231/20/2376。多个集装箱的，第一个集装箱号填报在"集装箱号"栏中，其余的依次填报在"标记唛码及备注"栏中。非集装箱货物填报为 0。

30. 随附单据

随附单据指随出口货物报关单一并向海关递交的单证。填制报关单时本栏目仅填报除进出口许可证以外的监管证件代码及编号填报纸质报关单时，本栏目填报监管证件的代码及编号，格式为：监管证件代码+"："+监管证件编号。所申报货物涉及多个监管证件的，第一个监管证件代码和编号填报在本栏中，其余监管证件代码和编号填报在"标记唛码及备注"栏中。

31. 生产厂家

生产厂家指出口商品在境内的生产企业的名称，本栏目仅供必要时填写。

用途代码表

代码	名称	代码	名称	代码	名称
1	外贸自营内销	2	特区内销	3	其他内销
4	企业自用	5	加工返销	6	借用
7	收保证金	8	免费提供	9	作价提供
10	货样，广告品	11	其他	13	以产顶进

32. 标记唛码及备注

填写出口货物外包装上的标记唛码及其他说明事项。如所申报货物涉及多个集装箱的，在此填写除第一个集装箱外的其余的集装箱号码。

33. 项号

每项商品的"项号"分两行填报及打印。第一行打印报关单中的商品排列序号。第二行专用于加工贸易和实行原产地证书联网管理等已备案的货物，填报该项货物在加工贸易手册中的项号或对应的原产地证书上的商品项号。

34. 商品编号

本栏填报《税则》8位税则号列，有附加编号的，还应填报附加的第9、10位附加编号。

35. 商品名称、规格型号

本栏目分两行填报及打印。

第一行打印出口货物规范的中文名称，如果发票中的商品名称为非中文名称，则需翻译为规范的中文名称填报，仅在必要时加注原文。

具体填报要求如下：

(1)商品名称及规格型号应据实填报，并与所提供的商业发票相符。

(2)商品名称应当规范，规格型号应当足够详细，以能满足海关监管的要求为准。要根据商品属性来填报。

(3)加工贸易等已备案的货物，本栏目填报的内容必须与已在海关备案登记中同项号下货物的名称与规格型号一致。

(4)对需要海关签发"货物进口证明书"的车辆，应填报"车辆品牌+排气量+车型"。规格型号可填报"汽油型"等。

(5)加工贸易边角料和副产品内销，边角料复出口，应填报其报检状态的名称和规格型号。属边角料、副产品、残次品、受灾保税货物且按规定需加以说明的，填注规定的字样。

(6)一份报关单最多允许填报20项商品。

36. 数量及单位

指出口商品的实际数量及计量单位，具体填报要求如下：

(1)出口货物必须按海关法定计量单位和成交计量单位填报。

(2)"数量和单位"栏分三行填报

法定第一计量单位及数量填报在本栏目第一行。凡列明海关第二法定计量单位的，必须填报第一及第二法定计量单位及数量，第二法定计量单位填报在本栏目第二行。无第二法定计量单位的，本栏目第二行为空。以成交计量单位申报的，需填报与海关法定计量单位转换后的数量，同时还需将成交计量单位及数量填报在第三行。如成交计量单位与海关法定计量单位一致时，本栏目第三行为空。

(3)法定计量单位为"千克"的数量填报，应根据具体情况不同按净重、公重量、毛重等填报。

(4)加工贸易等已备案的货物,成交计量单位必须与备案登记中同项号下货物的计量单位一致,不一致时必须修改备案或转换一致后填报。

37. 最终目的国(地区)

最终目的国(地区)指已知的出口货物最后交付的国家或地区,即最终实际消费、使用或进一步加工制造国家(地区)。

本栏目应按海关规定的《国别(地区)代码表》选择填报相应的国家(地区)中文名称或代码。

38. 单价

本栏目应填报同一项号下出口货物实际成交的商品单位价格的金额。单价如非整数,其小数点后保留4位,第五位及以后略去。

无实际成交价格的,本栏目填报货值。

39. 总价

本栏目应填报同一项号下出口货物实际成交的商品总价。总价如非整数,其小数点后保留4位,第五位及以后略去。

无实际成交价格的,本栏目填报货值。

40. 币制

本栏目应根据实际成交情况按海关规定的《货币代码表》选择填报相应的货币名称或代码,如《货币代码表》中无实际成交币种,需转换后填报。

常用币制代码表

币制代码	币制符号	币制名称	币制代码	币制符号	币制名称
110	HKD	港币	302	DKK	丹麦克朗
116	JPY	日本元	303	GBP	英镑
121	MOP	澳门元	330	SEK	瑞典克朗
122	MYR	马来西亚林吉特	331	CHF	瑞士法郎
132	SGD	新加坡元	501	CAD	加拿大元
142	CNY	人民币	502	USD	美元
300	EUR	欧元	601	AUD	澳大利亚元

41. 征免

指海关依照《海关法》、《进出口关税条例》及其他法律、行政法规,对出口货物进行征税、减税、免税或特案处理的实际操作方式。

本栏目应按照海关核发的《征免税证明》或有关政策规定，对报关单所列每项商品选择填报海关规定的《征减免税方式代码表》中相应的征减免税方式的名称。

加工贸易报关单应根据登记手册中备案的征免规定填报。加工贸易手册中备案的征免规定为"保金"或"保函"的，不能按备案的征免规定填报，而应填报"全免"。

42. 税费征收情况

本栏目供海关批注出口货物税费征收及减免情况。

43. 录入员

本栏目用于预录入和 EDI 报关单，打印录入人员的姓名。

44. 录入单位

本栏目用于预录入和 EDI 报关单，打印录入单位名称。

45. 申报单位

本栏目指报关单左下方用于填报申报单位有关情况的总栏目。

申报单位指对申报内容的真实性直接向海关负责的企业或单位。自理报关的，应填报出口货物的经营单位名称及代码；委托代理报关的，应填报经海关批准的专业或代理报关企业名称及代码。

本栏目还包括报关单位地址、邮编和电话等分项目，由申报单位的报关员填报。

46. 填制日期

指报关单的填制日期。预录入和 EDI 报关单由计算机自动打印。

本栏目为 6 位数，顺序为年、月、日各 2 位。

47. 海关审单批注栏

本栏目指供海关内部作业时签注的总栏目，由海关关员手工填写在预录入报关单上。其中"放行"栏填写海关对接受申报的进出口货物作出放行决定的日期。

二、缮制出口货物报关单

中华人民共和国海关出口货物报关单

预录入编号：　　　　　　　　　　　　　　　　　海关编号：

出口口岸 宁波海关 3103	备案号	出口日期 2013-04-01	申报日期 2013-03-25
经营单位 3301983291 杭州先锋国际贸易有限公司	运输方式 水路运输	运输工具名称 SHUNDA V．392	提运单号 COS890325

续表

发货单位 3301983291 杭州先锋国际贸易有限公司			贸易方式 一般贸易	征免性质 一般征税	结汇方式 信用证
许可证号		运抵国(地区) 加拿大		指运港 温哥华	境内货源地 浙江嘉兴
批准文号 327656960	成交方式 CIF	运费 502/3600/3		保费 502/499.8/3	杂费
合同协议号 XFT209	件数 120	包装种类 纸箱		毛重(公斤) 1152.00	净重(公斤) 984.00
集装箱号	随附单据			生产厂家 嘉兴卫星制衣有限公司	

标记唛码及备注

SITCM

XFT209

Vancouver

Nos. 1-120

项号	商品编号	商品名称、规格型号	数量及单位	最终目的国(地区)	单价	总价	币制	征免
1	6203320090	男孩夹克 Boys Jacket	6000 件	加拿大	9.80	58800.00	502	照章征税

税费征收情况

录入员	录入单位	兹声明以上申报无讹并承担法律责任	海关审单批注及放行日期(签章)	
			审单	审价
报关员	李昀			
单位地址	杭州市秋涛路	申报单位(签章)	征税	统计
邮编	310023	电话 83982021	填制日期 2013.03.25	查验	放行

杭州东方国际货运代理有限公司
报关专用章

169

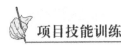 项目技能训练

根据资料缮制报关单

(一)销售合同

SALES CONTRACT

NO. BR2001218

DATE：MAY 20. 2001

SELLER：NINGBO HUADONG FOOD CO. LTD.

BUYER：TOKO TRADE CORPORATION

NAME OF COMMODITY：FROZEN PEAPODS.

QUANTITY：30M/T

UNIT PRICE：CIF OSAKA USD 1020. 00 PER M/T

AMOUNT：USD30 600. 00

SHIPMENT：FROM NINGBO, CHINA TO OSAKA, JAPAN NOT LATER THAN JUNE 15，2001

PACKING：BY SEAWORTHY CARTONS

N. W：20KGS/CTN

G. W：21KGS/CTN

PAYMENT：BY IRREVOCABLE LETTER OF CREDIT AT SIGHT

SHIPPING MARKS：

TOKO/ MADE IN CHINA/ NO. 1-UP

(二)补充资料

出口口岸：宁波海关

出口单位编码：3103945120

贸易方式：一般贸易

运输工具名称：LIRONG，E33

配舱回单号码：COSU211

境内货源地：宁波其他

运费总价为 220 美元，保险费总价为 210 美元。

项目九 | **办 理 货 物 保 险**

 项目学习目标

◎ **认知目标**

了解保险单据的种类；

熟悉海上货物运输的风险类别；

熟悉海上货物保险的险别；

掌握出口货物投保单与保险单的内容及制作要求。

◎ **能力目标**

能根据信用证和合同缮制投保单与保险单。

 项目导入

在国际贸易中，卖方需要将货物通过海运、空运或陆运等方式长途运往买方，在此过程中，货物不断被装卸、处理及存储，极有可能碰到各类风险而遭受损失。为了在货物遭受损失后能得到经济补偿，买卖双方需要在货物运输前向保险公司投保。究竟是哪一方投保取决于合同中所采用的贸易术语。

凡是按 CIF 或 CIP 价格术语成交的出口合同，卖方在发票缮制后，海运在订舱后，货物出运前及时向保险公司办理投保手续，填制投保申请单。保险公司接受投保后，即签发保险单或保险凭证。

任务一　缮制投保单

 任务情境

在向浙江省出入境检验检疫局申请签发原产地证书后，按照信用证的规定及贸易术语的条款，要求出口商杭州先锋国际贸易有限公司办理保险，因此，2013 年 3 月 25 日，业务员张峰向中国人民财产保险股份有限公司办理运输保险手续，缮制投保单。

 知识支持

一、海上运输保险保障范围

1. 风险（Risk）

海洋货物运输保险保障的风险包括海上风险和外来风险。它不包括海上发生的一切风险，也不仅仅局限于发生在海上的风险，在保险业务或相应的惯例中有其特定的内容。

（1）海上风险（Marin Perils）又称海难，包括海上发生的自然灾害和意外事故。

自然灾害（Natural Calamities）是指由于自然界的变异所引发的破坏力量造成的灾害。但海洋货物运输保险并不承保一切自然力量引起的灾害，一般只包括恶劣气候、雷电、洪水、海啸、地震或火山爆发等人力不可抗拒的外界自然力量所造成的灾害。它是客观存在并不以人的主观意志为转移的，是保险人承保的主要风险。

意外事故（Fortuitous Accidents）是指由于偶然的不可预料的，即不可抗力的原因所造成的事故。但它并不泛指所有海上意外事故，一般只包括船舶搁浅、触礁、沉没、失踪、失火、爆炸、互撞、流冰或与其他物体碰撞等造成的货物损失。

（2）外来风险（Extraneous Risks）是指由于自然灾害和意外事故之外的其他外来原因所造成的风险，包括一般外来风险和特殊外来风险。一般外来风险有偷窃、短量、破碎、玷污、串味、锈损、钩损、提货不着、淡水雨淋、受热受潮和包装破裂等；特殊外来风险有战争、罢工、没收、拒收、交货不到、敌对行为等，主要是由于军事和社会政治等特殊外来原因所造成的风险与损失。

2. 损失（Loss）

在国际货运过程中，被保险货物由于上述海上风险和外来风险可能造成损失。根据国际保险市场的一般解释，与海陆连接的陆上和内河运输中所发生的货物损坏或灭失，也属海损。按照货物的损失程度，海损分为全部损失和部分损失。

（1）全部损失

全部损失(Total Loss)是指运输中的整批货物或不可分割的一批货物的全部损失，包括实际全损和推定全损。

实际全损(Actual Total Loss)又称绝对全损(Absolute Total Loss)，是指保险标的物遇险后已经或者不可避免地完全损毁和灭失。

以下4种情况均构成实际全损：

①完全灭失。即被保险货物已经全部灭失，损失的发生使得货物不复存在，如船货全部沉没或焚毁。

②完全损坏。即被保险货物受损，失去了其原有的价值或用途。如水泥被海水浸泡成为硬块。

③无法复得。即被保险人对货物的所有权已无可挽回地被全部剥夺，虽在损失发生时，货物价值及用途均未受损，但货物的所有权已不能再归被保险人所有。如船货被海盗劫走或被他国扣押。

④船舶失踪。载货船舶失踪达到一定时期仍无音讯。

推定全损(Constructive Total Loss)是指损失发生时被保险货物虽然并未达到完全损失的程度，但为避免实际全损的发生所需要支付的施救费用、救助费用、修理费用和将货物继续运至原定目的地费用之和超过货物的保险价值，或其在目的地实际完好状态的价值。

推定全损发生后，被保险人可以要求保险人按投保货物的部分损失赔偿，也可要求按推定全损赔付。但只有在被保险人向保险人提出委付(Abandonment)，即将其对保险标的物的一切权利包括所有权转让给保险人，并经保险人同意的情况下，保险人才能按推定全损赔付。

(2)部分损失(Partial Loss)

部分损失是指保险标的物的部分损坏或灭失，即被保险货物的损失没有达到全损的程度。在保险业务中，按其损失的性质或原因不同，分为共同海损和单独海损。

共同海损(General Average)是指载货船舶在航行中遇到危及船、货的共同危险，船方为了维护船舶和所有货物的共同安全或使航程得以继续完成，有意且合理地采取措施所作出的某些特殊牺牲，导致某些特殊的损失或支出某些额外的费用。例如，载货船舶因狂风巨浪搁浅在暗礁上，船长为了使船、货脱险，指挥将船上一部分货物抛入海中，以减轻负荷转危为安，这些被抛入海中的货物损失就是共同海损。根据国际上广泛使用的共同海损理算规则，共同海损的损失和费用由受益各方按获救价值比例分摊。构成共同海损必须具备下列条件：

①危险是真实存在的，而不是主观臆断的。

②危险威胁到了船、货及其他各利益方的共同安全。

③所采取的紧急救护措施必须是人为有意而合理的。

④做出的特殊牺牲和支出的额外费用必须是共同海损行为的直接结果，而不是意外损失。

单独海损（Particular Average）是指在运输途中由各种风险造成的货物的部分损失，是指除共同海损以外的部分损失。单独海损由受损方或其保险人承担。

共同海损与单独海损的主要区别是致损的原因和损失的负担不同。共同海损是人为有意地采取合理措施以解除或减轻船、货、运费三方共同危险所造成的损失或支出的额外费用，单独海损是保险范围内的风险直接导致的损失；共同海损由船东、货主和运输费用收取方按最后获救价值的比例分摊，单独海损则只能由受损方或其保险人独自承担。

3. 费用（Charges）

被保险货物遇到灾害和事故等风险时，除了会造成货物本身的损失外，为避免或减少货物损失还会产生一些额外的费用，保险人对此也承担赔偿责任。

二、我国海上运输保险险别

中国人民保险公司根据我国保险业务的实际需要，并参照国际保险市场的习惯做法，自1956年起陆续制定了各种不同运输方式的货物运输保险条款，总称为中国保险条款（China Insurance Clause，CIC）。1981年1月1日修订并正式生效的《海洋货物运输保险条款》包括保险险别（承保责任范围）、除外责任、责任起讫、被保险人义务及索赔期限等内容。CIC条款将海运货物保险分为基本险和附加险两大类。

1. 基本险

基本险也可称为主险，是可以单独承保的险别。基本险别所承保的主要是"自然灾害"和"意外事故"所造成的货物损失或费用。我国海洋运输货物的基本险别分为平安险、水渍险和一切险。

（1）平安险

平安险（Freefrom Particular Average，FPA）是我国的习惯叫法，其原意是"单独海损不赔"，这里的单独海损指的是部分损失。平安险承保的责任范围如下：

①被保险货物在运输途中由于恶劣气候、雷电、海啸、地震、洪水等自然灾害造成整批货物的全部损失或推定全损。被保险货物是用驳船运往或运离海轮的，每一驳船所装的货物可视作一个整批。

②由于运输工具遭受搁浅、触礁、沉没、互撞、与流冰或其他物体碰撞，以及失火、爆炸意外事故造成货物的全部或部分损失。

③在运输工具已经发生搁浅、触礁、沉没、焚毁意外事故的情况下，货物在此前后又在海上遭受恶劣气候、雷电、海啸等自然灾害所造成的部分损失。

④在装卸或转运时由于一件或数件整件货物落海造成的全部损失或部分损失。

⑤被保险人对遭受承保责任内危险的货物采取抢救、防止或减少货损措施支付的合理费用，但以不超过该批被救货物的保险金额为限。

⑥运输工具遭遇海难后，在避难港由于卸货引起的损失，以及在中途港、避难港由于卸货、存仓及运送货物所产生的特别费用。

⑦共同海损的牺牲、分摊和救助费用。

⑧运输契约订有"船舶互撞条款"，根据该条款规定应由货方偿还船方的损失。

（2）水渍险

水渍险（With Particular Average，WA 或 WPA）也是我国保险业沿用已久的名称，其原意是"负单独海损责任"。水渍险承保的责任范围如下：

①平安险所承保的全部责任。

②被保险货物在运输途中，由于恶劣气候、雷电、海啸、地震、洪水等自然灾害所造成的部分损失。

（3）一切险（All Risks）

一切险的承保责任范围除包括平安险和水渍险的各项责任外，还包括被保险货物在运输途中由于一般外来原因所致的全部或部分损失。所以，一切险实际上是平安险、水渍险和一般附加险的总和。

从上述 3 种基本险别的责任范围来看，平安险的责任范围最小，它对自然灾害造成的全部损失和意外事故造成的全部和部分损失负赔偿责任，而对自然灾害造成的部分损失，一般不负赔偿责任。水渍险的责任范围比平安险的责任范围大，凡因自然灾害和意外事故所造成的全部和部分损失，保险公司均负责赔偿。一切险的责任范围是 3 种基本险别中最大的一种，它除包括平安险、水渍险的责任范围外，还包括被保险货物在运输过程中，由于一般外来原因所造成的全部或部分损失，如货物被盗窃、钩损、碰损、受潮、发热、淡水雨淋、短量、包装破裂和提货不着等。

2. 附加险

附加险（Additional Insurance/Additional Risk/Accessory Risks）是不能单独承保的险别，它必须依附于基本险项下，即只有投保某种基本险种之后，才可增保附加险，并须另外支付一定的保险费。附加险分为一般附加险和特殊附加险。

（1）一般附加险（General Additional Risk）

一般附加险是指只能在投保平安险或水渍险的基础上，根据货物的特性和需要加保的一些附加险种。一般附加险有以下几种：

- 偷窃、提货不着险（Theft，Pilferage and Non Divery，TPND）
- 淡水雨淋险（Fresh Water and Rain Damage）
- 短量险（Risk of Shortage）
- 混杂险、污染险（Risk of Intermixture and Contamination Risks）
- 串味险（Risk Odour）

- 受潮受热险(Damage Caused by Sweating and Heating)
- 钩损险(Hook Damage)
- 包装破裂险(Loss for Damage Caused by Breakage of Packing)
- 锈损险(Risk of Rust)
- 渗漏险(Risk of Leakage)
- 破损、破碎险(Risk of Clash and Breakage)

(2)特殊附加险(Special Additional Risk)

特殊附加险是指承保由于特殊外来原因的风险而造成损失的险别。特殊附加险主要有以下几种：

- 战争险(War Risks)
- 进口关税险(Import Duty)
- 交货不到险(Failure to Diver)
- 黄曲霉素险(Aflatoxin)
- 舱面货物险(On Deck)
- 罢工险(Strike Risks)
- 拒收险(Rejection)
- 出口货物到香港(包括九龙在内)或澳门存仓火险责任扩展条款(Fire Risk Extension Clause. F. R. E. C. -for shortage of cargo at destination Hong Kong, including Kowloon, or Macao)

3. 基本险的起讫期限

中国人民保险公司的《海洋运输货物保险条款》除规定了上述各种基本险别的责任外，还对保险责任的起讫作了具体规定。

在海运保险中，保险责任的起讫，主要采用"仓至仓"条款(Warehouse to Warehouse Clause, W/W)，即保险责任自被保险货物运离保险单所载明的启运地仓库或储存处所开始，包括正常运输中的海上、陆上、内河和驳船运输在内，直至该项货物运抵保险单所载明的目的地收货人的最后仓库或储存处所，或被保险人用作分配、分派或非正常运输的其他储存处所为止。但被保险货物在最后到达卸载港卸离海轮时起算满60天，保险责任不论保险货物是否已进入收货人仓库都将终止。

三、伦敦保险协会海运货物保险条款

在国际保险市场上，各国保险组织都分别有自己的保险条款。其中具有较大影响的是英国伦敦保险协会所制定的《伦敦保险协会货物险条款》(Institute Cargo Clause, ICC)(1982年1月1日修订，仅适用于新的海上保险单格式)。

1. 伦敦保险协会货物保险条款

伦敦保险协会货物保险条款有6条：

（1）协会货物条款（A）［Institute Cargo Clause A，ICC（A）］；

（2）协会货物条款（B）［Institute Cargo Clause B，ICC（B）］；

（3）协会货物条款（C）［Institute Cargo Clause C，ICC（C）］；

（4）协会战争险条款（货物）（Institute War Clause—Cargo）；

（5）协会罢工险条款（货物）（Institute Strikes Clause—Cargo）；

（6）恶意损害险条款（Malicious Damage Clause）。

以上 6 种保险条款中，前 3 种，即 ICC（A）、ICC（B）、ICC（C）是主险，后 3 种为附加险。战争险条款与罢工险条款在需要时，征得保险人的同意，也可以作为独立的险别进行投保。

ICC（A）类似于我国的"一切险"；ICC（B）类似于我国的"水渍险"；ICC（C）类似于我国的"平安险"，但其承保范围比平安险的责任略小一些。ICC 条款的保险期限采用"仓至仓"条款，但比我国条款规定更为详细。其战争险的责任期限同我国海运战争险条款一样，也是仅承保"水上风险"，不使用"仓至仓"条款。

四、保险金额的计算

保险金额（Insured Amount）是被保险人对保险标的的实际投保金额，也是保险人依据保险合同所应承担的最高赔偿金额，还是计收保险费的基础。在国际货物买卖中，如果买卖双方采用 CIF 或 CIP 贸易术语成交，买卖合同中应对保险金额做出规定；如未作明确规定，按照有关的国际贸易惯例，卖方应按 CIF 或 CIP 价格的总值另加一成即 10% 作为保险金额。增加的一成是买方进行这笔交易所支付的费用和预期利润。买方根据需要也可以增加加成，在保险公司同意承保的情况下，卖方也可以接受，但因此而增加的保险费由买方承担。

根据国际保险市场的习惯，保险金额的计算公式为：

$$保险金额 = CIF（或 CIP）价 \times （1 + 投保加成率）$$

从上述计算公式可以看出，参加投保的不仅是货物本身的价值，运费和保险费也参加了投保。保险金额既然是以 CIF 货价为基础计算的，那么如果对外报价为 CFR（或 CPT）价格，而国外客户要求改报 CIF（或 CIP）价格，应先把 CFR（或 CPT）转化为 CIF（或 CIP）价格再加成计算保险金额。因此，在仅有 CFR（或 CPT）价格的情况下，CIF（或 CIP）价格应使用下列公式计算：

$$CIF（或 CIP）价 = \frac{CFR（或 CPT）价}{（1 - 投保加成 \times 保险费率）}$$

五、办理保险流程

凡以 CIF 和 CIP 条件成交的出口货物，由我国出口企业在当地保险公司办理投保手续（尤其在"仓至仓"条款下），被保险人应在货物运离仓库前向保险公司办理投保手续。被保险人根据信用证或合同(托收方式时)规定填制《运输保险投保单》(Application for Transportation Insurance)或其他名称的投保申请单。投保单主要内容和项目要正确、齐全,因为保险公司系根据该投保申请单出具正式保险单。如果差错、不完整则影响将来安全、及时收汇,甚至造成国外拒付的事故。

在办理投保以后发现投保项目有变更或错漏,要及时以书面通知保险公司,保险公司视具体情况或在原保单上更改,或出立批单,以防止可能产生的被动和不良后果。

一般来说,以信用证付款的合同,当卖方将出口货物装上海轮后,风险已转移给买方。倘若保险单是以卖方为被保险人的,按商业习惯,卖方在将 单证送到银行结汇前,在保险单正本加盖签章(即背书)。于是这份保险单的权益随同被保险货物权利的转移而转给单据持有人。

办理出口货物保险的流程有:

1. 投保人(出口商)向保险人表示订立保险合同的意愿,按照信用证规定填写投保单,提出投保申请。

投保人应在运输工具起运前,备妥货物并确定装运日后及时办理投保。投保人必须将有关要求告诉保险公司,向保险人提出要约或询价填写投保申请单,并随附发票或提单等。

2. 保险公司对投保单审核无误后,收取保险费,以投保单为依据出具保险单或其他保险单据,保险合同成立。

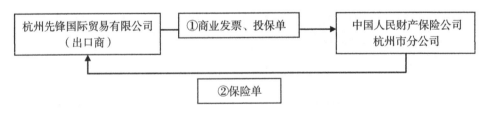

办理出口货物运输保险业务流程图

 任务实施

一、投保单的内容及缮制要求

投保单是发货人或被保险人在货物发运前,确定装运工具并缮制发票以后,向保险公司(保险人)办理投保手续所填制和提交的单据。投保单由出口公司在投保时填写,其内容应按合同或信用证要求仔细、认真填写,不能有错,保险公司根据投保单的内容来缮制和签发保险单。

1. 发票号码

填写此批出口货物的发票号码。

2. 被保险人

即投保人或称"抬头"，在大多数情况下，这一栏填出口商公司的英文名称，并且不需要填写地址。

货物出运后，风险转由进口商负担。因此，如属出口商投保，可将自己公司的中文名称填在"客户抬头"栏，而将进口商公司名称填在"过户"栏，便于货物发生意外后进口商向保险公司索赔；如属进口商投保，则直接将自己公司名称填在"抬头"栏，而"过户"栏留空。

3. 保险金额

$$保险金额 = CIF 价 \times (1 + 保险加成率)$$

在进出口贸易中，根据有关的国际贸易惯例，保险加成率通常为 10%，当然，出口商也可以根据进口商的要求与保险公司约定不同的保险加成率。

4. 启运港

按提单填写。

5. 目的港

按提单填写。

6. 转内陆

按实际情况填写。

7. 开航日期

如果投保是在货物装运之前，尚不知货物装运日期，可只填"As Per B/L"，也可根据提单签发日具体填写，如为备运提单应填装船日。按照《UCP600》，也允许填写提单签发前 5 天之内的任何一天的日期。此栏目出保单时可暂时不填，待签发提单后再填不迟。

8. 船名航次

海运方式下填写船名加航次。例如：FENG NING V.9103；如整个运输由两次运输完成时，应分别填写一程船名及二程船名，中间用"/"隔开。此处可参考提单内容填写。例如：提单中一程船名为"MAYER"，二程为"SINYAI"，则填"MAYER/SINYAI"。

铁路运输加填运输方式"by railway"加车号；航空运输为"By air"；邮包运输为"By parcel post"。

9. 赔款地点

严格按照信用证规定打制；如来证未规定，则应打目的地或目的港。如信用证规定不止一个目的港或赔付地，则应全部照打。

10. 赔付币别

按出口合同规定的赔付币别填写。有时候，信用证或者合同会要求在此处显示万一货物出险，保险公司赔偿的货款的币制，英文是这样的：IN THE SAME

CURRENCY OF THE DRAFTS，出口商须在此栏内明示，保险公司是能够照办的。

11. 保单份数

中国人民财产保险股份有限公司出具的保险单1套5份，由1份正本 Original、1份副本 Duplicate 和3份副本 Copy 构成。具体如下：

①来证要求提供保单为"In Duplicate"、"In Two Folds"或"In 2 Copies"，则应提供1份正本 Original、1份副本 Duplicate 构成全套保单。

②根据跟单《UCP600》规定，如保险单据表明所出具正本为1份以上，则必须提交全部正本保单。

12. 投保条款和险别

投保条款包括：PICC CLAUSE 中国人民财产保险股份有限公司保险条款，ICC CLAUSE 伦敦协会货物险条款，两种任选其一。

13. 其他特别条款

有其他特殊投保条款可在此说明，以分号隔开。

另外，有时出口企业也可用出口货物明细单或发票副本来代替投保单，但必须加注有关的保险项目，如运输工具、开航日期、承保险别、投保金额或投保加成、赔款地、保单份数等要求。

二、缮制投保单

出口货物运输保险投保单

PICC	中国人民财产保险股份有限公司杭州市分公司 The People's Insurance Company of China Hangzhou Branch				
发票号码	SDIEK691		投保条款和险别		
被保险人	客户抬头	(		)	PICC CLAUSE
	Hangzhou Xianfeng International Trade Co., Ltd.	(	√	)	ICC CLAUSE
		(	√	)	ALL RISKS
		(		)	W. P. A. /W. A.
		(		)	F. P. A.
		(	√	)	WAR RISKS
	过户	(		)	S. R. C. C.
		(		)	STRIKE
		(	√	)	ICC CLAUSE A
		(		)	ICC CLAUSE B
		(		)	ICC CLAUSE C

保险金额	USD	(	64680.00	)	(	)	AIR TPT ALL RISKS
	HKD	(		)	(	)	AIR TPT RISKS
	(	)	(		)	(	)	O/L TPT ALL RISKS
启 运 港	NINGBO				(	)	O/L TPT RISKS
目 的 港	VANCOUVER				(	)	TRANSHIPMENT RISKS
转 内 陆					(	)	W TO W
开航日期	APR. 1, 2013				(	)	T. P. N. D.
船名航次	SHUNDA　V. 392				(	)	F. R. E. C.
赔款地点	CANADA				(	)	R. F. W. D.
赔付币别	USD				(	)	RISKS OF BREAKAGE
正本份数	TWO				(	)	I. O. P.
其 他 特 别 条 款							

<table>
<tr><td colspan="4" align="center">以下由保险公司填写</td></tr>
<tr><td>保单号码</td><td>PICCHZ8937</td><td>费率</td><td></td></tr>
<tr><td>签单日期</td><td>2013 年 3 月 26 日</td><td>保费</td><td>499.8 美元</td></tr>
<tr><td>投保日期：</td><td>2013 年 3 月 25 日</td><td colspan="2">投保人签章：张峰</td></tr>
</table>

任务二　缮制保险单

任务情境

2013 年 3 月 25 日，杭州先锋国际贸易有限公司向中国人民财产保险股份有限公司投保后，3 月 26 日，保险公司接受投保，并向其出具了保险单。

知识支持

保险单据的种类

1. 保险单（Insurance Policy）

保险单俗称大保单，是一种正规的保险合同，是完整独立的保险文件，保单背面印有货物运输保险条款（一般表明承保的基本险别条款之内容），还列有保险人的责任范围及保险人与被保险人各自的权利、义务等方面的条款。

2. 保险凭证(Insurance Certificate)

保险凭证俗称"小保单",中国人民保险公司发出的保险凭证是表示保险公司已经接受保险的一种证明文件,它不印刷保险条款,只印刷承保责任界限,以保险公司的保险条款为准。这是一种比较简化的保险单据,但与保险单有同等的法律效力。

3. 联合凭证(Combined Certificate)

联合凭证又称承保证明(Risk Note),是我国保险公司特别使用的,比保险凭证更简化的保险单据。保险公司仅将承保险别、保险金额及保险编号加注在我国进出口公司开具的出口货物发票上,并正式签章即作为已经保险的证据。这是一种最简单的保险单据。

4. 预约保险单(Open Policy)

预约保险单是保险公司对被保险人将要装运的属于约定范围内的一切货物自动承保的总合同。在货物运输保险中,一些有大量运输业务的单位逐笔业务进行保险,不仅烦琐,而且容易发生漏保等差错,为了简化投保手续,可以与保险公司签定预约保险合同。

预约保险合同一般要求投保单位所有的运输业务都要投保,双方约定保险标的、保险险别、保险费率、适用保险条款、保险费和赔款的支付方法等,在承保范围内的被保险货物一经启运,保险公司即自动承保。订立这种合同即可以简化保险手续,又可使货物一经装运即可取得保障。

5. 批单(Insurance Endorsement)

批单亦称"背书",是变更保险合同内容的一种补充文件;经过签章后附贴在保险单上的批单与保险单具有同样的法律效力。

 任务实施

一、保险单的内容及缮制要求

1. 保险人名称(Name of Insurance Company)

在保险单顶端已经用中英文印制好保险公司的名称。国际贸易当事人应根据信用证和合同的规定由相应的保险公司办理保险,如信用证规定"Insurance Policy in Duplicate by Picc",则保险人必须是中国人保财险股份有限公司。

2. 保险单据名称(Insurance Policy)

在保险人名称下方已经印制好单据名称,需要注意的是,保险单据名称必须与合同和信用证的要求一致。如来证规定"Insurance Policy",即要求出示保险单而非保险凭证。

3. 发票号码(Invoice Number)

此处填写商业发票号码。

4. 合同号(Contract No)

填写本批货物的合同号码。

5. 保险单号码(Policy No)

填写保险公司编制的保险的保险单号码。

6. 信用证号(L/C No)

若是信用证支付，则在此处填写信用证号，若不是信用证支付，则此处可以不填。

7. 被保险人(Insured)

被保险人就是保险单的抬头，信用证项下按信用证要求填写，一般有以下几种情况：

(1)如信用证规定以某公司或某银行为被保险人，可以直接在本栏上所规定的名称，不必填写地址。

当卖方作为被保险人时，卖方须在保单上做空白背书，以利于保单转让。在实务中，也有信用证或合同要求买方作为被保险人的，那么此栏就要填写买方的公司名称，但地址一般不需要填写。当买方作为被保险人时，出口商不必在报单上背书。

(2)如果信用证规定"TO ORDER"，保单为空白抬头，此处填写"TO ORDER"。

(3)如信用证规定保险单为"TO ORDER OF ×××"，即应在被保险人处填写"TO ORDER OF ×××"，并由"×××"作记名背书。

(4)如果信用证规定，保单为第三者名称即中性名义，可打成"被保险利益人"即填写"TO WHOM IT MAY CONCERN"。

(5)如信用证有特殊要求，所有单据以"×××"为抬头人，那么应在被保险人栏以"×××"为被保险人，这种保险单就不要背书了。

(6)如信用证无特别规定，保险单的被保险人应是信用证的受益人。

8. 唛头(Marks and Nos)

保险单唛头应与发票、提单等一致，目前保险公司采取打上"AS PER INVOICE NO. ×××"的做法，原因在于办理保险索赔时，必须提供商业发票，在此处打上发票号，便于参照发票进行核对。

9. 包装及数量(Quantity)

(1)如以包装件数计价者，则将最大外包装的总件数和计量单位填入，如"500 BAGS"。

(2)如以毛重或净重计价，可填件数及毛重或净重，如果是裸装货物，则表示其件数即可。

（3）散装货物则表示其净量，并在其后注明"IN BULK"。

10. 保险货物项目（Description of Goods）

填写货物名称，应与信用证或商业发票上的货物名称一致，但信用证或发票的名称过于详细时，此栏允许填写统称，但不能与信用证或发票上的品名有矛盾。在实务中，出口企业常填写统称，因为保险索赔时一定要出具发票和提单，这样简单填写，可以使两种单据互相参照，又不会出现单单不符的情况。

11. 保险金额（Amount Insured）

即投保金额，一般应在 CIF 价的基础上按信用证规定的加成计算得出，若无从得知 CIF 价，则以发票价为基础计算，若信用证未规定保险加成，则按110%计算，小数点后尾数一律进为整数，使用的币制与信用证相同。

12. 总保险金额（Total Amount Insured）

即保险金额的大写数字，以英文表示，以"SAY"开头，末尾应加"ONLY"，以防涂改。此处的大写与上面所述的小写金额和货币必须保持一致。

13. 保费，费率（Premium，Rate）

一般已由保险公司印就"As Arranged"（按约定）字样。除非信用证另有规定，每笔保费及费率可以不具体表示。若信用证要求保费和费率的，则应将印就的"As Arranged"删去，加盖核对章后加上按要求填上具体的保费和费率。

14. 装载运输工具（Per Conveyance）

填写装载运输工具的名称或代码。

（1）当货物是海运而且是直达船，直接填写船名和航次。

（2）如果是海运且中途转船，则应分别填写一程船名和二程船名，填写方法根据具体情况不同略有区别：

如果知道第二程船的船名和转船地点，则在一程船后面打上二程船名，如"CHANGFA TO BE TRANSHIPPED AT HONGKONG ON HONGYUN"或"CHANGHONGYUN AT HONGKONG"；

如果二程船名无法确定，则在第一程船名后填写"W/T"，即"WITH TRANSHIPMENT"，如"CHANGFA W/T AT HONGKONG"。

如果二程船船名和转船地点都不知道，可以在一程船名后面填写"—OR SEEAMERA"。

（3）如果采用其他运输方式，则应相应填写："BY AIR"或"BY AEROPLANE"（空运）；"BY TRAIN"、"BY WAGON NO. XXX"（陆运）；"BY PARCEL POST"（邮包）；若采用海陆联运方式，则填"BY S.S XXX AND THENCE BY OVERLAND TRANSPORT TO XXX"；如再转运到内陆，则在一程船后填写"— OR OTHER CONVEYANCE"。

15. 开航日期（SLG. on or Abt）

一般填写运输单据的签发日期，也可填写运输单据签发日前后各五天之内任何一天的日期，或填"AS PER B/L"；陆运填"AS PER CARGO RECEIPT"；空运填"AS PER AIRWAY BILL"。

16. 起运地和目的地(From… To…)

此栏填写起运地和目的地名称。当货物经转船到达目的港时，可填写"FROM 装运港 TO 目的港 W/T AT 转运港(WITH TRANSIPMENT AT ×××)，或 VIA 转运港 AND THENCE TO 投保最终目的地。例如：货物由上海运达纽约港后，转运到芝加哥保险单上可打成"FROM SHANHGAI TO NEW YORK AND THENCE TO CHICAGO"或"FROM HANGHAI TO NEW YORK IN TRANSIT TO CHICAGO"。

有时信用证未明确列明起运港和目的港，如"ANY CHINESE PORT"或"ANY AMERICAN PORT"，应根据实际情况选定一个具体的港口，如 GUANGZHOU 或 VICTORIA 等。

17. 承保险别(Conditions)

本栏是保险单的核心内容，填写时应与信用证严格一致，即使信用证中有重复语句，为了避免混乱和误解，最好按信用证规定的顺序填写。如信用证没有规定具体险别，或只规定"MARINE RISK"、"USUAL RISK"或"TRANSPORT RISK"等，则可投保一切险(ALL RISKS)、水渍险(WA 或 WPA)、平安险(FPA)三种基本险中的任何一种。如信用证中规定使用伦敦协会条款，包括修订前或修订后的，可以按信用证规定承保，保单应按要求填制。投保的险别除注明险别名称外，还应注明险别适用的文本及日期。

另外，我国人保规定不能同时投保 ICC 和 CIC 两个不同的保险条款，只能取其一，若国外来证有此种要求，应及时联系客户删除其中一个再投保。

另外，此栏一般还需标明条款生效的时间，如 C. I. C 的生效时间是 1981 年 1 月 1 日，I. C. C. 的生效时间是 1982 年 1 月 1 日。

18. 保险勘察代理人(Surveying Agent)

该栏填写保险公司在目的港或目的港的代理人，应注明代理人的详细地址。

19. 赔付地点和货币(Claim Payable At/In)

此栏按合同或信用证要求填制，如果信用证中未指明或是托收，一般将目的港作为赔付地点，如果来证规定两个或两个以上赔付地，则应全部打上。赔款的货币一为与投报金额相同的货币，如信用证明示"IN THE SAME CURRENCY OF THE DRAFTS"，而该证币制是"美元"，就要在此栏的目的港(地)后面加上"IN USD"。

20. 出单日期(Date)

日期填写保险单的签发日期。在实务中，就是出口商投保的日期。由于保险公司提供仓至仓(WAREHOUSE TO WAREHOUSE)服务,所以要求保险手续在货物离开出口方仓库前办理,保险单的日期也应是货物离开出口方仓库前的日期,不晚于提单签发的日期。

21. 投保地点(Place)

一般为装运港(地)的名称。

22. 签章(Authorized Signature)

由保险公司签字或盖章以示保险单正式生效。

23. 正本份数(Number of Original Policy)

当信用证没有特别说明保险单份数时,出口公司一般提交一套完整的保险单(一份正本 ORIGINAL,一份复联本 DUPLICATE)。当来证要求提供的保险单"IN DUPLICATE/IN TWO FOLDS/IN 2 COPIES"时,出口商提交给议付行的是正本保险单(ORIGINAL)和复联保险单(DUPLICATE)构成全套保险单。其中的正本保险单可经背书转让。根据《UCP600》规定,正本必须有"正本"(ORIGINAL)字样。在实务中,可根据信用证或合同规定使用一份、两份或三份正本保单,每份正本上分别印有"第一正本"(THE FIRST ORIGINAL)、"第二正本"(THE SECOND ORIGINAL)及"第三正本"(THE THIRD ORIGINAL)以示区别。

24. 背书(Endorsed)

保险单的背书必须在正本上。背书的方式主要有以下三种:

(1)记名背书

当来证要求"DELIVERY TO(THE ORDER OF)×××　CO.(BANK)"或"ENDORSED IN THE NAME OF ×××",即规定使用记名方式背书。此时,需要在保险单背面注明被保险人的名称和经办人的名字后,打上"DELIVERY TO ×××　COMPANY(BANK)"或"IN THE NAME OF ×××"的字样。记名背书在出口业务中较少使用。

(2)记名指示背书

当来证保单条款规定为:"TO THE ORDER OF"或"TO ×××'S ORDER"时,即要求记名指示背书,具体做法是:在保险单背面打上"TO ORDER OF ×××"或"TO ×××'S ORDER",然后签署被保险人的名称。

(3)空白背书(Blank Endorsed)

当信用证要求"INDORSED IN BLANK"或"BLANK INDORSED",即要求空白背书,空白背书只需在保险单背面注明被保险人(包括出口商名称和经办人的名字)名称。当来证没有规定使用哪一种背书时,也使用空白背书方式。

二、缮制保险单

中国人保财险股份有限公司
PICC Property and Casualty Company Limited

总公司设于北京 一九四九年创立
Head Office Beijing Established in 1949

货物运输保险单
CARGO TRANSPORTATION INSURANCE POLICY

发票号码Invoice No. SDIEK691

合同号码 Contract No. XFT209　　　　　　　　保险单号次Policy No. PICCHZ8937

信用证号码 Credit No. RBCV 18898

被保险人Insurred HANGZHOU XIANFENG INTERNATIONAL TRADE CO., LTD.

中保财产保险有限公司(以下简称本公司)根据被保险人的要求, 及其所缴付约定的保险费, 按照本保险单承担险别和背面所载条款与下列特别条款承保下列货物运输保险, 特签发本保险单。

This policy of insurance withnesses that the people insurance (property) company of china, Ltd. (hereinafter called "The Company"), at the request of the insured and in consideration of the agreed premium paid by the insured . underakes to insur the undementioned goods in transpoatin subject to the conditionsof the Policy as per the Clauses printy overleaf and other special clauses attached hereon.

货物标记 Marks & No.	包装及数量 Quantity	保险货物项目 Discripition of Goods	保险金额 Amount Insured
SITCM XFT209 Vancouver Nos. 1-120	120CTNS	BOYS JACKET	USD 64680.00

总保险金额:

Total Amount insured: US DOLLARS SIXTY FOUR THOUSAND SIX HUNDRED AND EIGHTY ONLY

保费　　　　　　　　　　载运输工具　　　　　　　　开航日期

Premium As agrranged 　Per conveyance S. S SHUNDA V. 392 Sig. on or abt AS PER B/L

起运港　　　　　　　　　经　　　　　　　　目的港

From NINGBO_____ Via _____ To_____ VANCOUVER_____

承保险别 Conditions

COVERING MARINE RISKS AS PER INSTITUTE CARGO CLAUSES（A）AND WAR RISKS AS PER INSTITUTE WAR CLAUSES DATED 1/1/82.（WAREHOUSE TO WAREHOUSE CLAUSE IS INCLUDED）

所保货物，如发生本保险单项下可能引起索赔的损失或损坏，应立即通知本公司下述代理人查勘。如有索赔，应向本公司提交保险单正本（本保险单共有 2 份正本）及有关文件。如一份正本已用于索赔，其余正本则自动失效。

In the event of loss or damage which may result in a claim under this Policy, immediate notice must be givento the company agent as mentioned hereunder. Claims, if any, one of the Originnal Policy wich has been issured in 2 Original（s）together with the relevant documents shall be surrendered to the company, if one of the Original Policy has been accomplished, the others to be void.

目的港（地）理赔代理人

Survey Agent at the Destination

中保财产保险有限公司浙江省分公司

PICC Property and Casualty Company Limited Zhejiang Branch

李阳

Authorized Signature

赔款偿付地点

Claim payable at_____ VANCOUVER_____

日期 MAR. 26, 2013 在 HANGZHOU

Date_____ at_____

地址：

Address：

保险单背书：

HANGZHOU XIANFENG INTERNATIONAL TRADE CO., LTD.

21 FLOOR, TIMES TOWER, 121 FENGQI ROAD, HANGZHOU

（签名）张峰

信用证中的保险条款举例

1. INSURANCE POLICIES OR CERTIFICATE IN TWO FOLD PAYABLE TO THE ORDER OF COMMERCIAL BANK OF LONDON LTD. COVERRING MARINE

INSTITUTE CARGO CLAUSES A (1.1.1982), INSTITUTE STRIKE CLAUSES CARGO (1.1. 1982), INSTITUTE WAR CLAUSES CARGO (1.1.1982) FOR INVOICE VALUE PLUS 10% INCLUDING WAREHOUSE TO WAREHOUSE UP TO THE FINAL DESTIANTION AT SWISS AND MARDED PREMIUM PAID, SHOWING CLAIMS IF ANY, PAYABLE IN SWISS, NAMING SETTLING AGENT IN SWISS.

保险单或保险凭证一式二份，由伦敦商业银行作记名指示背书，按伦敦保险协会条款(1982 年 1 月 1 日版)投保 ICC(A)、协会罢工险条款(货物)(1982 年 1 月 1 日版)和协会战争险条款(货物)(1982 年 1 月 1 日版)投保，按发票金额加 10%投保，包括仓至仓条款到达最后目的地 SWISSLAND，标明保费已付，在瑞士赔付，同时表明在瑞士理赔代理人的名称。

2. INSURANCE PLOICIES OR CERTIFICATE IN DUPLICATE ENDORSED IN BLANK OF 110% OF INVOICE value COVERING ALL RISKS AND WAR RISKS AS PER CIC WITH CLAIMS PAYABLE AT SINGAPORE IN THE CURRENCY OF DRAFT (IRRESPECTIVE OF PERCENTAGE), INCLUDING 60 DAYS AFTER DISCHARGES OF THE GOODS AT PORT OF DESTINATION (OF AT STATION OF DESTINATION) SUBJECT TO CIC.

保单或保险凭证做成空白背书，按发票金额的 110%投保中国保险条款的一切险和战争险，按汇票所使用的货币在新加坡赔付(无免赔率)，并根据中国保险条款，保险期限在目的港卸船(或在目的地车站卸车)后 60 天为止。

 项目技能训练

根据资料缮制保险单

（一）信用证

MT 700		ISSUE OF A DOCUMENTARY CREDIT
SENDER		VOLKSBANK SCHORNDORF, HAMBURG, GERMANY
RECEIVER		BANK OF CHINA, HEBEI BRANCH
SEQUENCE OF TOTAL	27：	1/1
FORM OF DOC. CREDIT	40A：	IRREVOCABLE
DOC. CREDIT NUMBER	20：	06-4-1520

DATE OF ISSUE 31C: 081118

DATE AND PLACE OF 31D: DATE 090118 IN THE COUNTRY OF BENEFICIARY
EXPIRY.

APPLICANT 50: LUCKY VICTORY INTERNATIONAL STUTTGART STIR. 5, D-84618, SCHORNDORF, GERMANY

BENEFICIARY 59: HEBEI MACHINERY IMP. AND EXP. CORP (GROUP), 720 DONGFENG ROAD, SHIJIAZHUANG CHINA

AMOUNT 32B: CURRENCY USD AMOUNT 67200.00

AVAILABLE WITH/BY 41D: ANY BANK BY ACCEPTANCE

DRAFTS AT ... 42C: AT 30 DAYS SIGHT FOR FULL INVOICE VALUE

DRAWEE 42A: VOLKSBANK SCHORNDORF, HAMBURG, GERMANY

PARTIAL SHIPMTS 43P: ALLOWED

TRANSSHIPMENT 43T: ALLOWED

PORT OF LOADING/ 44E: TIANJIN
AIRPORT OF
DEPARTURE

PORT OF DISCHARGE 44F: HAMBURG

LATEST DATE OF 44C: 090103
SHIPMENT

DESCRIPTION OF 45A: STAINLESS STEEL SPADE HEAD,
GOODS AND/OR ART. NO. S821/29099, 4500PCS, USD9.60 PER PC
SERVICES. ART. NO. F807/22199, 2500PCS, USD9.60 PER PC
AS PER S/C NO. 98HM23600256 DATED NOV.
10, 2008.
CIF HAMBURG

DOCUMENTS 46A:
REQUIRED

+SIGNED COMMERCIAL INVOICE IN TRIPLICATE.
+FULL SET OF CLEAN ON BOARD OCEAN BILLS
OF LADING MADE OUT TO ORDER OF WIM
BOSMAN BV, P. O. BOX 54064, NL-3008, JB
HAMBURG, MARKED "FREIGHT PREPAID" AND
NOTIFY APPLICANT.

+GSP CERTIFICATE OF ORIGIN FORM A

+PACKING LIST IN TRIPLICATE.

+INSURANCE POLICY ISSUED TO THE APPLICANT, COVERING RISKS AS PER INSTITUTE CARGO CLAUSE (A) INCLUDING WAREHOUSE TO WAREHOUSE CLAUSE UP TO FINAL DESTINATION AT SCHORNDORF, FOR AT LEAST 110 PCT OF THE CIF VALUE, MARKED PREMIUM PAID, SHOWING CLAIM PAYABLE IN GERMANY.

ADDITIONAL CONDITION	47A:	

+A HANDING FEE OF USD 80.00 WILL BE DE-DUCTED IF DISCREPANCY DOCUMENTS PRE-SENTED.

+ALL DOCUMENTS MUST BE IN ENGLISH.

+ALL DOCUMENTS INDICATING THIS L/C NUM-BER.

PRESENTATION PERIOD	48:	DOCUMENTS TO BE PRESENTED WITHIN 15 DAYS AFTER THE DATE OF SHIPMENT, BUT WITHIN THE VALIDITY OF THE CREDIT.
CHARGES	71B:	ALL BANKING CHARGES AND EXPENSES OUTSIDE THE ISSUING BANK ARE FOR BENEFICIARY'S ACCOUNT.
CONFIRMATION INSTRUCTION	49:	WITHOUT

（二）补充资料

发票号码：06HM236-22　　　　发票日期：2008 年 12 月 25 日　签发人：王芳

提单号码：CANEI29-30554　　　提单日期：2008 年 12 月 30 日　签发人：王燕

保险单签发日期：2008 年 12 月 29 日

船名：BUSSAN SENATOR V. 872W　　装运港：天津港

集装箱：1×20′ FCL CY/CY，集装箱号：HJCU874765-4，封号：053288

普惠制产地证号：SJZ9/80060/0010，签发日期：2008 年 12 月 25 日

出口商声明日期：2008 年 12 月 25 日，　手签员：王芳

海运费：USD1500.00,

净重：7.20KGS/ BUNDLE，毛重：7.60KGS/ BUNDLE，
每 5 个一捆（BUNDLE），共 1400 捆，尺码：（64×18×11）CM/ BUNDLE
唛头：LUCKY/06HM23600256/HAMBURG/NO. 1-1400

项目十 | **集 港 装 船**

 项目学习目标

◎ **认知目标**

　　了解出口货物集港装船的流程；

　　熟悉海运提单的功能、分类；

　　熟悉海运提单、装运通知的内容。

◎ **能力目标**

　　能根据信用证和合同条款缮制海运提单、装运通知等单据。

 项目导入

　　经向海关申报且放行后，货物直接运往港区堆场或船边准备装船。由出口商或其代理在船舶到港之前所规定的期限内（也就是集港时间）将整箱货物送至码头堆场或船边准备装船。装船之后，督促船公司尽快出提单样板及运费账单。仔细核对样本无误后，向船公司书面确认提单内容。

任务一　缮制海运提单

 任务情境

　　在向海关办理申报、接受查验、缴纳关税等手续后，由海关在《报关单》上盖放行章对货物放行。2013 年 4 月 1 日货物在宁波港码头装上船名为 SHUNDA 的船舶，航次 V. 392，货物装船后，中远宁波分公司船代向杭州东方国际货运代理有限公司收取运费及有关费用后签发提单确认。东方国际货运代理有限公司向杭州先锋国际贸易有限公司收取运费及有关费用。杭州先锋国际贸易有限公司对提单核准无误后确认签章，从船公司获取正式正本提单。

 知识支持

海运提单（Ocean Bill of Lading）是由船长或承运人的代理人签发的证明海上运输合同和货物由承运人接管或装船，以及承运人据以保证交付货物的单据。单据中关于货物应交付指定收货人或按指示交付，或交付提单持有人的规定，即构成这一保证。海运提单是海运中使用最多的单据。

一、海运提单的作用

（1）海运提单是货物收据。

（2）海运提单是货物所有权的凭证。

（3）海运提单是承运人和托运人之间运输协议的证明。

（4）海运提单是收取运费的证明。

二、海运提单的分类

1. 按货物是否装船划分

（1）已装船提单（On Board B/L or Shipped B/L）

是指整票货物已全部装进船舱或装在舱面甲板上后承运人才签发的提单。提单是买方凭以提货的依据，为了确保能在目的地提货，一般都要求卖方提供已装船提单，以证明货物确已装船。同时，使用已装船提单对买卖双方的责任划分均有利，具体来说，在 FOB、CIF、CFR 价格条件下，货物装船是承运人"钩至钩"责任的起点，如果在装船过程中承运人发现问题，可以在提单上加一批注以修改托运人申报货物的内容，只有在货物表面状况与托运人的申报一致时，承运人方才注明"已装船"文句，因此，"已装船"是卖方按照合同交货的标志。货物装船后，承运人始对提单上描述的货物负责，承担货物在运输中的灭失和损坏之责，因而对买方来说，减少了收货的风险。故双方都愿意在信用证中规定提单上有已装船字样。由于信用证中一般均要求提供已装船提单，银行也因此只接受表明货已装船，或已装具名船只的提单。

（2）收货待运提单（Received for Shipment B/L）

简称待运提单。是在托运人已将货物交给承运人，承运人已接管等待装船的货物后，向托运人签发的提单。有时船公司因船期问题，指定仓库预收货物，根据仓库收据签发收妥待运提单，准备交由日后到港船只装运。特别是随着集装箱运输的发展，因集装箱船航运公司大都在内陆收货站收货，而收货站是不能签发已装船提单的。通常此种待运提单上记载"Received for Shipment in Apparent Good Order and

Condition..."等文句，表示签发提单时，承运人仅将货物收管准备于不久后装船，而实际当时还未装船。由于这些货物尚未装船，所以提单上并未载明装运船舶的船名和装运日期。有时提单上虽有船名，也多属拟装船名，该船能否如期到达将货运出，船公司并不负责。正因为此，进口商一般不欢迎这种提单，如果进口商付款后取得的提单对货物能否及时装船并没有确切的保证，万一货物不能顺利装船，进口商无货可提。所以信用证项下银行一般不愿意接受这种提单。

收妥待运提单虽表示货物尚未装船，但如在签发待运提单后，货物已经装载于船只上，则承运人可在待运提单上加注"已装船"（On Board）字样，注明船名和装运日期并由承运人签署，这时待运提单便转化为已装船提单。在此种情况下，货物的装运日期是加注的装船日期，而不是待运提单的出单日期。

2. 按对货物的外表状况是否有不良的批注划分

（1）清洁提单（Clean B/L）

这是指货物装船时，货物的外表状况良好，对海运提单上所印就的"外表状况明显良好"没有作相反的批注或附加条文的提单。信用证要求的提单均为清洁提单。银行审单时应注意审核是否为清洁提单。

如果海运提单上没有打上"Clean"字样或原先印就的"Clean"字样被承运人删除，并不影响提单成为清洁提单。也就是说，提单清洁与否，不依提单上是否有"清洁"字样，根据《UCP600》定义，只要"是不带有明确宣称货物及/或包装缺陷状况的附加条文可批注的运输单据"就是清洁单据，因此提单上有无"清洁"字样并无意义。不能因为没有此字样就构成单据不符点。

（2）不清洁提单（Foul B/L）

这是指承运人在提单上加注了有关货物及包装状况不良或存在缺陷等批注的提单。承运人签发提单给托运人，要对托运人、收货人或其他提单持有人承担提单上所载的责任。提单上记载了"Received（或 Shipped）from the Shipper Herein Named in Apparent Good Order and Condition, Unless Otherwise Noted in This B/L..."，表示除非另有说明，否则，即表明货物表面状况良好。承运人应在目的地交付提单上记载的外观良好的货物给收货人。如果货物在目的地显示其状况不良，承运人可能要负责任。因此，承运人在接管货物时，如果发现货物或包装污染、潮湿、破包等，即在提单上批注，以明确其责任。

3. 按海运提单中收货人栏的填写方式划分

（1）记名提单（Straight B/L）

这是指在提单上具体写明收货人名称的提单。有以下几种记名方式：

①Consigned to AB Co. Ltd.

②Deliver to AB Co. Ltd.

记名海运提单只能由该指定的收货人凭此提货，海运提单不能转让，可以避免转让过程中可能带来的风险，一般用于贵重商品、展品及援外物资的运输。记名提单的收货人可以是买主、开证行或代收行，但银行一般不愿接受以买主为收货人的记名提单。因为一些国家的惯例是记名提单的收货人可以不凭正本提单而仅凭"到货通知"（Notice of Arrival）上的背书和收货人的身份证明即可提货，这样银行如垫款却不能掌握货权，风险太大。

（2）指示提单（Order B/L）

这是在提单上的收货人栏中有"Order"（凭指示）字样的提单。实务中常见的可转让提单是指示提单。指示提单必须经过背书转让，可以是空白背书，也可以是记名背书。

【知识链接】

指示提单的四种抬头

1. 凭银行指示。即海运提单收货人栏填写为"To the Order of ×× Bank"。

2. 凭收货人指示。即海运提单收货人栏填写为"To the Order of A. B. C. Co. Ltd"。

3. 凭发货人指示。即提单收货人栏填写为"To the Order of Shipper"，并由托运人在提单背面空白背书。这种提单亦可根据信用证的规定而作成记名背书。托收人也可不作背书，在这种情况下则只有托运人可以提货，即是卖方保留货物所有权。

4. 不记名指示。即海运提单收货人栏填写为"To the Order"，并由托运人在提单背面作空白背书。亦可根据信用证的规定而作成记名背书。

（3）来人提单（Blank B/L or Open B/L or Bearer B/L）

这是指在海运提单收货人栏内只填写 to Bearer（提单持有人）或将这一栏空出不写的提单。来人提单不需要任何背书手续即可转让，或提取货物，极为方便。但如果海运提单遗失或被窃，然后再转让给善意的第三者手中时，或者在无正本海运提单凭担保提货时，极易引起纠纷。所以在信用证结算方式下，较少使用这种海运提单。有些国家明文规定不准使用这种来人提单。

4. 按提单内容的繁简程度划分

（1）全式提单（Long form B/L）

这是指详细列有承运人和托运人之间的权利、义务等条款的提单。由于条款繁多，所以又称繁式海运提单。在国际贸易中，目前使用的海运提单都是这种提单。

（2）简式提单（Short form B/L）

这是指海运提单上印明"简式"（short form B/L）字样，仅有正面海运提单内容，而背面是空白的海运提单。一般海运提单背面记载有承运人与托运人的责任、权利和义务的条款，但简式提单背面空白，在一定程度上影响了它的流通性，所以有些信用证明确规定不接受简式提单。

5. 按不同的运输方式划分

（1）直达提单（Direct B/L）

这是指由承运人签发的，货物从起运港装船后，中途不经过换船直接运达卸货港的提单。直达提单中关于运输记载的基本内容里，仅记载有起运港（Port of Loading）和卸货港（Port of Discharge），不能带有中途转船的批语。凡信用证规定不许转运或转船者，受益人必须提供直达提单。

（2）转船提单（Transshipment B/L）

这是指货物在起运港装船后，船舶不直接驶往货物的目的港，需要在其他中途港口换船转运往目的港的情况下承运人所签发的提单。为节省转船附加费，减少货运风险，收货人一般不同意转船，但常常直运不可能必须转船，没有哪个港口能通往全世界各港口。我国最大的港口上海，也只能停靠大约 200 个港口。所以国际贸易中转船运输方式是常见的。

（3）联运提单（Through B/L）

联运方式是指有两个或两个以上承运人联合起来运送货物的方式，各承运人对自己所执行的运程负责。在货物到达转运地后，由第一程承运人或其代理人将货物交给下一运输区段的承运人或其代理人继续运往目的地。在联运方式中由第一承运人签发的包括全程在内并收取全程费用的提单称为联运提单。第一承运人虽然签发全程提单，但他也只对第一运程负责。

6. 按船舶营运方式划分

（1）班轮提单（Liner B/L）

国际海上运输主要有两种运输方式：一是班轮运输；二是租船运输。采取班轮运输方式、由经营班轮运输的承运人或其代理人签发的提单叫做班轮提单。银行接受班轮提单。

（2）租船契约提单（Charter Payer B/L）

租船运输是相对于班轮运输而言的另一种船舶营运方式，它的主要特点是：环球航行，没有固定船线、固定船期和固定装卸港口；以装运整船单一的大宗货为主，也可根据租船人需要只租部分舱位；由承租人揽货经营，运价（或租金）受租船市场供求关系制约，起伏变化大。在大宗商品交易时，货主为了减少运费支出，往往不是将货物装班轮，而是自己租船运送货物。租船运输适合于货多量大或需特殊装卸设备的货物运输，如粮、糖、化肥、矿砂、煤炭、石油、木材、水泥、饲料等。

【知识链接】

<h2 style="text-align:center">提单与海运单的异同</h2>

海运单(SEA WAYBILL，SWB)，是证明海上货物运输合同和货物已经由承运人接管或装船，以及承运人保证将货物交给指点收货人的一种不可转让的单证。它与海运提单的异同点有：

1. 提单是货物收据、运输合同的证明以及物权凭证；海运单只具有货物收据和运输合同这两种性质，它不是物权凭证。

2. 提单可以是指示抬头形式，可以背书流通转让；海运单是一种非流动性单据，海运单上标明了确定的收货人，不能转让流通。

3. 海运单和提单都可以作成"已装船"形式，也可以是"收妥备运"形式。海运单的正面各栏目的格式和缮制方法与海运单提单基本相同，只是海运单收货人栏不能做成指示性抬头，应缮制确定的具体收货人。

4. 提单的合法持有人和承运人凭提单提货和交货；海运单上的收货人并不出示海运，仅凭提货通知或其身份证明提货，承运人凭收货人出示适当身份证明交付货物。

5. 提单有全式和简式提单之分，而海运单是简式单证，背面不列详细货运条款但载有一条可援用海运提单背面内容的条款。

6. 海运单和记名提单，虽然都具有收货人，不作背书转让。我国法律对于记名提单还是当作提单来看的。但事实上，记名提单不具备物权凭证的性质。所以，虽然在有些国家收货人提货需要出具记名提单。但在有些国家，比如美国，只要能证明收货人身份也可以提货。如此，记名提单在提货时和海运单无异。但是海运单并不经过银行环节，这一点与记名提单不同。

三、提单确认业务流程

①国际货运代理公司收到装货单后，在装箱前24小时内向口岸地出入境海关办理出口货物报关手续。海关在装货单上加盖放行章后方可装箱。

②集装箱码头堆场获悉通关放行后拖箱入港，交接集装箱。外轮理货人员在承运人指定的场站和船边理箱并监督装船。

③货物装船后，船公司或船代向国际货代公司收取运费及有关费用后提供提单确认件进行确认。

④国际货代公司向托运人收取运费及有关费用后提供提单确认件进行确认。

⑤船公司或船代向国际货代公司或托运人寄送提单正本。

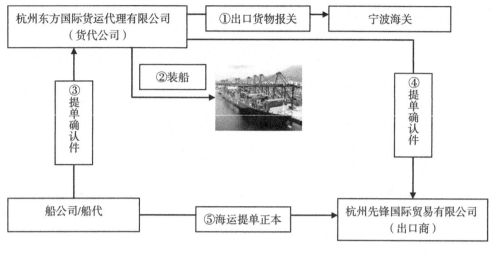

提单确认业务流程图

任务实施

一、海运提单的内容与缮制要求

目前，各船公司所制定的提单虽然格式不完全相同，但其内容大同小异，都有正反两面，提单正面的内容有：

1. 托运人（Shipper/Consignor）

是委托运输的人，即发货人，一般即为出口企业，也就是信用证中的受益人，如果开证人为了贸易上的需要，要求做第三者提单（Third Party's B/L）也可照办，《UCP600》允许银行接受第三者提单。托收项下托运人为合同卖方。

2. 收货人（Consignee）

即提单的抬头，这是提单中的重要栏目。托收方式下，一般填 TO ORDER 或空白不填。信用证方式下，一般信用证提单条款都会予以规定，应按规定填写，收货人的写法一般有以下三种：

①记名式

直接写明收货人（一般是合同的买方）名称，例如"To ×××"。它的特点是收货人已经确定，不得转让，必须由收货人栏内指定的人提货。

②不记名式

此种情况下，收货人栏内可留空不填，也可填写"To Bearer"。承运应把货交给提单的持有人，只要持有提单就能提货。

③指示式

即在收货人栏内有指示(Order)字样的，意即承运人凭指示付货，它可以通过指示人的背书而进行转让。

指示提单又可分为记名指示和不记名指示两种，记名指示就是指定该提单的指示人是谁，常见的如：由托运人指示：To Order of Shipper；由开证人指示：To Order of Applicant；由开证行指示：To Order of Lssuing Bank。

以上三种做法，提单转让时分别由托运人、开证人和开证行背书。

不记名指示提单在栏内只打 To Order 即可，转让时须由托运人背书。

3. 被通知人(Notify Party)

要按信用证规定填写，一般就是货物的进口商或其代理，被通知人的地址一定要详细，有的港口还一定要加上邮政信箱号。如果是记名提单或收货人指示提单且收货人又有详细地址的，此栏可以不填。如果信用证没有规定，则正本提单可以不填，但副本提单仍要将收货人的详细名址填明，以便承运人通知。

4. 前程运输(Pre-carriage by)

此栏为"多式联运"方式而设，若货物需转运，填写第一程船名，如果货物不需转运，则此栏留空。

5. 收货地(Place of Receipt)

此栏为"多式联运"方式而设，若货物需转运，填写收货的港口名称或地点，若货物不需要转运，则此栏留空。

6. 船名、航次(Ocean Vessel Voyage No.)

若货物需转运，填写货物所装第二程船舶的船名和航次，若货物不需转运，填写第一程船的船名。

7. 装货港(Port of Loading)

要填具体装货的港口名称，如上海、天津，即使信用证规定为"Any Chinese Port"，也不能笼统地填中国港口。如信用证同时列明几个装货港的，提单只能填写其中一个实际装运的港口。若货物需转运，填货物中转港的名称。

8. 卸货港(Port of Discharge)

应填写货物实际卸下的港口名称。如是同名港口须加注国名。如属选择卸货港提单，如伦敦/鹿特丹/汉堡选卸，则在卸货港栏中填上"OPTION LONDON/ROTTERDAM/HAMBURG"，收货人必须在船舶到达第一卸货港船公司规定时间内通知船方卸货港，否则，船方可任意选择其中任何港口卸货。选择港最多不得超过三个，且应在同一航线上的。货运目的港需经内陆转运的，或陆运至邻国的，则除在卸货港处填入境港口名称外，另在货物品名栏下方加列 IN TRANSIT 或 IN

TRANSIT TO ×××。除 FOB 价格术语外，卸货港不能填写统称的名称，如"European main Port"，必须列出具体的港口名称。

9. 交货地点(Place of Delivery)

填最终目的地名称，即船公司或承运人的交货地。若最终目的地就是卸货港，此栏留空。

10、11. 唛头集装箱号和封号(Marks and Nos, container seal No)

若信用证规定有唛头则应按信用证上的规定填写，提单上的唛头必须与发票等其他单据上的相一致，如无唛头时注明"NO MARKS(N/M)"或"IN BULK"字样。集装箱号和封号按实际情况填写。铅封号是海关查验货物后作为封箱的关封号，应如实注明。

12. 货物包装及件数(Nos. & Kinds of Pkgs.)

按货物装船的实际情况填写最大包装数量和包装单位，并在大写合计栏内要填上英文的大写文字总件数，若一张提单的货物有几种不同包装也应分别列明，在总数及大写部分则可以使用 Packages；若是散装货物，该栏只需填"In Bulk"；在大写合计栏内要填上英文的大写文字总件数。

13. 货物描述(Description of Goods)

按信用证规定填写，并要与其他单据保持一致。《UCP600》允许使用货物的统称，但须与信用证用字相符。冷藏货物要注明所要求的温度。凡危险品必须写明化学名称，注明国际海上危险品运输规则号码(Imco Codepage)、联合国危规号码(Un Code No.)、危险品等级(Class No.)。注意，运到巴林岛的货物必须加注出产国，即在货物品名栏下加注 MADE IN CHINA。

14. 货物毛重(Gross Weigh)

以千克(KG)为单位填写装运货物的毛重，同装箱单上货物的总毛重要一致。除信用证另有规定者外，一般以公吨为重量单位，如果是裸装货，应在净重前加注 N. W. 。

15. 尺码(Measurement)

填写货物总尺码，除非信用证另有规定，以立方米为体积单位，小数要保留三位。托盘货要分别注明盘的重量、尺码和货物本身的重量、尺码，对超长、超重、超高货物，应提供每一件货物的详细的体积(长、宽、高)以及每一件的重量，以便货运公司计算货物积载因素，安排特殊的装货设备。

16. 提单要按信用证规定加注运费条款。

一般有运费预付(FREIGHT PREPAID)和运费到付(FREIGHT COLLECT)，并且注意与所用贸易术语的一致性。有的转运货物，一程运输费预付，二程运费到付，要分别注明。

17. 货物总包装件数的大写 ［Total Number of Containers or Packages（In Words）］。

此栏的内容要与第 12 栏一致。由大写英文数字、包装单位和"ONLY"组成。如"SAY ONE HUNDRED TWENTY CARTONS ONLY"

18. 正本提单份数（Number of Orginal B/L）

正本提单份数应按信用证规定签发，一般是 1—3 份，并用大写数字如 ONE、TWO、THREE 表示，如 L/C 仅规定 Full Set 可按习惯做两份正本。每份正本提单的法律效力相同，凭其中一份提货后，其余各份失效。

19、20. 装船批注的日期和签署（Date，By）

《UCP600》规定，如果提单上没有预先印就"已装船"（SHIPPED ON BOARD）字样的，则必须在提单上加注装船批注（ON BOARD NOTATION），装船批注中所显示的日期即视为货物的装运日期。

21. 提单的签发地点和签发日期（Place and Date of Issue）

除备运提单外均为装货完毕日期，装货日期不得迟于信用证规定的装运期，提单的签发地点应按装货地点填写，签发日期即为装运日期。如实际船期晚于规定的装运期，要求船方同意以保函换取较早日期的提单，这就是倒签提单（Ante Dated B/L）；货未装上船就要求船方给出已装船提单，这就是预借提单（Advanced B/L），这些都是应该避免的，因为其后果可能会造成巨大经济损失。

22. 提单签署（Signed for or on Behalf or the Carrier）

《UCP600》规定，提单必须由四类人员签署证实，即承运人或承运人的具名代理人或船长或船长的具名代理人。

承运人或船长的任何签字或证实，必须表明"承运人"或"船长"身份。代理人代表承运人或船长签字或证实时，也必须表明代表的委托人的名称或身份，即注明代理人是代表承运人或签字或证实的。签署可以用手写、印摹、打孔、盖章、符号或如不违反提单签发国的法律，用任何机械或电子的方式。需要特别加以注意的是，印度、斯里兰卡、黎巴嫩、巴林岛及阿根廷等港口虽然信用证未规定提单必须手签，但由于当地海关规定，所以仍须手签。

23. 提单号码（B/L No.）

一般列在提单右上角。这个号码与装货单、大副收据或场站收据的号码是一致的。

二、缮制海运提单

SHIPPER HANGZHOU XIANFENG INTERNATIONAL TRADE CO., LTD. 21 FLOOR, TIMES TOWER, 121 FENGQI ROAD, HANGZHOU			B/L NO. COS890325 COSCO 中国远洋运输(集团)总公司 CHINA OCEAN SHIPPING (GROUP) CO.		
CONSIGNEE TO ORDER OF SHIPPER			*ORIGINAL* Combined Transport Bill of Lading		
NOTIFY PARTY SITCM IMPORTING CO 2550 BATES RD. SUITE 301 MONTREAL (QUEBEC) H3S 1A7 CANADA					
PR-CARRIAGE BY	PLACE OF RECEIPT				
OCEAN VESSEL VOY. NO. SHUNDA　V. 392	PORT OF LOADING NINGBO				
PORT OF DISCHARGE VANCOUVER	PLACE OF DELIVERY		FINAL DESTINATION FOR THE MERCHANT'S REFERENCE		
CONTAINER, SEAL NO. OR MARKS AND NOS.	NOS. & KINDS OF PKGS	DESCRIPTION OF GOODS	G. W. (KG)	MEAS(M^3)	
SITCM XFT209 Vancouver Nos. 1-120 CONTAINERNO. COSU4506751 SEAL NO. 849302	120 CTNS	BOYS JACKET	1152. 00KGS	54. 00CBMS	
TOTAL NUMBER OF CONTAINERS OR PACKAGES (IN WORDS) SAY ONE HUNDRED TWENTY CARTONS ONLY					
FREIGHT & CHARGES FREIGHT PREPAID	REVENUE TONS		RATE	PER	PREPAID	COLLECT

续表

PREPAID AT	PAYABLE AT	PLACE AND DATE OF ISSUE NINGBO, APR. 1, 2013
TOTAL PREPAID	NUMBER OF ORIGINAL B (S) L THREE	SIGNED FOR THE CARRIER 中国远洋运输(集团)总公司 CHINA OCEAN SHIPPING (GROUP) CO. 李郑刚
DATE APR. 1, 2013	LOADING ON BOARD THE VESSEL BY SHUNDA	

信用证中的海运提单条款

1. FULL SET OF CLEAN ON BOARD MARINE BILLS OF LADING, MADE OUT TO ORDER OF ABC COMPANY, ROTTERDAM, NETHERLANDS, MARKED FREIGHT PREPAID NOTIFY APPLICANT.

整套已装船海运提单，做成以荷兰 ABC 公司指示的抬头，注明运费预付，通知开证人。

2. FULL SET OF CLEAN SHIPPED ON BOARD MARINE BILL OF LADING, MADE OUT TO OUR ORDER, MARKED FREIGHT PRPAID, NOTIFY OPENER, INDICDATING LC NO. AND S/C NO. RECEIVED FOR SHIPMENT B/L NOT ACCEPTABLE.

全套清洁已装船海运提单，做成以开证行指示的抬头，注明运费预付，通知开证人，并标明信用证号码和合同号码，不接受备运提单。

3. FULL SET OF NOT LESS THAN TWO CLEAN ON BOARD MARINE BILLS OF LADING MARKED "FREIGHT PREPAID" AND MADE OUT TO ORDER AND ENDORSED TO OUR ORDER SHOWING DEF CO. AS NOTIFYING PARTY.

全套不少于两份清洁已装船海运提单，注明"运费预付"，空白抬头并背书给开证行，通知 DEF 公司。

任务二　缮制装运通知

任务情境

2013 年 4 月 1 日货物在宁波港码头装上船名为 SHUNDA 的船舶，杭州先锋国际贸易有限公司从船公司获取正本提单后，按照国际惯例，在 CIF/CIP 价格条件下，一般出口商在货物装船后 3 个工作日内向进口商发出装运通知，让进口商及时了解货物装运情况，准备付款接货，及时办理进口报关等手续。

知识支持

装运通知的概念和作用

装运通知（Shipping Advice）也称为装运声明（Shipping Statement）是发货人在货物装运后，把装运的情况通知给进口商，以便对方及时办理保险或作好进口提货的准备。其目的是让进口商了解货物已经发运，可准备付款接货了。不同的贸易术语，其装运通知的规定也不相同，在 FOB、CFR 等条件下成交的合同，需进口方自行办理货物保险的凭证，装运通知书应在装运后立即发出，以便进口商办理投保手续。

按照国际惯例，在 FOB 条件下，卖方应在规定的装运期前 20 天向买方发出货物备妥通知，以便买方派船接货。买方接到通知后，也应将确定的船名、抵港受载日期告知卖方，以便装货。按 CFR 或 CPT 条件成交时，在货物装船后，卖方更应及时向买方发出装运通知，在约定的时间，将合约号、品名、件数、重量、金额、船名和装船的日期等电告买方，以便买方做好报关接货的准备。

装运通知也可使 CIF、CIP 价格成交买方了解货物装运情况、准备接货或筹措资金。买方为了避免因疏忽未及时通知，所以在信用证中明确规定，卖方必须按时发出装运通知，并规定通知的内容，而且在议付时必须提供该装运通知的副本，与其他单据一起向银行议付。因而通知已成为密切双方了解、加速交易速度的一个主要环节。

任务实施

一、装运通知的内容及缮制要求

装运通知也是提交银行结汇的单据之一，装运通知并无统一格式，但其内容一定要符合信用证的规定。并且按信用证（或合同）约定的时间内以电传、电报、传真、信件等规定的方式将其通知给进口商。下面以电脑制单统一使用的固定格式的装运声明为例来说明装运通知的主要内容和缮制。

1. 出单方(Issuer)

出单方的名称和地址,一般填写信用证的受益人即出口公司的名称与详细地址。

2. 抬头人(To)

抬头人是接受该通知的人,按照信用证中的规定填写。一般有以下几种情况:

(1)填写承担货物运输险的保险公司名称及地址,便于对方收到通知后,将预约保险单及时转为正式保险单;买方保险公司的名称和地址。

(2)填写信用证中申请人(一般为进口商)名称与地址,便于对方在未办理预约保险的情况下及时投保并准备收货。

(3)填写信用证条款指定的保险公司或申请人的代理人的名称与地址,代理人在收到本通知后,可以及时通知保险公司或收货人办理后继相关业务。

3. 日期(Issue Date)

填写缮制单据的日期。

4. 销售合同号 S/C No.

填写销售合同号码。

5. 信用证号(L/C No.)与开证日期(Date)

填写信用证号与开证日期。

6. 信用证开证银行(Name of Issuing Bank)

填写信用证开证银行名称。

7. 发票号(Invoice No.)

填写商业发票号码,注意必须与其他单据相符。

8. 提单号(B/L No.)

填写提单号。

9. 运输工具(Ocean Vessel)

填写装载货物的运输船舶的船名和航次。

10. 装运口岸(Port of loading)

填写装运口岸的名称。

11. 装运日期(Date of shipment)

装运日期,与已装运提单日期一致。

12. 目的地(Port of Destination)

填写目的地名称。

13. 预计抵港时间(Estimated Time of Arrival)

填写货物到达目的港的预计日期。

14. 集装箱号和铅封号(Containers/Seals Number)

填写装运货物的集装箱号和铅封号。

15. 货物描述(description of goods) :

应严格按照发票、提单等单句的内容来填写。

16. 运输标志(Marks and Numbers)

填写出口货物包装上的装运标志和号码。

17. 数量(Quantity)

填写交易计价单位的数量。

18. 毛重和净重(Gross Weight & Net Weight)

填写货物的毛重与净重。

19. 价值(Total Value)

信用证规定的货物金额,一般情况下,应与发票金额一致。

20. 受益人签字盖章(Signature)

填写出口公司的名称并由法人代表或经办人签字。

二、缮制装运通知

杭州先锋国际贸易有限公司
HANGZHOU XIANFENG INTERNATIONAL TRADE CO., LTD.

21 Floor, Times Tower, 121 Fengqi Road, Hangzhou

TEL: 86-571-81101590　FAX: 86-571-81101678

SHIPPING ADVICE			
TO:	SITCM IMPORTING CO 2550 Bates Rd. Suite 301 Montreal (Quebec) H3S 1A7 Canada	ISSUE DATE:	APR. 3, 2013
		S/C NO:	XFT209
		L/C NO:	RBCV 18898
		DATE:	Mar. 1, 2013
		NAME OF ISSUING BANK	ROYAL BANK OF CANADA VANCOUVER BRANCH
Dear Sir or Madam:			
We are pleased to advice you that the following mentioned goods has been shipped out, and full details were shown as follows:			
Invoice Number:	SDIEK691		

Bill of loading Number:	COS890325
Ocean Vessel:	SHUNDA V. 392
Port of Loading:	NINGBO
Date of shipment:	Apr. 1, 2013
Port of Destination:	VANCOUVER
Estimated date of arrival:	Apr. 25, 2013
Containers/Seals Number:	COSU4506751/849302
Description of goods:	BOYS JACKET
Shipping Marks:	SITCM XFT209 Vancouver Nos. 1-120
Quantity:	6000 PCS
Gross Weight:	1152.00KGS
Net Weight:	984.00KGS
Total Value:	USD 58800.00

Thank you for your patronage. We look forward to the pleasure of receiving your valuable repeat orders.
Sincerely yours,

FEOR AND ON BEHALF OF:
HANGZHOU XIANFENG INTERNATIONAL TRADE CO., LTD.

张峰

信用证中装运通知条款的举例

1. SHIPMENT ADVICE WITH FULL DETAILS INCLUDING SHIPPING MARKS, CTN NUMBERS, VESSE'S NAME, B/L NUMBER, VALUE AND QUANTITY OF GOODS MUST BE SENT ON THE DATE OF SHIPMENT TO US.

标注运输标志、箱数、船名、提单号和货物的价值与数量的装运通知必须在装运日寄给我方。

2. COPY FAX ISSUED IN 1 COPY REMARKS: SENT BY BENEFICIARY TO THE APPLICANT, MAXIMUM THREE DAYS AFTER SHIPMENT DATE, STATING:

SHIPMENT DATE, NAME OF VESSEL, NUMBER OF CONTAINER AND AMOUNT INVOICED.

受益人在装运日期后三日内寄给开证人的传真件副本一份，说明装船日期、船名、集装箱号码和发票金额。

3. BENEFICIARY MUST CABLE ADVISE THE APPLICANT FOR THE SHIPPING PARTICULARS 24 HOURS BEFORE SHIPMENT EFFECTED AND A COPY OF THIS ADVICE SHOULD BE PART OF DOCUMENTS PRESENTED FOR NEGOTIATION.

受益人应在装船日 24 小时前将装船情况电告开证人，该装船通知副本将作为议付单据之一。

 项目技能训练

一、根据资料缮制海运提单

（一）信用证

MT 700   ISSUE OF A DOCUMENTARY CREDIT

SENDER		SANWHKHHAXXX
		UFJ BANK LIMITED,
		HONG KONG BRANCH HONG KONG
RECEIVER		
SEQUENCE OF TOTAL	27：	1/1
FORM OF DOC. CREDIT	40A：	IRREVOCABLE
DOC. CREDIT NUMBER	20：	BONY0600645
DATE OF ISSUE	31C：	060610
APPLICABLE RULES	40E：	DATE 060615 PLACE CHINA
DATE AND PLACE OF EXPIRY.	31D：	ABC CO. LTD. HONGKONG
APPLICANT	50：	ZHEJIANG GREAT CORPORATION HANGZHOU CHINA
BENEFICIARY	59：	ZHEJIANG GREAT CORPORATION HANGZHOU CHINA
AMOUNT	32B：	CURRENCY USD AMOUNT 80000,00

AVAILABLE WITH/BY   41D: ANY BANK BY NEGOTIATION

DRAFTS AT ...   42C: 60 DAYS AFTER SIGHT

DRAWEE   42A: ISSUING BANK

PARTIAL SHIPMTS   43P: ALLOWED

TRANSSHIPMENT   43T: PROHIBITED

PORT OF LOADING/   44E: SHANGHAI, CHINA

AIRPORT

OF DEPARTURE

PORT OF DISCHARGE   44F: HONGKONG

LATEST   DATE   44C: 060605

OF SHIPMENT

DESCRIPTION   OF   45A: MEN'S DOWN JACKET   QUANTITY: 10000PCS

GOODS   AND/OR   UNIT PRICE: USD8. 00

SERVICES.   TT AMOUNT: USD80000. 00

                ORIGIN: CHINA   CFR HONGKONG

                PACKING: STANDARD EXPORT PACKING

DOCUMENTS   46A:

REQUIRED

     + SIGNED COMMERCIAL INVOICE ONE ORIGINAL AND FIVE COPIES.

     + PACKING LIST INDICATING COLOR AND QUANTITY ONE ORIGINAL AND THREE COPIES.

     + FULL SET OF CLEAN ON BOARD OCEAN BILLS OF LADING MADE OUT TO ORDER OF SHIPPER AND ENDORSED IN BLANK, MARKED FREIGHT PREPAID NOTIFY APPLICANT.

     + CERTIFICATE OF ORIGIN ISSUED BY CHINA COUNCIL FOR THE PROMOTION OF INTERNATIONAL TRADE.

     + CERTIFICATE OF QUANTITY IN DUPLICATE ISSUED BY BENEFICIARY

     + BENEFICIARY'S FAX COPY OF SHIPPING ADVICE TO APPLICANT AFTER SHIPMENT ADVISING L/C

NO. SHIPMENT DATE, VESSEL NAME, NAME, QUANTITY AND WEIGHT OF GOODS.

ADDITIONAL 47A：
CONDITION

+A DISCREPANCY HANDLING FEE OF USD50.00 (OR EQUIVALENT) AND THE RELATIVE TELEX/ SWIFT COST WILL BE DEDUCTED FROM THE PROCEEDS NO MATTER THE BANKING CHARGES ARE FOR WHOEVER ACCOUNT.

+DISCREPANT DOCUMENTS WILL BE REJECTED BUT IF INSTRUCITONS FOR THEIR RETURN ARE NOT RECEIVED BY THE TIME THE APPLICANT HAS ACCEPTED AND/OR PAID FOR THEM, THEY MAY BE RELEASED TO APPLICANT. IN SUCH EVENT BENEFICIARY/NEGOTIATING BANK SHALL HAVE NO CLAIM AGAINST ISSUING BANK.

+TOLERANCE OF 5 PERCENT MORE OR LESS ON QUANTITY OF GOODS AND AMOUNT IS ACCEPTABLE.

+ALL DOCUMENTS MUST BEAR THIS L/C NO.

CHARGES 71B： ALL BANKING CHARGES OUTSIDE LC ISSUING BANK ARE FOR ACCOUNT BENEFICIARY INCLUDING OUR REIMBURSEMENT CHARGES.

PERIOD 48： WITHIN 10 DAYS AFTER THE DATE OF
FOR PRESENTATION SHIPMENT BUT WITHIN THE CREDIT VALIDITY.

CONFIRMATION 49： WITHOUT
INSTRUCTION

（二）其他资料

1. INVOICE NO. 911R121106　DATE：JAN. 15，2006
2. SHIPPING MARKS：　　G-III
　　　　　　　　　　　　HONGKONG
3. QUANITITY OF SHIPMENT：10000PCS
4. PACKED IN CARTON：100PCS/CTN
5. GROSS WEIGHT PER CARTON：100KGS
　　NET WEIGHT PER CARTON：90KGS

6. MEASUREMENT：7.50CBM

7. DATE OF SHIPMENT：JAN 25，2006

8. VESSEL NAME AND VOL. NO：MAYFLOWER V. 1398

9. SHIPPING COMPANY：COSCO，SHANGHAI

10. B/L NO.：CJ2650

11. S/C NO.：06ZA0606

12. H. S. CODE：6206.3200

13. BLACK：5000PCS

   WHITE：5000PCS

二、根据资料缮制装船通知

1. EXPORTER：SHANGHAI JINHAI IMP& EXP CORP. LTD.

2. IMPORTER：ANTAK DEVELOPMENT LTD.

3. TERMS OF PAYMENT：20%T/T BEFORE SHIPMENT AND 80% L/C AT 30 DAYS AFTER SIGHT

4. TERMS OF SHIPPMENT：FROM SHANGHAI TO SINGAPORE NOT LATER THAN SEP. 30，2005

5. TRADE TERM：CFR SINGAPORE

6. DESCRIPTION OF GOODS：MEN'S COTTON WOVEN SHIRTS

SPECIFICATON   QUANTITY   TOTAL   AMOUNT G. T/PC W. T. /PC MEASUREMENT

1094L 7000PCS   USD19180.00   33KGS/ PC 31KGS/PC (68 * 46 * 45CM)/PC

PACKING：100CTNS, 70PCS/CTN

7. SHIPPING MARKS：DESIGNED BY THE SELLER

8. L/C No. 123456 DATED AUG.18，2005 ISSUDED BY BANK OF CHINA SINGAPORE BRANCH. A

9. ADVISING BANK：BANK OF CHINA, SHANGHAI

10. NAME OF SHIP：HONGHE V. 188 B/L DATED：SEP. 20, 2005

11. S/C NO. 00SHGM3178B DATE AUG. 2, 2005

12. INVOICE NO. SHGM70561

项目十一 | # 交单结汇

 项目学习目标

◎ **认知目标**

熟悉常见结汇单据的的含义和作用。

熟悉常见结汇单据的内容。

◎ **能力目标**

能根据信用证和合同条款缮制海关发票、受益人证明书、汇票、出口收汇核销单等结汇单据。

 项目导入

在 CIF 条件成交的情况下，出口商完成了装运和保险，即完成了卖方的大部分义务与责任后，剩下的工作就是缮制结汇单证。在信用证结算方式下，出口商制作好汇票、发票、装箱单等，并及时从相关机构获取提单、保险单、产地证书、商检证书等单据。要在规定的交单到期日或以前，将各种单据和必要的凭证送交指定的银行办理付款、承兑或议付手续，向银行办理交单结汇。出口商必须按照信用证的要求，做好"单证一致、单单一致"，这样才能保证货款的安全收汇。

交单结汇的项目流程有：

①出口商在规定时间内向议付行提交信用证规定的全套单据。

②议付行审查单据符合信用证条款后接收单据并付款，若单证不符，可以拒付。

③议付行将单据寄送开证行或其指定的付款行，向其索偿。

④开证行收到单据后，应核对单据是否符合信用证要求，如正确无

误，即应偿付议付行代垫款项。

⑤开证行通知开证申请人备款赎单。

⑥进口商付款赎单。

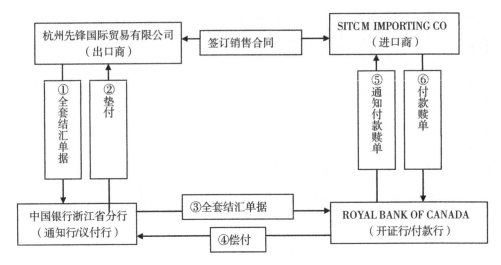

办理交单结汇业务流程图

任务一　缮制加拿大海关发票

 任务情境

由于本批出口商品运输至加拿大，出口商在 2013 年 3 月 10 日缮制加拿大海关发票以供进口商作为进口货物报关使用。

 知识支持

一、海关发票的概念

海关发票（Customs Invoice/Certified Invoice），进口商向进口国海关报关的证件之一。是根据某些国家海关的规定，由出口商填制的供进口商凭以报关用的特定格式的发票，要求国外出口商填写，供本国商人（进口商）随附商业发票和其他有关单据，凭以办理进口报关手续。

二、海关发票的主要作用

1. 供进口国海关核定货物的原产地国，以采取不同的国别政策。

2. 供进口商向海关办理进口报关、纳税等手续。

3. 供进口国海关掌握进口商品在出口国市场的价格情况，以确定是否低价倾销，以便征收反倾销税。

4. 供进口国海关作为统计的依据。

三、加拿大海关发票

加拿大海关发票是指销往加拿大的出口货物（食品除外）所使用的海关发票。其栏目用英文、法文两种文字对照，内容繁多，加拿大海关发票要求每项都填写，如果没有相应内容填写，就在该栏中打上"N/A"或者"NIL"。

 任务实施

一、加拿大海关发票的内容及缮制要求

1. 卖方的名称与地址 Vendor(Name and Address)

填写出口商的名称及地址，包括城市和国家名称。信用证支付条件下此栏填写受益人名址。

2. 直接运往加拿大的装运日期(Date of Direct Shipment to Canada)

即填写直接运往加拿大的装运日期，此日期应与提单日期相一致。如单据送银行预审，也可请银行按正本提单日期代为加注。

3. 其他参考事项包括买方订单号码(Order Reference, Include Purchaser's Order Number)

填写有关合同、订单或商业发票号码。

4. 收货人名称及地址(Consignee, Name and Address)

填写加拿大收货人的名称与详细地址。信用证项下一般为信用证的开证人。

5. 买方(Purchaser's Name and Address)

填写实际购货人的名称及地址。如与第四栏的收货人相同，则此栏可打上"Same as Consignee"。

6. 转运国家(Country of Transhipment)

应填写转船地点的名称。如在香港转船，可填写："FROM SHANGHAI TO VANCOVER WITH TRANSHIPMENT AT HONGKONG BY VESSEL"。如不转船，可填 N/A(即 NOT APPLICCABLE)。

7. 生产国别(Country of Origin of Goods)

填写 CHINA。若非单一的国产货物，则应在 12 栏中详细逐项列明各自的原产地国名。

8. 运输方式及直接运往加拿大的起运地点(Transportation：Give Mode and Place

of Direct Shipment to Canada）

只要货物不在国外加工，不论是否转船，均填写起运地和目的地名称以及所用运载工具。如：FROM SHANGHAI TO MONTREAL BY VESSEL。

9. 价格条件及支付方式，如销售、委托发运、租赁商口等（Condition of Sales and Terms of Payment, I. e. Sale, Consignment, Shipment, Leased Goods, Etc.）

按商业发票的价格术语及支付方式填写。如 CIF VANCOUVER D/P AT SIGHT。

10. 货币名称（Currency of Settlement）

卖方要求买方支付货币的名称，须与商业发票使用的货币相一致。如 CAD。

11. 件数（Number of Package）

填写该批商品的总包装件数。如：600 CARTONS。

12. 商品详细描述（Specification of Commodities, Kind of Packages, Marks and Numbers, General Description and Characteristics, I. e. Grade, Quality）

应按商业发票同项目描述填写，并将包装情况及唛头填写此栏（包括种类、唛头、品名和特性，即等级、品质）

13. 数量（Quantity, State Unit）

应填写商品的具体数量，而不是包装的件数。

14. 单价（Unit Price）

应按商业发票记载的每项单价填写，使用的货币应与信用证和商业发票一致。

15. 总值（Total）

应按商业发票的总金额填写。

16. 净重及毛重的总数（Total Weight）

填写总毛重和总净重，应与其他单据的总毛重和总净重相一致。

17. 发票总金额（Total Invoice Value）

按商业发票的总金额填写。

18. If Any of Fields 1 to 17 Are Included on an Attached Commercial Invoice, Check This Box□

如果1—17栏的任何栏的内容均已包括在所随附的商业发票内，则在方框内填一个"√"记号，并将有关商业发票号填写在横线上。

19. 出口商名称及地址，如并非买方（Exporters Name and Address, If Other Than Vendor）

如出口商与第1栏的卖方不是同一名称，则列入实际出口商名称；而若出口商与第一栏卖方为同一者，则在本栏打上"THE SAME AS VENDOR"。

20. 负责人的姓名及地址（Originator, Name and Address）

21. 主管当局现行管理条例，如适用者（Departmental Ruling, If Any 指加方海关和税务机关对该货进口的有关规定。

如有，则要求填写，如无，则填"N/A"（即 NOT APPLICABLE）。

22. 如果 23—25 三个栏目均不适用（If Fields 23 to 25 Are Not Applicable Check This Box□）如 23 至 25 栏不适用，可在方框内打"√"记号。

23. 如果以下金额已包括在第 17 栏目内（If Included in Field 17 Indicate Amount）：

自起运地至加拿大的运费和保险费：可填运费和保险费的总和，允许以支付的原币填写。若不适用则填"N/A"。

货物进口到加拿大后进行建造、安装及组装而发生的成本费用，按实际情况填列；若不适用，可打上 N/A。Ⅲ、出口包装费用（EXPORT PACKING）可按实际情况将包装费用金额打上，如无，则填"N/A"。

24. 如果以下金额不包括在第 17 栏目内（If not Included in Field 17 Indicate Amount）：

若17栏不包括，则注明金额：Ⅰ Ⅱ Ⅲ 三项，一般填"N/A"。如果在 FOB 等价格条件下，卖方又替买方租船订舱时，其运费于货到时支付，则Ⅰ栏可填实际运费额。

25. Check（If Applicable）

若适用，在方格内打"√"记号。本栏系补偿贸易、来件、来料加工、装配等贸易方式专用；一般贸易不适用，可在方格内填"N/A"。

二、缮制加拿大海关发票

Revenue Canada Customs and Excise	Revenue Canada Douanes et Accise	CANADA CUSTOMS INVOICE FACTURE DES DOUANES CANADIENNES	Page	of de
1. Vendor (Name and Address) *Vendeur (Nom et adresse)*		2.Date of Direct Shipment to Canada/*Date d' expedition directe vers ie Canade*		
HANGZHOU XIANFENG INTERNATIONAL TRADE CO., LTD. 21FLOOR, TIMES TOWER, 121 FENGQI ROAD, HANGZHOU		APR. 1, 2013 3.Other References (include Purchaserys Order No.) *Autres references(inclure ie n d commande de Í acheteur)* XFT209		
4. Consignee (Name and Address) *Destinataire (Nom et adresse)*		5. Purchaser's Name and Address(if other than Consignee) *Nom et adresse de Í acheteur(S'il differe du destinataire)*		
SITCM IMPORTING CO 2550 BATES RD. SUITE 301 MONTREAL (QUEBEC) H3S 1A7 CANADA		SAME AS CONSIGNEE		
		6. Country of Transhipment/*Pays de transbordement*		
		FROM NINGBO TO VANCOUVER		
		7. Country of Origin of Goods *pays d' origine des marchandises*	IF SHIPMENT INCLUDES GOODS OF DIFFERENT ORIGINS ENTER ORIGINS AGAINST ITEMA IN12 *SIL' EXPEDON COMPREND LES MARCHANDISES D' ORIGINES*	
		CHINA	DIFFERENTES PRECISER LEUR PROVENANCE EN12	

续表

8. Transportation Give Mode and Place of Direct Shipment to Canada Transport Preciser mode et point d' expedition directe vercte vers ie canada	9. Conditirons of Sale and Terms of Payment (i.e Saie. Consignment Shipment, Leased Goods, etd.) Conditions de vente et modaitites de paiement (P.ex vente, expedition en consignation, location, de marchandises, etc)	
SHIPMENT FROM NINGBO TO VANCOUVER BY VESSEL	CIF VANCOUVER, BY L/C	
	10.Currency of Settlement/Devises du paiement U.S.DOLLAR	

11.No of Pkgs Nore de colis	12.Specification of Commodities (Kind of Packages,Marks,and Numbers,General Description and Characteristics, ie Grade, Quality) Designation des articles (Nature des colis, marques et numeros, description ger erale et caracteristiques,, P ex classe, qualite)	13. Quantity (State Unit) Quantite (Preciser l unite)	Selling Price/Prix de vente	
			14.Unit Price Prix unitaire	15. Total
120 CARTONS	BOYS JACKET SHELL: WOVEN 100% COTTON LINING: WOVEN 100% POLYESTER	6000PCS	USD9.80	USD 58800.00

18. if any Of fields 1 to 17 are included on an attached commercial invoice, check this box si tout renseignement relativement aux zones 1 e 17 ligure sur une ou des tactures ☐	16. Total Weight/Poids Total		17. Invoice Total
commerciaies ci-attachees cocher cette case commercial invoice No. 1 N de la factre commerciaie SDIEK691	Net 984.00KGS	Gross/Brut 1152.00KGS	USD 58800.00

19.Exporter's Name and Address(if other than Vendor) Nom et adresse de l exportateur(s'il differe du vendeur)	20.Originator (Name and Address)/Expediteur d' origine(Nom et adresse)
SAME AS VENDOR	HANGZHOU XIANFENG INTERNATIONAL TRADE CO., LTD. 21FLOOR, TIMES TOWER, 121 FENGQI ROAD, HANGZHOU

21.Departmental Rulikg(if applicable)/Decision du Ministere(S' lly a lieu) N/A	22.If fields 23 to 25 are not applicable, check this box Si ies zones 23 e 25 sont sans objet, cocher cette case ☐

23.if included in field 17 indicate amount Si compris ie total a ia zone 17, preciser (I)Transportation charges, expense and insurance from the place of direct shipment to Canada Les frais de transport, depenses et assurances a partir du point d'expedition directe vers is Canada.	24.If not included in field 17 indicate amount Si non compris dans le total a ie zone 17, Dreciser (I)Transportation charges, expanse and insurance to the place of direct shipment to Canada Les frais de transport, depenses et assurances lusqu' au point d' of expedition directd vers ie Canada N/A	25.Check (if applicable) Cochet (s'lly a liso) (II)Royalty payments or subsequent proceede are paid or payable by the purchaser Des redevances ou produits ont ete ou seront Verses par l acheteur
USD 4099.8		☐ N/A
(II)Costs for const: action, erection and assembly incurred atter importation into Canada Les couts de construction, d' erection et d' assemblage,, pres imporation au.Canada N/A	(II)Amounts for commissions other than buying commissions Les commissions autres que celles versees Pour l achat N/A	(II)The purchaser has supplied goods or services for use in the production of these goods L'acheteur a foumi des merchandises ou des Services pour ia production des merchandises
(III)Export packing Le cout de l emballage d' exportation N/A	(III)Export packing Le cout de l emballage d' exportation N/A	☐ N/A

任务二　缮制受益人证明书

任务情境

根据信用证条款的要求，出口商在议付时需提交受益人证明书，以证明自己履行了信用证规定的任务或证明自己按信用证的要求办事。

知识支持

一、受益人证明书含义

受益人证明书(Beneficiary's Certificate)是由受益人根据进口商的要求自己出具的证明文件，以便证明自己履行了信用证规定的任务或证明自己按信用证的要求办事，受益人证明的内容和侧重点各有不同，应根据合同和信用证的规定以及具体业务的不同自行设计。下面我们介绍几种常见的受益人证明。

二、受益人证明书类型

1. 运输证明

运输证明(Shipping Certificate)是船长或其代理人出具的，用来证明船籍(船舶国籍)、船程(载货船舶航程中停靠的港口)、船龄(船舶年龄)、运费等的证明文件，一般由受益人向船公司或其代理索取。

2. 寄单证明

寄单证明(Beneficiary's Certificate for Despatch of Documents)是受益人在货物装运前后的一段时间内，向进口商或其指定人作出的证明受益人已经把合同和信用证规定的单据交给对方的证明文件。寄单证明的重要内容有：单据名称、证明内容、出单日期、公司名称等。

3. 寄样证明

寄样证明(Beneficiary's Certificate for Despatch of Documents)是由受益人出具的，说明已经寄出样品、样卡、码样的证明。

4. 履行合同证明

出口商签发的已按信用证条款或对方规定履行合同义务的证明。

任务实施

一、受益人证明书的内容及缮制要求

受益人证明书的特点是自己证明自己履行某项义务。一份受益人证明书一般有几个栏目：

1. 出口公司的名称与地址

信用证支付方式下应与信用证受益人的名称、地址完全相同。

2. 单据名称

单据名称位于单据正上方，一般标明"BENEFICIARY'S CERTIFICATE"(受益人证明)或"BENEFICIARY'S STATEMENT"(受益人声明)

3. 发票号码

填写出口货物商业发票的号码。

4. 出证日期

按照实际签发的日期填写，并且，要与所需证明的内容相匹配，根据需证实的内容而定，但必须在信用证范围内。例如，提单日期是 3 月 12 日，证明的有关内容是："WE HEREBY CERTIFY HAT ONE SET OF NON-NEGOTIABLE SHIPPING DOCUMENTS HAS BEEN AIRMAILED TO THE APPLICANT WITHIN 2 DAYS AFTER THE SHIPMENT DATE"，则该日期不能早于 3 月 12 日，也不能晚于 3 月 14 日。

5. 抬头

可以填写开证申请人的公司名称，也可以填写笼统的抬头人，即敬启者（TO WHOM IT MAY CONCERN）。

6. 证明内容

根据合同或信用证要求缮制，但应对所使用的时态、语态作相应变化。例如，信用证条款规定："BENEFICIARY'S CERTIFICATE CERTIFYING THAT ALL THE PACKAGES TO BE LINED WITH WATERPROOF PAPER AND BOUND WITH TWO PLASTIC STRAPS OUTSIDE"，那么受益人证明应该写为："WE HEREBY CERTIFY THAT ALL THE PACKAGES HAVE BEEN LINED WATERPROOF PAPER AND BOUND WITH TWO PLASTIC STRAPS OUTSIDE"。

7. 受益人名称及签字

受益人证明一般不分正副本；如来证要求正本，可在单据名称上打上"ORIGINAL"字样。证明的右下方加盖出口商公司章及法人代表签章。

二、缮制受益人证明书

杭州先锋国际贸易有限公司
HANGZHOU XIANFENG INTERNATIONAL TRADE CO., LTD.

21 Floor, Times Tower, 121 Fengqi Road, Hangzhou

TEL：86-571-81101590 FAX：86-571-81101678

	BENEFICIARY'S CERTIFICATE		
To：	SITCM IMPORTING CO 2550 BATES RD. SUITE 301 MONTREAL (QUEBEC) H3S 1A7 CANADA	Invoice No.：	XFT209
		Date：	Apr. 2, 2013

WE HEREBY CERTIFY THAT A NON-NEGOTIABLE BILL OF LADING TOGETHER WITH COPY OF OTHER DOCUMENTS HAVE BEEN SENT DIRECTLY TO SITCM IMPORTING CO AFTER ONE DAY FROM SHIPMENT DATE.

FOR AND ON BEHALF OF：

HANGZHOU XIANFENG INTERNATIONAL TRADE CO., LTD.

张峰

信用证中受益人证明的条款举例

1. BENEFICIARY'S CERTIFICATE STATING THAT FULL SET OF NON-NEGOTIABLE SHIPPING DOCUMENTS HAVE BEEN SENT BY EXPRESS AIRMAIL TO APPLICANT.

受益人证明书证明全套不可转让货运单据已经航空快递寄给开证申请人。

2. BENEFICIARY'S CERTIFICATION THAT ALL ITEMS HAVE BEEN PERMANENTLY AND PROPERLY MARKED WITH THE COUNTRY OF ORIGIN IN ENGLISH.

受益人证明书证明所有货物已用英文被永久地和正确地标注原产国。

3. A CERTIFICATE FROM THE BENEFICIARY TO THE EFFECT THAT ONE SET OF INVOICE AND PACKING LIST HAS BEEN PLACED ON THE INNER SIDE OF THE DOOR OF EACH CONTAINER IN CASE OF FCL CARGO OR ATTACHED TO THE GOODS OR PACKAGES AT AN OBVIOUS PLACE IN CASE OF LCL CARGO.

受益人应证明已把一套发票和箱单贴在集装箱箱门内侧（整箱货）或拼箱货的显眼的地方。

任务三　缮制汇票

任务情境

杭州先锋国际贸易有限公司完成了货物的交付后，就要着手办理交单结汇。为此，单证员王洪向交单银行中国银行浙江分行领取印就的汇票，按照信用证条款缮制汇票并转交公司张峰签字。

知识支持

一、汇票的概念

汇票（Bill of Exchange or Draft）是出票人签发的，委托付款人在见票时或在指定日期无条件支付确定金额给特定的人或其指定的人或持票人汇票属于资金单据，经过付款人承兑的汇票是一种有价证券，可以代替货币转让或流通。为了防止丢失，商业汇票一般一式二联，这两张汇票具有同等效力，付款人只需付其中一张，先到先付，后到无效。同时，银行在寄送单据时一般将两张正本汇票分两个连续的邮次寄往国外，以防在一个邮次中全部丢失。

二、汇票必要项目

每一张有效的汇票必须具备以下 7 个项目：

1. 汇票字样；

2. 确定的金额；

3. 出票日期；

4. 无条件的支付委托；

5. 收款人的名称；

6. 付款人的名称；

7. 出票人签章。

除以上 7 个必要项目外，汇票上还可以加注其他项目，如信用证支付方式下，汇票还应写明出票依据（DRAWN UNDER…）、信用证号码、开证日期及发票号码、合约号码和商品数量等。

 任务实施

一、汇票的内容及缮制要求

1. 出票依据（Drawn Under）

出票依据也称为出票条款，即开具汇票的依据，出票条款是说明开证行在一定的期限内对汇票的金额履行保证付款责任的法律依据，是信用证项下汇票不可缺少的重要内容。这一栏一般要求填写开证银行的名称和地址。此栏中的名称应填写全称，除非信用证内汇票条款中允许写开证行的缩写，如信用证中规定 DRAFT KRAWN UNDER HK BANK NY。但在特殊情况下，为了某种原因如开证行有保护自己或为避免国家管制的缘故，而在此栏中填上另一家银行的名称和地址，一般情况下，出口公司会接受这一要求，按照信用证中规定的银行名称和地址正确填写此栏目。在托收项下，出票依据应填写合同号（或发票号）、商品件数、商品的名称，有时还加起运港和目的港等。

2. 信用证号码（L/C No.）

此栏正确填上信用证的号码。但有时也可接受来证不要求填上此栏的要求。

3. 开证日期（Date of Issue）

此栏应正确填上信用证开立的日期。

4. 年息（Payalbe with Interest@ …%）

这一栏目应由结汇银行填写，用以清算企业与银行间利息费用，信用证若无利息则不填。

5. 小写金额（Exchange For）

此栏填写小写的金额，由货币名称缩写及阿拉伯数字组成。例如，CAN＄1278.00或US＄598.00。金额数要求保留小数点后两位，货币名称应与信用证规定和发票上的货币名称样，汇票金额的多少应根据信用证中具体规定而定。如：

（1）如信用证中：DRAFT... FOR 100% OF INVOICE VALUE 或 DRAFT AT SIGHT... FOR FULL INVOICE COST /VALUE，或者当实际装运的数量少于规定的数量，在信用证允许分批时，每一批出货的发票金额是实际应收金额。此时，汇票金额等于发票金额。

（2）当发票金额含佣金或折扣时，信用证表示发票含佣金或折扣，议付时佣金或折扣须在汇票上予以扣除，即汇票上应填制实际所能收回的除去佣金或折扣的金额，如：

INVOICE SHOWING CIF VALUE INCLUDING 3% COMMISSION, AT THE TIME OF NEGOTIATION 3% COMMISSION MUST BE DEDUCTED FROM DRAWINGS UNDER THIS CREDIT。此时，汇票金额小于发票金额。

6. 汇票大写金额(The Sum of)

大写金额应由小写金额翻译而成，一般顶格打印，货币名称全称写在数额前，大写金额后加 ONLY。如：USD23978.55：SAY UNITED STATES DOLLARS TWENTY THREE THOUSAND NINE HUNDRED SEVENTY EIGHT AND CENTS FIFTY-FIVE ONLY。

【知识链接】

小数点后数的表达方法(以 0.86 为例)

（1）CENTS EIGHTY-SIX；
（2）POINT EIGHTY-SIX；
（3）86%OR86/100。

7. 号码(No.)

此栏目有三种填制方法：

（1）填发票号码，说明该汇票是某发票项下的，以核对发票与汇票中相同相关内容，我国出口贸易多采用此种方法；

（2）按本身汇票的顺序编号；

（3）空白此栏。

8. 付款期限(At... Sight)

常见的汇票付款期限根据汇票本身性质有两种，即即期付款和远期付款。

若是即期汇票(Sight Draft)，则在汇票的出票人按要求向银行提交单据和汇票时，银行应立即付款，一般在 AT 和 SIGHT 之间的横线上打上"..."或" ***"或"---"等，注意此处不得留空。

远期汇票(Time Draft)表示在将来的某个时间付款。具体付款时间应按照信用证在规定的"远期"起算日算起的几天内，不同的起算日，付款的日期也不同。如：

(1)DRAFT AT 30 DAYS AFTER SIGHT：这是以见票日为"远期"起算日，即为见票日后 30 天付款，填写时，在付款期限一栏内填上 30 DAYS 即可。

(2)DRAFT AT 30 DAYS FROM THE DATE OF INVOICE：这是以发票日期为"远期"起算日，即发票日期后 30 天付款。在填写汇票时应打上"30 DAYS FROM THE DATE OF INVOICE"。对于此类来证，发票制作时应尽量提前日期以便卖方尽早收汇。

(3)DRAFT AT 30DAYS FROM THE DATE OF B/L：这是以提单日期作为"远期"起算日，即提单签发日后的 30 天付款。填写时，只要打上"30DAYS AFTER B/L DATE"。

9. 受款人(Pay to the Order of...)

此栏是汇票抬头，应根据信用证内容填写。如：CREDIT AVAILABLE WITH THE ADVISING BANK NEGOTIATION AGAINST PRESENTATION OF YOUR DRAFTS AT SIGHT DRAWN ON US FOR FULL INVOICE VALUE，此文显示议付必须在 ADVISING BANK 进行，即议付行就是通知行，故在此栏中填制通知行的名称和地址。

信用证对汇票的受款人通常有以下 3 种不同的规定，相应的，信用证项下的汇票一般有以下三种填写方法：

(1)限制性抬头：如"PAY ××× ONLY"(仅付给×××)或再加上"NOT NEGOTIABLE"或"NOT TRANSFERABLE"(不准流通)，这种汇票不能流通，只有指定的受款人×××才能接受票款。

(2)指示抬头：如"PAY TO THE ORDER OF ×××"(凭×××指定)，这种汇票可经受款人×××背书转让。

(3)持票人或来人抬头：如"PAY BEARER"(给来人)，这种汇票转让时无须背书，仅将汇票交给受让人即可。

如信用证无规定，则填制议付银行的名称和地址，如也无明确哪家银行为议付行，则填制 BANK OF CHINA.。

10. 汇票的出票日期和地点(Date and Place of Issue)

汇票的出票地点在信用证项下为议付地，托收项下为办理托收的地点。一般都已事先印好，未印好则由银行填写。汇票的出票日期的作用是确定出票人在出票时是否具有出票能力和权利，确定汇票的有效日、付款到期日、提示期限、承兑期限及利息起算日等。出票日期通常和出票地点在一起，都在汇票的右上角，一般在地点之下或之后。出票日期应该在提单日之后，在议付日之前或议付日当天。在外贸实践中，受益人缮制单据和汇票后通常交议付行预审，此时，由议付行在议付时在汇票上代加议付日期作为出票日，受益人一般不需注明议付日。

11. 付款人(To)

此栏应根据信用证汇票条款中所规定的付款人清楚填写其名称和地址，付款人可能是开证行，也可能是开证申请人或通知行或另外一家公司。

如信用证规定：DRAFT DRAWN ON APPLICANT，则汇票中付款人一栏填写开证申请人的名称和地址。

若信用证规定：DRAWN... YOURSELVES，则付款人为通知行。

又如来证要求：DRAFT ON US/OURSELVES/THIS BANK/AT OUR COUNTERS，以上都是指开证行，应把开证行的名称和地址填在此栏中。

如信用证未做任何规定，付款人即为开证行。

托收项下以进口商为付款人，应填写进口商名称和详细地址。

12. 出票人（Drawer）

虽然汇票上没有出票人栏，但出票人却是汇票的必要内容，习惯上在右下角空白处盖上出票人全称印章和其负责人手签印章。与付款人相对应，出票人即出具汇票的人，一般为出口公司。

13. 特殊条款（Special Conditions）

虽然汇票上也没有特殊条款一栏，但如信用证上规定汇票中有特殊条款就打印在右上角空白处。

例如来证要求：

THE NUMBER OF B/L MUST BE INDICATED IN THE DRAFT，此时应在汇票右上角打上"THE NUMBER OF B/L IS ×××"。

二、缮制汇票

凭信用证或购买证第　　　　号

Drawn under ROYAL BANK OF CANADA VANCOUVER BRANCH　　L/C or A/P No. RBCV 18898

日期　　年　　月　　日 _____ Dated _____

按　　息　　付　　款　　Payable with interest @ _____% per annum

号码　　　汇票金额　　　　　　中国杭州　　　　年　　月　　日

No. __ SDIEK691 Exchange for　　USD 58800.00　　Hangzhou, China　　----------------

见票　　　　　　　　　日 后 （ 本 汇 票 之 副 本 未 付 ）　付

At __******__　　sight of this FIRST of Exchange　（Second of exchange being unpaid）

Pay to the order of _____ BANK OF CHIANA ZHEJIANG BRANCH _____

或其指定人

金额 the sum of　US DOLLARS FIFTY EIGHT THOUSAND EIGHT HUNDRED ONLY

此致

To:

ROYAL BANK OF CANADA VANCOUVER BRANCH.

FOR AND ON BEHALF OF:

HANGZHOU XIANFENG INTERNATIONAL TRADE CO., LTD

张峰

任务四　缮制出口收汇核销单

 任务情境

国家为了加强出口收汇管理,确保国家外汇收入,防止外汇流失,我国自1991年1月1日起,开始采用《出口收汇核销单》,对出口货物实施直接收汇控制,也是海关凭以接受报关,外汇管理部门凭以核销收汇。因此,杭州国际贸易有限公司单证员王洪向国家外汇管理部门领取并填写《出口收汇核销单》。

 知识支持

一、出口收汇核销管理和特点

出口收汇核销管理是指国家职能部门对出口企业的出口货物实施跟"单"核销/逐笔管理的全过程。其特点表现为:以核销单为核心,海关见核销单受理有关出口货物的"验讫"手续;出口退关时,海关在核销单上签注意见并盖章;以事后核为基调,出口核销手续是在货物出口后,并且及时收汇或明确"去向"后,方可受理。以全方位为范畴,核销业务涉及所有出口单位/外运/海关/金融机构/外管诸方面和渗透在货物出口/货款收妥或实物进口或明确"去向"的全过程;以增收汇宗旨,出口收汇核销制度能够全面、准确地掌握出口收汇实绩,并及时、有效地促进安全收汇、催促逾期收汇。

二、出口核销程序

(1)货物报关前的申领核销单;

(2)货物报关时使用核销单;

(3)货物报关后交回核销单存根及其附件,货款收妥或实物进口明了"去向"后交回核销单正本及其附件;

(4)货款收妥或实物进口明了"去向"后交回核销单正本及其附件。

 任务实施

一、出口收汇核销单的内容及缮制要求

出口收汇核销单是国家对出口货物收汇实施跟"单"核销逐笔管理的凭证,通

过这一凭证国家可以全面掌握收汇实绩，催促逾期收汇，防止外汇漏收或骗取出口退税；出口收汇核销单由国家外汇管理局统一印制，每张分为左、中、右三联，三联并排排列，中间用虚线隔开。各联都编同一号码，左联为存根联，内容有出口单位（盖章）、出口总价、收汇方式、预计收汇日期、报关日期、发票编号、合同编号等项目；中联记载外汇指定银行结汇收账情况及外汇管理局核销情况；右联为出口退税专用联，内容有出口单位（盖章）、货名、数量、出口总价、报关单编号、外汇管理局核销情况等栏目。出口收汇核销单主要内容的填写方法如下：

1. 出口单位

出口收汇核销单三联都须填写出口单位名称，此栏在填写时应注意与领取该编号核销单的单位、报关单的单位、信用证受益人、货款受款人、提单委托人和保单投保人的名称相一致。

2. 出口币种总价

出口币种总价要按照报关单内容填写如下内容：成交价格条件、货币种类及总金额，注意与报关单内容保持一致。

3. 收汇方式

收汇方式要按照合同规定的实际收汇方式填写。

4. 预计收款日期

此栏应填写最迟收款期限。

①即期信用证和即期托收项下的货款，必须从寄单之日起，按港澳和近洋地区20天内结汇或收账，远洋地区30天内结汇或收账计算。若寄单日期不明，则按报关之日起45天内结汇或收账计算。

②远期信用证和远期托收项下的货款，必须从汇票规定的付款日起，按港澳地区30天内结汇或收账，远洋地区40天内结汇或收账计算；也可根据寄单日起，加上邮程（近洋一般为10天，远洋一般为15天），再加上远期天数和分别加上近洋20天、远洋30天计算。

5. 报关日期

本栏应填写出口企业直接或委托报关时，海关受理报关的日期。应与报关单上的报关日期一致。

6. 货物名称

按出口货物报关单的内容填写出口商品的名称，并注意与报关单和提单上的内容保持一致。

7. 货物数量

按出口货物报关单的内容填写商品数量，并注意与报关单上的内容相符。

二、缮制出口收汇核销单

出口收汇核销单 存根		出口收汇核销单					出口收汇核销单 出口退税专用			未 经 核 销 此 联 不 得 撕 开
（浙）编号：327656960			（浙）编号：327656960				（浙）编号：327656960			
出口单位：	杭州先锋国际贸易有限公司	出口单位：	杭州先锋国际贸易有限公司				出口单位：	杭州先锋国际贸易有限公司		
单位代码：	3201003830		单位代码：3201003830				单位代码：	3201003830		
出口币种总价：	USD 58800.00	银行签注栏	类别	币种金额	日期	盖章	货物名称	数量	币种总价	
收汇方式：	L/C AT SIGHT		男孩夹克	USD 58800.00			男孩夹克	6000件	USD 58800.00	
预计收款日期：	2013.4.20									
报关日期：	2013.3.25									
备注：										
		海关签注栏：					报关单编号：			
此单报关有效期截止到		外汇局签注栏：					外汇局签注栏：			
				年	月	日		年	月	日

任务五　出口退税

一、出口退税含义

出口退税是指对出口货物退还其在国内生产和流通环节实际缴纳的产品税、增值税、营业税和特别消费税。出口货物退税制度，是一个国家税收的重要组成部分。出口退税主要是通过退还出口货物的国内已纳税款来平衡国内产品的税收负担，使本国产品以不含税成本进入国际市场，与国外产品在同等条件下进行竞争，从而增强竞争能力，扩大出口创汇。

二、出口退税条件

1. 必须是增值税、消费税征收范围内的货物。增值税、消费税的征收范围，包括除直接向农业生产者收购的免税农产品以外的所有增值税应税货物，以及烟、酒、化妆品等 11 类列举征收消费税的消费品。

之所以必须具备这一条件，是因为出口货物退（免）税只能对已经征收过增值税、消费税的货物退还或免征其已纳税额和应纳税额。未征收增值税、消费税的货物（包括国家规定免税的货物）不能退税，以充分体现"未征不退"的原则。

2. 必须是报关离境出口的货物。所谓出口，即输出关口，它包括自营出口和委托代理出口两种形式。区别货物是否报关离境出口，是确定货物是否属于退（免）税范围的主要标准之一。凡在国内销售、不报关离境的货物，除另有规定者外，不论出口企业是以外汇还是以人民币结算，也不论出口企业在财务上如何处理，均不得视为出口货物予以退税。

对在境内销售收取外汇的货物，如宾馆、饭店等收取外汇的货物等等，因其不符合离境出口条件，均不能给予退（免）税。

3. 必须是在财务上作出口销售处理的货物。出口货物只有在财务上作出销售处理后，才能办理退（免）税。也就是说，出口退（免）税的规定只适用于贸易性的出口货物，而对非贸易性的出口货物，如捐赠的礼品、在国内个人购买并自带出境的货物（另有规定者除外）、样品、展品、邮寄品等等，因其一般在财务上不作销售处理，故按照现行规定不能退（免）税。

4. 必须是已收汇并经核销的货物。按照现行规定，出口企业申请办理退（免）税的出口货物，必须是已收外汇并经外汇管理部门核销的货物。

国家规定外贸企业出口的货物必须要同时具备以上 4 个条件。生产企业（包括有进出口经营权的生产企业、委托外贸企业代理出口的生产企业、外商投资企业）申请办理出口货物退（免）税时必须增加一个条件，即申请退（免）税的货物必须是生产企业的自产货物或视同自产货物才能办理退（免）税。

三、出口退税附送材料

1. 报关单。报关单是货物进口或出口时进出口企业向海关办理申报手续，以便海关凭此查验和验放而填具的单据。

2. 出口销售发票。这是出口企业根据与出口购货方签订的销售合同填开的单证，是外商购货的主要凭证，也是出口企业财会部门凭此记账做出口产品销售收入的依据。

3. 进货发票。提供进货发票主要是为了确定出口产品的供货单位、产品名称、计量单位、数量，是否是生产企业的销售价格，以便划分和计算确定其进货费用等。

4. 结汇水单或收汇通知书。

5. 属于生产企业直接出口或委托出口自制产品，凡以到岸价 CIF 结算的，还应附送出口货物运单和出口保险单。

6. 有进料加工复出口产品业务的企业，还应向税务机关报送进口料、件的合同编号、日期、进口料件名称、数量、复出口产品名称，进料成本金额和实纳各种税金额等。

7. 产品征税证明。

8. 出口收汇已核销证明。

9. 与出口退税有关的其他材料。

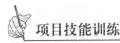 **项目技能训练**

一、根据资料缮制受益人证明书

L/C NO. : 009809

INVOICE NO. : BP98012

BENEFICIARY: NINGBO TIANRONG TEXTILES CO., LTD.

NO. 125KEIMING STREET, NINGBO, CHINA

APPLICANT : A CO. SYDNEY, AUSTRALIA

DOCUMENTS REQUIRED:

......

+ BENEFICIARY'S CERTIFICATE STATING THAT G. S. P. CERTIFICATE OF ORIGIN FORM "A" H. S. NO 6302 BY CHINESE GOVERMENT AND/OR CUSTOMS STATING FULL DETAILS AND L/C NO. HAVE BEEN SENT DIRECTLY TO APPLICANT IMMEDIATELY AFTER SHIPMENT.

二、根据资料缮制汇票

1. L/C NO. 03/1234-B/128 DATED JUNE 2, 2003

2. FROM: COMMERCIAL BANK OF KUWAIT

3. ADVISING BANK: BANK OF CHINA, HANGZHOU

4. APPLICANT: NEAMAGENERAL TRADING & CONTRACTING EST. KUWAIT

5. AMOUNT: UAD20000. 00

6. BENEFICIARY: ZHEJIANG CHEMICALS IMPORT & EXPORT CORPORATION

7. WE OPEN THIS IRREVOCABLE DOCUMENTARY CREDIT FAVOURING YOURSELVES

8. FOR 100% OF THE INVOICE VALUE AVAILABLE AGAINST YOUR DRAFT AT SIGHT

9. BY NEGOTIATION WITH ADVISING BANK ON US.

10. QUANTITY OF GOODS: 1000KGS NET

11. UNIT PRICE: USD 20. 00 PER KGS CIFC3 KUWAIT

12. INVOICE NO: 12469

综合技能训练

根据下述条件缮制议付信用证项下的全套结汇单据。

（一）信用证

MT 700   ISSUE OF A DOCUMENTARY CREDIT

FORM OF DOC.   40A： IRREVOCABLE
CREDIT
DOC.   20： LC-410-046405
CREDIT NUMBER
DATE OF ISSUE   31C： 981022
DATE AND PLACE OF   31D： DATE 990115 PLACE CHINA
EXPIRY.
APPLICANT   50： SUMITOMO CORPORATION
BENEFICIARY   59： GUANGDONG YUE FENG TRADING CO. NO. 31
                          ZHEN AN ROAD GUANGZHOU, CHINA
AMOUNT   32B： CURRENCY USD AMOUNT 95，200.00
AVAILABLE WITH/BY   41D： ANY BANK BY NEGOTIATION
DRAFTS AT ...   42C： DRAFTS AT SIGHT FOR FULL INVOICE VALUE
DRAWEE   42A： SAIBJPJT＊ASAHI BANK LTD, THE （FORMERLY
                          THE＊KYOWA SAITAMA BANK, LTD.）＊TOKYO
PARTIAL SHIPMTS   43P： ALLOWED
TRANSSHIPMENT   43T： ALLOWED
PORT OF LOADING/   44E： SHIPMENT FROM CHINESE MAIN PORT
AIRPORT
OF DEPARTURE

PORT OF DISCHARGE   44F： OSAKA，JAPAN

LATEST DATE OF   44C： 981231
SHIPMENT

DESCRIPTION OF GOODS 45A： HALF DRIED PRUNE 1998CROP
AND/OR SERVICES.

GRADE   SPEC   QNTY UNIT PRICE
                              （CASE）

（USD/CASE）

A L：700CASE   M：700CASE 1，400 26.0
CFR OSAKA

B L：1400CASE M：1400CASE 2，800 21.0
CFR OSAKA   PACKING：IN WOODEN CASE，
12KGS PER CASE TRADE TERMS：CFR OSAKA

DOCUMENTS   46A：
REQUIRED

+2/3 SET OF CLEAN ON BOARD OCEAN BILLS OF
LADING MADE OUT TO ORDER OF SHIPPER AND
BLANK ENDORSED AND MARKED "FREIGHT
PREPAID" AND "NOTIFY SUMITOMO CORPORATION
OSAKA."

+MANUALLY SIGNED COMMERCIAL INVOICE IN
TRIPLICATE（3）INDICATING APPLICANT'S REF.
NO. SCLI-98-0474.

+PACKING LIST IN TRIPLICATE（3）.

+MANUALLY SIGNED CERTIFICATE OF ORIGIN IN
TRIPLICATE（3）

+ BENEFICIARY'S CERTIFICATE STATING THAT
CERTIFICATE OF MANUFACTURING PROCESS
AND OF THE INGREDIENTS ISSUED BY
GUANGDONG YUE FENG TRADING CO., SHOULD
BE SENT TO SUMITOMO CORP ESCLZ SECTION.

+ CERTIFICATE OF WEIGHT AND QUALITY IN
TRIPLICATE.

ADDITIONAL   47A：
CONDITION

1. INSURANCE TO BE EFFECTED BY BUYER.

2. TELEGRAPHIC REIMBURSENMENT CLAIM PROHIBITED .

3. 1/3 ORIGINAL B/L AND OTHER SHIPPING DOCUMENTS MUST BE SENT DIRECTRY TO APPLICANT SUMITOMO CORP ESCLZ SECTION IN 3DAYS AFTER B/L DATE. AND SENT BY FAX.

4. AMOUNT AND QNTY 5PCT MORE OR LESS ALLOWED.

5. THIS COMMODITY FREE FROM RESIN.

CHARGES   71B：ALL BANKING CHARGES OUTSIDE JAPAN ARE FOR ACCOUNT OF BENEFICIARY

CONFIRMATION   49：DOCUMENTS TO BE PRESENTED WITHIN 15 DAYS
INSTRUCTION   AFTER THE DATE OF SHIPMENT, BUT WITHIN THE VALIDITY OF THE CREDIT.

（二）补充资料

发票号码：98IN-C314，　　　　发票日期：1998 年 11 月 18 日

提单号码：GSOK30088，　　　　提单日期：1998 年 12 月 1 日

船名：CHANG GANG V. 98097H　装运港：广州港

集装箱：2×20' FCL CY/CY

　　　　TRIU 1567537 SEAL 08133

　　　　KHLU 6206867 SEAL 08134

FORM A 号：GZ9/80070/0012

商品编号：0813. 2000　　　　　原产地证号：981898699

运费：USD1700. 00

生产厂家：广东农垦丰华食品厂　出口口岸：广州海关（5100）

净重：12. 00KGS/CASE　　　　　毛重：14. 00KGS/CASE

尺码：（20×10×10）CM/CASE

SHIPPING MARKS(唛头)

　　GA

　　NOS1-2800

　　OSAKA

　　MADE IN CHINA

附录 | 国际物流单证样式

一、开证申请书

IRREVOCABLE DOCUMENTARY CREDIT APPLICATION

TO：		Date：
☐Issue by airmail ☐With brief advice by teletransmission	Credit No.	
☐Issue by express delivery		
☐Issue by teletransmission（which shall be the operative instrument）	Date and place of expiry	
Applicant	Beneficiary（Full name and address）	
Advising Bank	Amount	
		Credit available with
Parital shipments ☐allowed ☐not allowed	Transhipment ☐allowed ☐not allowed	By
Loading on board/dispatch/taking in charge at/from	☐sight payment　☐acceptance ☐negotiation　☐deferred payment at	

235

not later than	against the documents detailed herein
For transportation to:	□and beneficiary's draft（s）for % of invoice value
□FOB □C&F □CIF	at … sight
□or other terms	drawn on

Documents required：（marked with X）

1. ( ) Signed commercial invoice in _____ copies indicating L/C No. _____ and Contract No. __

   _____

2. ( ) Full set of clean on board Bills of Lading made out to order and blank endorsed, marked "freight [ ] to collect/ [

   ] prepaid [   ] showing freight amount" notifying

   (   ) Airway bills/cargo receipt/copy of railway bills issued by showing "freight [   ] to collect/[   ] prepaid [

   ] indicating freight amount" and consigned to

3. (   ) Insurance Policy/Certificate in _____ copies for _____ % of the invoice value showing claims payable in

   _____ in currency of the draft, blank endorsed, covering All Risks, War Risks and

4. ( ) Packing List/Weight Memo in _____ copies indicating quantity, gross and weights of each package

5. ( ) Certificate of Quantity/Weight in _____ copies issued by _____

6. ( ) Certificate of Quality in _____ copies issued by [   ] manufacturer/[   ] public recognized surveyor

7. ( ) Certificate of Origin in _____ copies issued by   .

8. ( ) Beneficiary's certified copy of fax / telex dispatched to the applicant within _____ hours after shipment advising

   L/C No., name of vessel, date of shipment, name, quantity, weight and value of goods.

Other documents, if any

Description of goods:

Additional instructions:

1. (   ) All banking charges outside the opening bank are for beneficiary's account.

2. (   ) Documents must be presented within _____ days after date of issuance of the transport documents but within

   the validity of this credit.

3. (   ) Third party as shipper is not acceptable, Short Form/Blank B/L is not acceptable.

4. (   ) Both quantity and credit amount _____ % more or less are allowed.

5. (   ) All documents must be forwarded in

   (   ) Other terms, if any

二、商业发票

杭州先锋国际贸易有限公司

HANGZHOU XIANFENG INTERNATIONAL TRADE CO., LTD.

21 Floor, Times Tower, 121 Fengqi Road, Hangzhou

TEL：86-571-81101590 FAX：86-571-81101678

COMMERCIAL INVOICE

To:		Invoice No. ：	
		Invoice Date：	
		S/C No. ：	
		S/C Date：	
From：		To：	
Letter of Credit No. ：		Terms of Payment	

Marks and Numbers	Number and kind of package Description of goods	Quantity	Unit Price	Amount
	TOTAL：			
TOTAL：				
			FOR AND ON BEHALF OF：	

三、装箱单

杭州先锋国际贸易有限公司
HANGZHOU XIANFENG INTERNATIONAL TRADE CO., LTD.

21 Floor, Times Tower, 121 Fengqi Road, Hangzhou

TEL：86-571-81101590　FAX：86-571-81101678

PACKING LIST

To:		Invoice No. :	
		Invoice Date：	
		S/C No. :	
		S/C Date：	
From：		To：	
Letter of Credit No. :		Terms of Payment	

Marks and Numbers	Number and kind of package Description of goods	Quantity	Package	G. W	N. W	Meas.
	TOTAL:					
TOTAL：						

FOR AND ON BEHALF OF：

四、订舱委托书

订舱委托书		托运单编号：	
		委托日期	
委托单位名称			
发货人： Shipper	信用证号码：		
收货人： Consignee：	合同号码：		
被通知人： Notify Party：	装运港：		目的港：
转船运输：	分批装运：		
信用证有效期：	装船期限：		
运输方式：	提单份数：		
运费支付方式：	成交条件：		
集装箱种类：	集装箱数量：		
公司联系人：	电话/传真：		

标记唛头	中英文货号	件数及包装式样	总毛重	总尺码	总价
备注：					

五、集装箱出口货物托运单

Shipper（发 货 人）					D/R No.（编号）		
Consignee（收 货 人）							
Notify Party（通 知 人）					**集装箱货物托运单**		
Pre-carriage by（前程运输）		Place of Receipt（收货地点）			**货主留底**		
Ocean Vessel（船名）Voy. No.（航次）		Port of Loading（装货港）					
Port of Discharge（卸货港）		Place of Delivery（交货地点）			Final Destination for the Merchant's Reference（目的地）		
Container No.（集装箱号）	Seal No.（封志号）Marks & Nos.（标记与号码）	No of containers or p'kgs.（箱数或件数）	King of Package：Description of Goods（包装种类与货名）		Gross Weight 毛重(公斤)	Measurement 尺码(立方米)	
TOTAL NUMBER OF CONTAINERS OR PACKAGES(IN WORDS) 集装箱数或件数合计(大写)							

FREIGHT & CHARGES （运费与附加费）	Revenue Tons （运费吨）	Rate （运费率）	Per （每）	Prepaid （运费预付）	Collect （到付）
EX. Rate(兑换率)	Prepaid at(预付地点)	Payable at(到付地点)		Place of Issue(签发地点)	
	Total Prepaid(预付总额)	No. of Original B(s) /L （正本提单份数）			

Service Type on Receiving ☐-CY ☐-CFS ☐-DOOR		Service Type on Delivery ☐-CY ☐-CFS ☐-DOOR		Reefer Temperature Required （冷藏温度）	℉	℃
TYPE OF GOODS （种类）	☐Ordinary .（普通） ☐Reefer .（冷藏） ☐Dangerous .（危险品） ☐Auto .（裸装车辆）			危险品	Class：Property：IMDG Code Page：UN No.	
	☐Liquid .（液体） ☐Live Animal .（活动物） ☐Bulk .（散货）					

可否转船：	可否分批：	备注（REMARKS）
装　期：	效　期：	
金　额：		
制单日期：		

六、一般原产地证书申请书

一般原产地证书/加工装配证明书
申请书

申请单位注册号： 证书号：

申请人郑重声明：

本人被正式授权代表本企业办理和签署本申请书。

本申请书及一般原产地证明书所列内容正确无误，如发现弄虚作假，冒充证书所列货物，擅改证书，自愿接受签发机构的处罚并承担法律责任，现将有关情况申报如下：

企 业 名 称		发 票 号			
商 品 名 称		H. S. 编码(六位数)			
商品 FOB 总值(以美元计)		最终目的地国家/地区			
拟出运日期		转口国(地区)			
贸易方式和企业性质(请在适用处画"√")					
一般贸易		三来一补		其他贸易方式	
国有企业	三资企业	国有企业	三资企业	国有企业	三资企业
包装数量或毛重或其他数量					
证书种类(画"√")		一般原产地证书		加工装配证明书	

现提交中国出口货物商业发票副本一份，一般原产地证明书/加工装配证明书一正三副，以及其他附件 2 份，请予审核签证。

申请单位盖章 申请人(签名)

电话：

日期：

商 检 局 联 系 记 录

七、一般原产地证明书

ORIGINAL	
1. Exporter	Certificate No.
2. Consignee	CERTIFICATE OF ORIGIN OF THE PEOPLE'S REPUBLIC OF CHINA
3. Means of transport and route	5. For certifying authority use only
4. Country / region of destination	

6. Marks and numbers	7. Number and kind of packages; description of goods	8. H. S. Code	9. Quantity	10. Number and date of invoices

11. Declaration by the exporter The undersigned hereby declares that the above details and statements are correct, that all the goods were produced in China and that they comply with the Rules of Origin of the People's Republic of China.	12. Certification It is hereby certified that the declaration by the exporter is correct.
Place and date, signature and stamp of authorized signatory	Place and date, signature and stamp of certifying authority

八、代理报检委托书

代 理 报 检 委 托 书

流水号：

_____出入境检验检疫局：

本委托人（备案号/组织机构代码　　　　）保证遵守国家有关检验检疫法律、法规的规定，保证所提供的委托报检事项真实、单货相符。否则，愿承担相关法律责任。具体委托情况如下：本委托人将于　年　月间进口/出口如下货物：

货物品名		HS 编码	
数(重)量		包装情况	
信用证/合同号		许可文件号	
进口货物收货单位及地址		进口货物提/运单号	
其他特殊要求			

特委托　　（代理报检注册登记号　　　　　），代表本委托人办理上述货物的下列出入境检验检疫事宜：

□1. 办理报检手续；

□2. 代缴纳检验检疫费；

□3. 联系和配合检验检疫机构实施检验检疫；

□4. 领取检验检疫证单。

□5. 其他与报检有关的相关事宜：

联系人：　　　　　　　　　联系电话：

本委托书有效期至　年　月　日　委托人（加盖公章）

年　月　日

受托人确认声明

本企业完全接受本委托书。保证履行以下职责：

1. 对委托人提供的货物情况和单证的真实性、完整性进行核实；

2. 根据检验检疫有关法律法规规定办理上述货物的检验检疫事宜；

3. 及时将办结检验检疫手续的有关委托内容的单证、文件移交委托人或其指定的人员；

4. 如实告知委托人检验检疫部门对货物的后续检验检疫及监管要求。

如在委托事项中发生违法或违规行为，愿承担相关法律和行政责任。

联 系 人：

联系电话：　　　　　　　　受托人（加盖公章）

年　月　日

九、出境货物报检单

中华人民共和国出入境检验检疫
出境货物报检单

报检单位(加盖公章)：   * 编号_____

报检单位登记号：   联系人：   电话：   报检日期：   年   月   日

发货人	(中文)				
	(外文)				
收货人	(中文)				
	(外文)				

货物名称(中/外文)	H.S. 编码	产地	数/重量	货物总值	包装种类及数量

运输工具名称号码		贸易方式		货物存放地点	
合同号		信用证号		用途	
发货日期		输往国家(地区)		许可证/审批号	
启运地		到达口岸		生产单位注册号	

集装箱规格、数量及号码

合同订立的检验检疫条款或特殊要求	标 记 及 号 码	随附单据(划"√"或补填)	
		□合同	□包装性能结果单
		□信用证	□许可/审批文件
		□发票	□
		□换证凭单	□
		□装箱单	□
		□厂检单	□

需要证单名称(划"√"或补填)		* 检验检疫费
□品质证书 _ 正_ 副 □重量证书 _ 正_ 副 □数量证书 _ 正_ 副 □兽医卫生证书 _ 正_ 副 □健康证书 _ 正_ 副 □卫生证书 _ 正_ 副 □动物卫生证书 _ 正_ 副	□植物检疫证书 _ 正_ 副 □熏蒸/消毒证书 _ 正_ 副 □出境货物换证凭单 □出境货物通关单 □ □	总金额 (人民币元)

十、出境货物通关单

中华人民共和国出入境检验检疫
出境货物通关单

	编号：
1. 发货人	5. 标记及号码
2. 收货人	

3. 合同/信用证号	4. 输往国家或地区	

6. 运输工具名称及号码	7. 发货日期	8. 集装箱规格及数量

9. 货物名称及规格	10. H.S. 编码	11. 申报总值	12. 数/重量、包装数量及种类

上述货物业经检验检疫，请海关予以放行。

本通关单有效期至	年	月	日

签字：	日期：	年	月	日

13. 备注

十一、集装箱设备交接单

中国远洋运输(集团)有限公司　**OUT 出场**

集装箱发放/设备交接单

EQUIPMENT INTERCHANGE RECEIPT

NO.

用箱人/运箱人(CONTAINER USER/HAULIER)			提箱地点(PLACE OF DELIVERY)	
来自地点(DELIVERED TO)			返回/收箱地点(PLACE OF RETURN)	
航名/航次 (VESSEL/VOYAGE NO.)	集装箱号(CONTAINER)	尺寸/类型(SIZE/TYPE)	营运人(CNTR. ORTR.)	
提单号(B/L NO.)	铅封号(SEAL NO.)	免费期限 (FREE TIME PERIOD)	运载工具牌号 (TRUCK WAGON. BARG NO.)	
出场目的/状态 (PPS OF GATE-OUT/STATUS)		进场目的/状态 (PPS OF GATE-IN/STAUS)	出场日期 (TIME-OUT)	
出场检查记录(INSPECTION AT THE TIME OF INTERCHANGE)				
普通集装箱 (GP CONTAINER)	冷藏集装箱 (RF CONTAINER)	特种集装箱 (SPECIAL CONTAINER)	发电机 (GEN SET)	
□正常 □异常	□正常 □异常	□正常 □异常	□正常 □异常	

损坏记录及代号(DAMAGE & CODE)

BR	D	M	DR	DL
破损 (BROKEN)	凹损 (DENT)	丢失 (MISSING)	污箱 (DIRTY)	危标 (DG LABEL)

左侧(LEFT SIDE)　　右侧(RIGHT SIDE)　　前部(FRONT)　　集装箱内部(CONTAINER INSIDE)

顶部(TOP)　　底部(FLOOR BASE)　　箱门(REAR)

如有异状，请注明程度及尺寸(REMARK).

除列明者外，集装箱及集装箱设备交换时完好无损，铅封完整无误。

THE CONTAINER/ASSOCIATED EQUIPMENT INTERCHANGED IN SOUND CONITION AND SEAL AINTACT UNLESS OTHERWISE STATED

用箱人/运箱人签署　　　　　　　　　　　　码头堆场值班员签署

(CONTAINER USER/HAULIERS SIGNATURE)　　(TERMINAL/DEPOT CLERKS SINGATURE)

中国远洋运输(集团)有限公司　IN 出场

集装箱发放/设备交接单

EQUIPMENT INTERCHANGE RECEIPT

NO.

用箱人/运箱人(CONTAINER USER/HAULIER)		提箱地点(PLACE OF DELIVERY)	
来自地点(DELIVERED TO)		返回/收箱地点(PLACE OF RETURN)	
航名/航次 (VESSEL/VOYAGE NO.)	集装箱号 (CONTAINER)	尺寸/类型 (SIZE/TYPE)	营运人 (CNTR. ORTR.)
提单号(B/L NO.)	铅封号(SEAL NO.)	免费期限 (FREE TIME PERIOD)	运载工具牌号 (TRUCK WAGON. BARG NO.)
出场目的/状态 (PPS OF GATE-OUT/STATUS)		进场目的/状态 (PPS OF GATE-IN/STAUS)	出场日期 (TIME-OUT)
出场检查记录(INSPECTION AT THE TIME OF INTERCHANGE)			
普通集装箱 (GP CONTAINER)	冷藏集装箱 (RF CONTAINER)	特种集装箱 (SPECIAL CONTAINER)	发电机 (GEN SET)
□正常 □异常	□正常 □异常	□正常 □异常	□正常 □异常

损坏记录及代号(DAMAGE & CODE)

BR 破损 (BROKEN)	D 凹损 (DENT)	M 丢失 (MISSING)	DR 污箱 (DIRTY)	DL 危标 (DG LABEL)

左侧(LEFT SIDE)　右侧(RIGHT SIDE)　前部(FRONT)　集装箱内部(CONTAINER INSIDE)

顶部(TOP)　底部(FLOOR BASE)　箱门(REAR)

如有异状,请注明程度及尺寸(REMARK).

除列明者外,集装箱及集装箱设备交换时完好无损,铅封完整无误。
THE CONTAINER/ASSOCIATED EQUIPMENT INTERCHANGED IN SOUND CONITION AND SEAL AINTACT UNLESS OTHERWISE STATED

用箱人/运箱人签署　　　　　　　　　　　　码头堆场值班员签署
(CONTAINER USER/HAULIERS SIGNATURE)　　　(TERMINAL/DEPOT CLERKS SINGATURE)

十二、集装箱装箱单

Reefer Temperature Required 冷藏温度				CONTAINER LOAD PLAN			Packer's Copy		
℃ ℉									
Class	IMDG Page	UN NO.	Flashpoint	装 箱 单			⑤发货人/装箱人 联		
等级	危规页码	联合国编码	闪点						
Ship's Name / Voy No. 船名 / 航次				Port of Loading	Port of Discharge	Place of Delivery	SHIIPPER'S / PACKER'S DELARATIONS: We hereby declare that the container has been thoroughly clean without any evidence of cargoes of previous shipment prior to vanning and cargoes has been properly stuffed and secured.		
				装货港	卸货港	交货地			
Container No. 箱号				Bill of Lading No.	Packages & Packing	Gross Weight	Measurements	Description of Goods	Marks & Numbers
				提单号	件数与包装	毛 重	尺 码	货 名	唛 头

Front
前

续表

Seal No. 封号					
Cont. Size 箱型	Con. Type. 箱类				
20′ 40′ 45′	GP＝普通箱 TK＝油罐箱				
	RF＝冷藏箱　PF＝平板箱	Door 门			
	OT＝开顶箱　HC＝高箱				
	FR＝框架箱　HT＝挂衣箱				
ISO Code For Container Size / Type. 箱型/箱类 ISO 标准代码					
Packer's Name / Address 装箱人名称/地址					
Tel No. 电话号码					
Packing Date 装箱日期		Received By Drayman	Total Packages	Total Cargo Wt	Total Meas.	Remarks：备注
年　月　日		驾驶员签 收及车号	总件数	总货重	总尺码	

十三、报关委托书

代理报关委托书

编号：□□□□□□□□□□□□

　　　　　　　　　：

我单位现　　　　（A. 逐票、B. 长期）委托贵公司代 A、B、D 等通关事宜。
（A. 报关查验 B. 垫缴税款 C. 办理海关证明联 D. 审批手册 E. 核销手册 F. 申办减

249

免税手续 G. 其他）详见《委托报关协议》。

我单位保证遵守《海关法》和国家有关法规，保证所提供的情况真实、完整、单货相符。否则，愿承担相关法律责任。

本委托书有效期自签字之日起至　　年　月　　日止。

委托方（盖章）：

法定代表人或其授权签署《代理报关委托书》的人（签字）

年　月　日

委托报关协议

为明确委托报关具体事项和各自责任，双方经平等协商签定协议如下：

委托方	
主要货物名称	
HS 编码	
进出口日期	
提单号	
贸易方式	
原产地/货源地	
传真电话	
其他要求：	
背面所列通用条款是本协议不可分割的一部分，对本协议的签署构成了对背面通用条款的同意。	
委托方业务签章： 经办人签章： 联系电话： 　　　　　　　年　月　日	

被委托方		
*报关单编码	No.	
收到单证日期	年　月　日	
收到单证情况	合同□	发票□
	装箱清单□	提（运）单□
	加工贸易手册□	许可证件□
	其他：	
报关收费	人民币：　　　　　元	
承诺说明：		
背面所列通用条款是本协议不可分割的一部分，对本协议的签署构成了对背面通用条款的同意。		
被委托方业务签章： 经办报关员签章： 联系电话： 　　　　　　　年　月　日		

十四、出口货物报关单

中华人民共和国海关出口货物报关单

预录入编号：　　　　　　　　　　　　　海关编号：

出口口岸	备案号		出口日期	申报日期
经营单位 3301983291	运输方式		运输工具名称	提运单号
发货单位 3301983291	贸易方式		征免性质	结汇方式
许可证号	运抵国（地区）		指运港	境内货源地
批准文号	成交方式	运费	保费	杂费
合同协议号	件数	包装种类	毛重（公斤）	净重（公斤）
集装箱号	随附单据		生产厂家	

标记唛码及备注

项号	商品编号	商品名称、规格型号	数量及单位	最终目的国（地区）	单价	总价	币制	征免

税费征收情况

录入员　　　录入单位	兹声明以上申报无讹并承担法律责任	海关审单批注及放行日期（签章）	
报关员		审单	审价
单位地址	申报单位（签章）	征税	统计
邮编　　　电话　　　填制日期		查验	放行

十五、保险单

中国人保财险股份有限公司
PICC Property and Casualty Company Limited

总公司设于北京 一九四九年创立
Head Office Beijing Established in 1949

货物运输保险单
CARGO TRANSPORTATION INSURANCE POLICY

发票号码Invoice No.

合同号码 Contract No.   保险单号次Policy No.

信用证号码 Credit No.

被保险人Insured

中保财产保险有限公司(以下简称本公司)根据被保险人的要求，及其所缴付约定的保险费，按照本保险单承担险别和背面所载条款与下列特别条款承保下列货物运输保险，特签发本保险单。

This policy of insurance withnesses that the people insurance（property）company of china，Ltd.（hereinafter called "The Company"），at the request of the insured and in consideration of the agreed premium paid by the insured . underakes to insur the undementioned goods in transpoatin subject to the conditionsof the Policy as per the Clauses printy overleaf and other special clauses attached hereon.

货物标记 Marks & No.	包装及数量 Quantity	保险货物项目 Discription of Goods	保险金额 Amount Insured

总保险金额：

Total Amount insured：＿＿＿＿＿＿＿＿＿＿＿＿＿＿＿＿＿＿＿

保费   载运输工具   开航日期

Premium_____ Per conveyance S. S _____ Sig. on or abt _____

起运港　　　　　　　　经　　　　　　　　目的港

From_____ Via _____ To_____

承保险别 Conditions

所保货物，如发生本保险单项下可能引起索赔的损失或损坏，应立即通知本公司下述代理人查勘。如有索赔，应向本公司提交保险单正本(本保险单共有 份正本)及有关文件。如一份正本已用于索赔，其余正本则自动失效。

In the event of loss or damage which may result in a claim under this Policy, immediate notice must be givento the company agent as mentioned hereunder. Claims, if any, one of the Originnal Policy wich has been issured in Original (s) together with the relevant documents shall be surrendered to the company, if one of the Original Policy has been accomplished, the others to be void.

目的港(地)理赔代理人

Survey Agent at the Destination

中保财产保险有限公司浙江省分公司

PICC Property and Casualty Company Limited Zhejiang Branch

Authorized Signature

赔款偿付地点

Claim payable at _____

日期　　　　　　　　　　在

Date _____ **at**_____

地址：

Address：

保险单背书：

（签名）

十六、海运提单

SHIPPER	B/L NO.
	COSCO
CONSIGNEE	中国远洋运输(集团)总公司
	CHINA OCEAN SHIPPING (GROUP) CO.
NOTIFY PAFRTY	
	ORIGINAL
	Combined Transport Bill of Lading

PR-CARRIAGE BY	PLACE OF RECEIPT	
OCEAN VESSEL VOY. NO.	PORT OF LOADING	
PORT OF DISCHARGE	PLACE OF DELIVERY	FINAL DESTINATION FOR THE MERCHANT'S REFERENCE

CONTAINER, SEAL NO. OR MARKS AND NOS.	NOS. & KINDS OF PKGS	DESCRIPTION OF GOODS	G. W. (KG)	MEAS(M^3)

TOTAL NUMBER OF CONTAINERS OR PACKAGES(IN WORDS)					

FREIGHT & CHARGES	REVENUE TONS	RATE	PER	PREPAID	COLLECT

PREPAID AT	PAYABLE AT	PLACE AND DATE OF ISSUE

TOTAL PREPAID	NUMBER OF ORIGINAL B(S)L	SIGNED FOR THE CARRIER
		中国远洋运输(集团)总公司
DATE	LOADING ON BOARD THE VESSEL BY	CHINA OCEAN SHIPPING (GROUP) CO.

十七、装运通知

杭州先锋国际贸易有限公司
HANGZHOU XIANFENG INTERNATIONAL TRADE CO., LTD.

21 Floor, Times Tower, 121 Fengqi Road, Hangzhou

TEL：86-571-81101590　FAX：86-571-81101678

SHIPPING ADVICE			
TO：		ISSUE DATE：	
		S/C NO：	
		L/C NO：	
		DATE：	
		NAME OF ISSUING BANK	

Dear Sir or Madam：

We are pleased to advice you that the following mentioned goods has been shipped out, and full details were shown as follows：

Invoice Number：	
Bill of loading Number：	
Ocean Vessel：	
Port of Loading：	
Date of shipment：	
Port of Destination：	
Estimated date of arrival：	
Containers/Seals Number：	
Description of goods：	
Shipping Marks：	
Quantity：	
Gross Weight：	
Net Weight：	
Total Value：	

Thank you for your patronage. We look forward to the pleasure of receiving your valuable repeat orders. Sincerely yours,

FOR AND ON BEHALF OF：

255

十八、加拿大海关发票

	Revenue Canada Customs and Excise	Revenue Canada Douanes et Accise	**CANADA CUSTOMS INVOICE** **FACTURE DES DOUANES CANADIENNES**	Page	of de

1. Vendor (Name and Address) *Vendeur (Nom et adresse)*	2.Date of Direct Shipment to Canada/*Date d' expedition directe vers ie Canade*
	3.Other References (include Purchaserys Order No.) *Autres reterences(inclure ie n de commande de l acheteur)*

4. Consignee (Name and Address) *Destinataire (Nom et adresse)*	5. Purchaser's Name and Address(if other than Consignee) *Nom et adresse de l acheteur(S'll differe du destinataire)*
	6. Country of Transhipment/*Pays de transbordement*
	7. Country of Origin of Goods / *pays d' origine des marchandises* — IF SHIPMENT INCLUDES GOODS OF DIFFERENT ORIGINS ENTER ORIGINS AGAINST ITEMA IN12 *SIL' EXPEDON COMPREND DES MARCHANDISES D' ORIGINES* DIFFERENTES PRECISER LEUR PROVENANCE EN12

8. Transportation Give Mode and Place of Direct Shipment to Canada *Transport Preciser mode et point d' expedition directe vercte vers ie canada*	9. Condirtions of Sale and Terms of Payment (i.e Saie. Consignment Shipment, Leased Goods, etd.) *Conditions de vente et modaitites de paiement (P.ex vente, expedition en consignation, location, de marchandises, etc)*
	10.Currency of Settlement/*Devises du paiement*

11.No of Pkgs *Nore de colis*	12.Specification of Commodities (Kind of Packages,Marks,and Numbers,General Description and Characteristics, ie Grade, Quality) *Designation des articles (Nature des colis, marques et numeros, description ger erale et caracteristiques,, P ex classe, qualite)*	13. Quantity (State Unit) *Quantite (Preciser l unite)*	Selling Price/*Prix de vente*	
			14.Unit Price *Prix unitaire*	15. Total

18. if any Of fields 1 to 17 are included on an attached commercial invoice, check this box *si tout renseignement relativement aux zones 1 e 17 ligure sur une ou des tactures* ☐	16. Total Weight/*Poids Total*		17. Invoice Total
	Net	Gross/*Brut*	
commerciaies ci-attachees cocher cette case *commercial invoice No. 1 N de la factre commerciaie* _____			

19.Exporter's Name and Address(if other than Vendor) *Nom et adresse de l exportateur(s'll differe du vendeur)*	20.Originator (Name and Address)/*Expediteur d' origine(Nom et adresse)*

21.Departmental Rulikg(if applicable)/*Decision du Ministere(S' lly a lieu)*	22.If fields 23 to 25 are not applicable, check this box *Si ies zones 23 e 25 sont sans objet, cocher cette case* ☐

续表

23.if included in field 17 indicate amount *Si compris dans ie total a ia zone 17, preciser* (I)Transportation charges, expense and insurance from the place of direct shipment to Canada *Les frais de transport, depenses et assurances* *a partir du point of expedition directe vers is* *Canada.*	24.If not included in field 17 indicate amount *Si non compris dans le total a ie zone 17, Dreciser* (I)Transportation charges, expense and insurance to the place of direct shipment to Canada *Les frais de transport, depenses et assurances* *Iusqu' au point d' of expedition directd vers ie Canada*	25.Check (if applicable) *Cochet (s'Ily a Iiso)* (II)Royalty payments or subsequent proceede are paid or payable by the purchaser *Des redevances ou produits ont ete ou seront* *Verses par I acheteur*
(II)Costs for const: action, erection and assembly incurred atter importation into Canada *Les couts de construction, d' erection et* *d' assemblage,, pres imporaation au.Canada*	(II)Amounts for commissions other than buying commissions *Les commissions autres que celles versees* *Pour I achat*	☐
(III)Export packing *Le cout de I emballage d' exportation*	(III)Export packing *Le cout de I emballage d' exportation*	(II)The purchaser has supplied goods or services for use in the production of these goods *L'acheteur a fouml des merchandises ou des* *Services pour ia production des merchandises* ☐

十九、受益人证明书

杭州先锋国际贸易有限公司
HANGZHOU XIANFENG INTERNATIONAL TRADE CO., LTD.

21 Floor, Times Tower, 121 Fengqi Road, Hangzhou

TEL：86-571-81101590　FAX：86-571-81101678

BENEFICIARY'S CERTIFICATE		
To:		Invoice No. :
		Date:
WE HEREBY CERTIFY THAT. FOR AND ON BEHALF OF:		

二十、汇票

凭信用证或购买证第　　号

Drawn under _____ L/C or A/P No. _____

日期　　年　　月　　日 _____ Dated _____

按　　息　　付　　款　Payable with interest @ _____ % per annum

号码　　　　汇票金额　　　　　　中国杭州　　　　年　　月　　日

No. _____ Exchange for _____　Hangzhou, China _____

见票　　　　　　　　　　　　日后（本汇票之副本未付）付

At _____sight of this FIRST of Exchange　(Second of exchange being unpaid)

Pay to the order of _____ 或其指定人

金额 the sum of _____

此致

To:

　　　　　　　　　　　　　　　　　FOR AND ON BEHALF OF:

二十一、出口收汇核销单

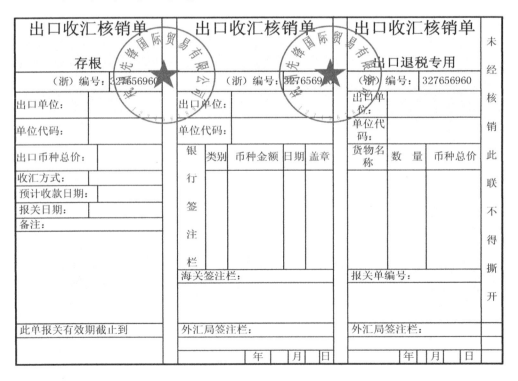

参考文献

［1］白世贞．国际物流［M］．北京：中国人民大学出版社，2013．

［2］芮宝娟．进出口单证实务［M］．北京：中国人民大学出版社，2013．

［3］柳国华．新编外贸单证实务［M］．北京：北京大学出版社，2012．

［4］席庆高．国际贸易实务［M］．青岛：中国海洋大学出版社，2011．

［5］王言炉，刘颖君．国际贸易实务操作［M］．北京：北京大学出版社，2011．

［6］张庆东．外贸单证实务［M］．北京：人民邮电出版社，2012．

［7］章平安．进出口业务操作［M］．北京：高等教育出版社，2012．

［8］童宏祥．外贸单证实务［M］．上海：上海财经大学出版社，2010．

［9］徐秦．国际船舶代理实务［M］．武汉：武汉大学出版社，2012．

［10］农晓丹．报关与报检实务［M］．北京：北京大学出版社，2013．

［11］杨频．国际贸易实务［M］．北京：北京大学出版社，2008．

［12］朱春兰．外贸单证实训［M］．杭州：浙江大学出版社，2010．

［13］刘志伟．国际商务函电［M］．北京：对外经贸大学出版社，2011．

［14］张耀平．国际物流与货运代理［M］．北京：清华大学出版社，2010．

［15］刘爱娥．国际物流实务［M］．北京：人民邮电出版社，2013．